Ulrich Hasenkamp (Hrsg.)

Einführung von CSCW-Systemen in Organisationen

Aus dem Programm
Wirtschaftsinformatik / DV-Praxis

Qualitätsoptimierung der Software-Entwicklung
von Georg Erwin Thaller

Management von Softwareprojekten
von Peter F. Elzer

Die Feinplanung von DV-Systemen
von Georg Liebetrau

Einführung von CSCW-Systemen in Organisationen
hrsg. von Ulrich Hasenkamp

Die Netzwerkarchitektur SNA
von Hugo Schröer und Thomas Stalke

Offene Systeme
von Tom Wheeler

Objektorientierte Anwendungsentwicklung
von Klaus Kilberth, Guido Gryczan und Heinz Züllighoven

Theorie und Praxis relationaler Datenbanken
von René Steiner

CICS – Eine praxisorientierte Einführung
von Thomas Kregeloh und Stefan Schönleber

Vieweg

Ulrich Hasenkamp (Hrsg.)

Einführung von CSCW-Systemen in Organisationen

Tagungsband der D-CSCW '94

vieweg

Druck und buchbinderische Verarbeitung: Lengericher Handelsdruckerei, Lengerich
Gedruckt auf säurefreiem Papier
Printed in Germany

ISBN 3-528-05449-2

Inhaltsverzeichnis

Vorwort des Herausgebers

Vor zwölf Jahren arbeitete ich in einem amerikanischen Forschungsprojekt zum Thema Workflow-Management. Als ich Besuch von einer deutschen Wissenschaftlerdelegation erhielt und mein Projekt präsentierte, erntete ich nur erstaunte Gesichter: "Ist DAS denn ein relevantes Forschungsthema?" Das Projekt ist im übrigen weitgehend gescheitert, weil die für ambitionierte CSCW-Ziele erforderlichen Hardware- und Softwareplattformen sowie die Vernetzungsinfrastruktur damals nicht verfügbar waren.

Heute hat die Forschung im Bereich Computer-Supported Cooperative Work (CSCW) in der Wirtschaftsinformatik ihren festen Platz. Die breite Palette technischer, sozialer, organisatorischer und betriebswirtschaftlicher Aspekte der Forschung zeigt, daß sich das Gebiet der Computerunterstützung kooperativen Arbeitens zu einem der aktuell wichtigen Themen in mehreren Wissenschaftsgebieten entwickelt hat. Die zunehmende Verfügbarkeit kommerzieller CSCW-Systeme spiegelt den Erfolg der Bemühungen in diesem Bereich eindrucksvoll wider.

Nutzen und Entwicklungsstrategien der informationstechnischen Unterstützung der Gruppenarbeit sind als Forschungsgebiete heute ansatzweise erschlossen. Somit rücken Fragen der betrieblichen Nutzung und der Umsetzung der in der Theorie gewonnenen Erkenntnisse zunehmend in den Mittelpunkt des Interesses. Obwohl bereits vielseitige Erfahrungen im Bereich der betrieblichen Anwendung von CSCW-Systemen gesammelt werden konnten, bedarf es dennoch einer intensiveren Betrachtung der Schnittstelle zwischen überwiegend theoretisch fundiertem Wissen und der praktischen Anwendung in einer Organisation. In diesem Spannungsfeld ist die Problematik der Einführung von Systemen zur computerunterstützten Gruppenarbeit von zentraler Bedeutung.

Diesem Thema wurde die Tagung "D-CSCW '94 Einführung von CSCW-Systemen in Organisationen" gewidmet. Der im Call for Papers vorgestellte Themenrahmen sollte dabei eine umfassende Sichtweise der Einführung von Systemen der computerunterstützten Gruppenarbeit in Organisationen ermöglichen. Die in diesem Zusammenhang zu diskutierenden und analysierenden Punkte ergeben sich in allen Phasen des Einführungsprozesses:

- Ziele der Einführung und damit verbundene Probleme, z.b. Integration in ein betriebliches Zielsystem, Messung des Zielerreichungsgrades;
- Workflow- und Prozeßanalyse in den relevanten Bereichen;
- Strategien der Einführung von CSCW-Systemen;
- Aufbau- und ablauforganisatorische Auswirkungen der Einführung;
- Werkzeuge und Hilfsmittel zur Einführung von Systemen der computerunterstützten Gruppenarbeit.

Neben einer Reihe von theoretischen Aspekten der Einführung sollte auch praktischen Belangen der Umsetzung und Realisierung von CSCW-Systemen ein Forum geboten werden. Der sehr umfangreichen und vielschichtigen Einführungsproblematik entsprechend konnten nicht alle relevanten Bereiche durch Tagungsbeiträge abgedeckt werden. Die eingereichten Beiträge geben jedoch einen fundierten Überblick über die gegenwärtigen Schwerpunkte der wissenschaftlichen und praktischen Arbeit im Bereich der Einführung von CSCW-Systemen. Es war dem Programmkomitee dabei besonders wichtig, die Interdisziplinarität der Forschung und die frühzeitige Berücksichtigung der Erfordernisse für eine erfolgreiche Einführung in der Praxis zu betonen. Aus diesem Grunde konnten leider einige Forschungsbeiträge aus Platzgründen nicht berücksichtigt werden, obwohl sie aus der doppelten Begutachtung mit positivem Ergebnis hervorgegangen waren. Ich bitte die betroffenen Autoren um Verständnis.

Die Systematik der in diesem Tagungsband wiedergegebenen Beiträge folgt weitgehend der Gliederung der Tagung. Der grundlegenden Bedeutung von Arbeits- und Geschäftsprozessen für die Entwicklung von erfolgreichen CSCW-Systemen entsprechend, wird diesen der erste Teil des Bandes "Teil I: Gestaltung von Geschäftsprozessen" gewidmet. Neben einer grundsätzlichen Betrachtung von Interaktionen in Geschäftsprozessen wird insbesondere auch auf Möglichkeiten und Probleme im Zusammenhang mit deren Modellierung eingegangen. Im folgenden Abschnitt "Teil II: Entwicklung von CSCW-Systemen" werden Ansätze zu Vorgehensweisen und -methoden der Entwicklung von computerunterstützen Gruppenarbeitssystemen beschrieben. Diese können dabei als aktuelle Beiträge zur Umsetzung neuer Systeme und Konzepte in diesem Bereich interpretiert werden. Werden Systeme, die z.B. mit Hilfe der im zweiten Teil des Bandes beschriebenen Erkenntnisse geschaffen wurden, in eine

Organisation eingeführt, so sind elementare Fragen der Vorgehensweise zu klären. Die Beiträge des "Teil III: Grundlagen der Einführung von CSCW-Systemen" dieses Buches stellen Diskussionsgrundlagen zu Möglichkeiten des Vorgehens der Einführung dar. Praktische Erfahrungsberichte der Einführung kooperativer Systeme sowie betriebliche Perspektiven eines gesamten Business Reengineering-Prozesses runden im "Teil IV: Praktische Aspekte der Einführung von CSCW-Systemen" die theoretische Fundierung der Diskussion ab. Die Möglichkeiten, eingeführten Systemen einen bestimmten Nutzen zuzuordnen, werden anschließend im "Teil V: Computerunterstützte Gruppensitzungen" dargestellt. Gruppensitzungen, einer der zentralen Forschungsbereiche innerhalb des Arbeitsgebietes CSCW, werden in diesen Beiträgen aus verschiedenen Blickwinkeln dargestellt. Der abschließende "Teil VI: Workshop, Tutorials und Diskussionsforen" dokumentiert die im Umfeld der Tagung durchgeführten Sonderveranstaltungen. Diese in Verbindung mit der "Deutschen Informatik Akademie" durchgeführten Sitzungen dienten dem Ziel, spezielle Aspekte der Einführung von CSCW-Systemen in Organisationen intensiv und in kleinem Kreis zu veranschaulichen, zu analysieren und zur Diskussion zu bringen.

Die Beiträge in diesem Buch sind nur ein Ausschnitt der unterschiedlichen Entwicklungsrichtungen, die in der Forschung im Bereich CSCW heute vorzufinden sind. Deren Heterogenität verdeutlicht, wie facettenreich und unterschiedlich die Erforschung der Computerunterstützung kooperativen Arbeitens ist. Die ausschnitthafte Betrachtung und Analyse eines Teilbereiches in Form des Tagungsschwerpunktes "Einführung von CSCW-Systemen in Organisationen" zeigt, daß die wissenschaftliche Diskussion um computerunterstützte Gruppenarbeit immer noch auf der Suche nach einem gesicherten theoretischen Fundament ist. Die Zusammenführung und Bündelung der Interessen aller Beteiligten bleibt somit ein wichtiges Ziel der Bemühungen auf dem Sektor CSCW. Die Absicht des Programmkomitees, interessierte Forscher-, Entwickler- und Anwendergruppen zusammenzubringen und anläßlich der Tagung "D-CSCW '94" ein Diskussionsforum anzubieten, trägt dieser Situation Rechnung.

Den Teilnehmern der Tagung, die Interesse an dieser Thematik zum Ausdruck brachten, möchte ich im Namen des Programmkomitees und der Veranstalter sehr herzlich für ihr Erscheinen und ihre Diskussionsbereitschaft danken. Weiterhin danken wir den Referenten und Autoren für ihr Engagement und ihre konstruktiven Beiträge. Für die Vorbereitung der Tagung und des Tagungsbandes gilt unser Dank besonders Frau Dr. Karin Küffmann, Herrn Dipl.-Kfm. Oliver Reiss, Herrn Dr. Michael Syring, Frau Frauke Behrens, Frau Ulla Kirsch, Herrn Kai-Peter Teppich und Herrn Jens Warkentin. Abschließend danke ich den folgenden Kolleginnen und Kollegen des Programmkomitees für Ihre Mitarbeit und Unterstützung bei der Planung und Durchführung der "D-CSCW '94":

Dr. Wolfgang F. Finke, Lotus Consulting Services Paderborn

Prof. Dr. Jürgen Friedrich, Universität Bremen

Prof. Dr. Heidi Heilmann, Universität Stuttgart

Prof. Dr. Lutz J. Heinrich, Universität Linz

Dr. Stefan Kirn, Universität Münster

Prof. Dr. Wolfgang König, Universität Frankfurt

Prof. Dr. Helmut Krcmar, Universität Hohenheim

Dr. Thomas Kreifelts, GMD St. Augustin

Dr. Michael Müller-Wünsch, TU Berlin

Prof. Dr. Ludwig Nastansky, Universität GH Paderborn

Prof. Dr. Horst Oberquelle, Universität Hamburg

Dipl.-Math. Walter Rupietta, SNI AG Paderborn

Dr. Dr. Norbert A. Streitz, GMD-IPSI Darmstadt

Dr. Leena Suhl, TU Berlin

Marburg, im September 1994

Ulrich Hasenkamp

TEIL I

Gestaltung von
Geschäftsprozessen

Julian Newman, Rhona Newman

Role, Right and Rationality in the Business Process

Abstract

"Role" is a significant theoretical concept for CSCW in general and for Business Process Reengineering in particular; it is closely connected with concepts of rights and duties on the one hand, and on the other hand with implicit and intuitive approaches to situated action. This paper explores some issues and ambiguities associated with the concept of role in CSCW, and applies the Hohfeldian critique of the concept of "right" to elucidate some problems that can arise in collaborative working across organisational boundaries.

1   The Business Process and Bounded Rationality

"Business Process Reengineering" is gaining widespread recognition as the next phase in the application of Information Technology. The use of the term "business" is perhaps misleading in this context, as it has connotations that seem to restrict it to commercial activities; in the present paper we adopt the broader definition of "the business process" as "workflows, roles, acts and the incompletions they lead to, which constitute expectations for further behaviour by participants." [14]

By this definition the business process embraces a broad range of professional, organisational and inter-organisational transactions.

The business process is enacted within a framework of *bounded rationality* (cf [13]). In other words, persons and organisations have limited attentional resources: they can only process a limited amount of information in a given time, and this leads them to adopt *satisficing* rather than optimising goals. For many organisational participants computer-mediated communication has exacerbated the attentional problem: information overload leads to a demand for systems that will present people selectively with those information objects and tools that they require to carry out their tasks, while protecting them from the complexity of "irrelevant" information. Such protection may take the form of mail filtering, of workflow engines or of the provision of a synchronous or asynchronous meeting space [20]. In designing, acquiring or implementing such systems, managers and information technologists make assumptions, whether explicit or implicit, about social relations in the workgroup and in its wider social context. Such assumptions are frequently embodied in the systems designer's approach to social roles.

2   Roles in CSCW Systems and Groupware

A CSCW system may recognise rather general social roles, or roles that are specifically task-related [23]. Task-related roles may be defined in nominal terms which could correspond to an organisational job-title or in activity-terms, as used for example in Role Activity Diagrams for process modelling [24].

General Social Roles	Task-specific Social Roles
Task-leaders	*Nominal*
Chairperson	Author / Scribe
Moderator	Reviewer / Commenter
Team-leader	Reader
Director	Timescale-watcher
Editor	Absence-coordinator
Socioemotional leaders	*Activity*
Facilitator	Outpatienting
Coordinator	Urgency assessing
Honest broker	Doctoring
Mixed	
Host	
Convenor	

Table 1: Roles identified in various CSCW studies and systems

Table 1 illustrates the great variety of role-names that have been used in various CSCW contexts hitherto (cf [6], pp. 40-42, 99-100, 103, 111-116, 121, 130-132; [12]; [22], pp. 17-18, 31, 150-152). In designing or selecting a CSCW system one may choose between a system that requires the formal allocation of roles to participants at the outset, or one that recognises that roles may be an emergent property of the social process. This may be illustrated by the contrast between two group editors, Quilt [11] and Grove (ELLIS et al, 1991). Quilt uses role information associated with each user, along with a "style" associated with the document when it is first created, to determine what actions a user can or cannot perform: this forces the explicit definition of roles and style at the beginning of collaboration. Grove on the other hand permits roles to emerge during the collaboration.

In favour of the pre-allocation of roles it may be argued that it helps to ensure that activities are neither neglected nor unnecessarily duplicated [15]. There are also cases where constraints on roles are considered an essential aspect of pro-fessional standards. Consider, for example, the field of Software Process Tech-nology (cf [5]). If a Software Process Model is used to ensure conformity to quality standards, it will require that one person cannot be allocated both the role of originator and reviewer/inspector in respect of the same software module. It will therefore be a requirement on the Process Enactment Mechanism that certain roles should be formally assignable according to the defined rules of the quality assurance system (that is, in any valid, executable instantiation of the Process Model, certain roles must exist, there must be explicit binding of these roles to persons and these bindings are constrained by rules that protect the integrity of the process).

Other examples may be found in such fields as auditing and accountancy. SHARPLES [22] argues in favour of explicit allocation of leadership roles, citing evidence that "covert leaders have a negative effect on performance". However, problems arise where the system imposes a need to pre-allocate roles explicitly, in situations where effective business processes require flexibility and scope for implicit understandings: the most celebrated case of this is the user rejection of The Coordinator, in the organisation studied by [3].

3   Can Roles be Specified?

The process whereby social roles emerge through interaction may be dependent on the "richness" of the communication facilities provided. ROBINSON [19] argues that collaboration requires "double-level language" - a language for the task level at which the work is done, and a "cultural language" for talk about the process of doing the task. For synchronous collaboration, double-level language can be provided by the combination of audio or video links with textual or graphic communication. For asynchronous collaboration, as is required by many larger-scale business processes, a possible approach is to permit user reconfiguration of roles and structures. The COSMOS structured messaging system was intended to allow user reconfiguration of roles and communication patterns, but does not appear to have met this goal (KIRKWOOD et al., 1993). An apparently more successful approach has been that of the Conversation Builder [10] which combines the insights of Language Action Theory (alias "Speech Act Theory"), on which Coordinator and COSMOS were built, with the insight that all action is "situated" (cf [21]; and for the logical theory of situations, see [1]; [2]). The situated nature of work activities raises the problem how to trade off between active support and flexibility. Several studies have shown the importance of the artefact in situated action ([7]; [9]; [21]). In a CSCW system the concrete artefactual representation can have a significant effect upon the participants' capability to manage their interaction effectively. Thus in one of our studies, a computer-mediated discussion collapsed in large part because one participant adopted a role - seminar leader - to which he was accustomed in face-to-face discussions, without having the artefact - the whiteboard - which would normally support this interactive style, or the rich media of communication available in the face-to-face setting which would have constituted the cultural language for his implicit negotiation of this role [16].

4   Bounded Rationality and Situated Action

The difficulty which people have in making roles explicit is in part a function of the *bounded rationality* which we identified above as an important constraint on the enactment of the business process. In the second edition of *Organisations*, MARCH & SIMON [13] recognise the distinction between two logics of action, which they call "the logic of consequences" and "the logic of appropriateness". They describe this second logic of action as follows:

"Actions are chosen by recognising a situation as being of a familiar, frequently encountered, type, and matching the recognised situation to a set of rules ...

The logic of appropriateness is linked to conceptions of experience, roles, intuition and expert knowledge... ([13], p. 8)"

"Organisations are collections of roles and identities, assemblages of rules by which appropriate behaviour is paired with recognised situations." ([13], p. 12)

The intuitive character of the relationship between situation, role and appropriate action is a source of difficulty when designing systems that will provide a technical implementation of the cultural-level language. It is also a motive for user resistance to systems assuming such a work-directive role (as in the case of The Coordinator cited above). Bounded rationality means that people do not have the cognitive resources necessary to think through all the possible consequences of formal role assignments before initiating a collaboration. However, problems also arise with CSCW systems when the implicitly-appropriate behaviour for the role and situation has unintended consequences that seem to infringe the perceived "rights" of participants.

5   Rights, Privileges, Powers and Immunities

Many CSCW systems approach roles purely in terms of the permitted actions that can be performed on information objects. In this context, various terms are used, such as "rights", "privileges" and "permissions". The possible actions may or may not include the ability to affect the status of other participants. The following case illustrates some of the problems associated with implicit understandings of the rights associated with collaborative roles.

We previously reported a failure in a decision-making VAXNotes conference (cf [13], pp. 39-40; also [18], pp. 34-36), which led to a change of working practice involving more active moderation of this kind of conference. In a subsequent phase of the study, the introduction of email-based remote services linked to the online VAXNotes conference led to new problems. The moderator of a policy conference adopted the active moderation strategy: the policy team worked in phases, reporting to a board. Once the first report had been sent to the board, much ephemeral matter was cleared out of the conference by the moderator and moved to an archive file, so that during the second phase the conference would consist of a structure of issues that remained to be addressed (cf [17]). In VAXNotes, material is organised into the structure: Note > Topic >

Conference. The system allocates each Note a number which associates it with a Topic (e.g. 12.3 is the 3rd reply to the headnote of Topic 12; 12.0 is the headnote itself introducing topic 12). Some members of the policy team participated in the conference by logging in and running VAXNotes. Others opted to use the remote services, whereby notes entered into the VAXNotes conference would automatically be emailed to their mailbox on another machine, and replies sent by email would be automatically entered in the conference under the appropriate Topic as determined from the email Subject-line. A remote user employed mail-filtering software to maintain the Notes in an appropriate structure in his local filestore using these allocated Note-numbers. When the moderator deleted ephemeral and non-current material from the conference, VAXNotes began to reuse note and topic numbers, with awkward consequences for the remote user.

In this case, then, we have a conflict between the rights implicitly understood to inhere in the different roles. The moderator perceived himself as having the right and perhaps even the duty to organise and reorganise the conference material so as to reflect the current state of the group task. The remote user perceived himself as having the right to control his own information store using the tools he selected to do so. The simple concept of "rights" is perhaps inadequate to handle the issues involved here. Some guidance as to relevant distinctions may be gained from the Hohfeldian analysis of legal relations (although it must be emphasised that HOHFELD himself was purely concerned with legal relations and not with the broader social obligations and expectations which come into play within the business process). HOHFELD [8] pointed out the confusions that arise from the use of the term "right" in many different senses. Table 2 displays succinctly what HOHFELD termed the "jural opposites": for example, the opposite of a Right is No-right but the opposite of a Privilege is a Duty. Table 3 displays the same concepts as "jural correlates". If I have a "right", someone else has a corresponding "duty"; but if I have a "privilege" then someone else has "no-right" to prevent me exercising that privilege.

Right	No-right
Privilege	Duty
Power	Disability
Immunity	Liability

Table 2: HOHFELD's jural opposites

Right	Duty
Privilege	No-right
Power	Liability
Immunity	Disability

Table 3: HOHFELD's jural correlates

Of particular interest for our present purposes is HOHFELD's concept of a
"power": this is the capacity to change the status of another person in some way.
So, for example, if I make you an offer in the course of business then you have a
power (by accepting the offer) to bind me contractually; and I have a correlative
liability to be bound by your acceptance. In a conferencing system such as
VAXNotes, a moderator is conventionally said to have "privileges" (which is
what enables him to add or remove members, extend the same "privileges" to
another user, delete or move conference contributions, etc). However, in
Hohfeldian terms we can see that these "privileges" are not all of the same type:
the ability to add or delete members, or to appoint another moderator, is a
"power" to change the status of another, while the ability to delete or move any
text in the conference is a privilege, like the privilege of walking through one's
own field. Others, including the system, have "no-right" to stop the moderator
from deleting or moving conference contents. On the other hand, the moderator
cannot alter another member's contributions: he can only delete them or move
them, or he could copy them and submit an edited version under his own name.
Thus a member has an "immunity" from having his contributions altered, and
the system enforces on the moderator a "disability" that protects the member's
immunity.

So far so good: the scope of the moderator's powers and privileges is clearly
defined within the VAXNotes system. But once we move to remote collaboration the problems arise. The moderator's legitimate exercise of his privileges
within the VAXNotes system has unintended consequences for the remote user.
The remote user will at least claim a "privilege" to organise his own filestore as
he likes.

Consequently to him the moderator has "no-right" to do actions which will
cause his filestore to be altered. He might claim more strongly that he has an
"immunity" from having his filestore altered against his will, and consequently
the moderator is under a "disability" that should constrain him from

reorganising the conference materials. The moderator, on the other hand, can claim that the remote user has "no-right" to prevent his filestore being changed, in virtue of his commitment to participate remotely in the group task which requires the exercise of privileges by the moderator. Clearly the introduction of email-based remote services, while a useful extension of conferencing in many respects, also brings with it problems arising from the lack of a common overall model of deontic relations associated with collaborative roles. While implicit understandings enable much collaborative work to proceed smoothly, they always carry the risk of a mismatch between assumed rights and duties associated with different collaborative roles; there is therefore an inescapable need to provide users with the means to resolve such ambiguities about commitments and expectations, by alerting members to the possibilities of conflict before they arise, and by supporting them in negotiating and implementing solutions. We do not have any magical prescription for resolving this set of issues. The most that we can say, in the light of our analysis, is that designers should be conscious that bounded rationality is a characteristic of human and organizational behaviour, which inevitably limits the extent to which users can predefine roles in fluid and ambiguous task-environments; that in many cases it will be necessary to support provisional or late binding of persons to roles; that roles cannot be reduced to bundles of rights defined in relation to information objects; that "right" is in any case a multifaceted concept (as shown by the Hohfeldian analysis); and that since much of organizational action is driven by the "logic of appropriateness" the "user-model" is often more adequately conceived in terms of situations than in terms of rights and rational consequentialist decision processes.

6   References

[1]   Barwise, J.: The Situation in Logic. CSLI, Stanford 1989.

[2]   Barwise, J.; Gawron, J. M.; Plotkin, G.; Tutiya, S. (eds): Situation Theory and its Applications. CSLI, Stanford 1991.

[3]   Carasik, R. P.; Grantham, C. E.: A Case-study of CSCW in a Dispersed Organisation. In: Proceedings of CHI-88. ACM, New York, NY 1988.

[4]   Conversation Builder CSCW'92: Sharing Perspectives. ACM, New York, NY 1992, pp. 378-385.

[5]   Derniame, J. G. (ed): Software Process Technology. Lecture Notes in Computer Science. No 635. Springer, Berlin 1992.

[6]   Diaper, D.; Sanger, C. (eds): CSCW in Practice. Springer, London 1993.

[7]   Heath C.; Luff, P.: Collaborative activity and technological design: task coordination in London Underground control rooms. In: Proceedings of the 2nd European Conference on CSCW. Kluwer, Amsterdam 1991.

[8]   Hohfeld, W. (ed Cork, W.W.): Fundamental Legal Conceptions as Applied to Judicial Reasoning. Greenwood, Westport, CT. 1978.

[9]   Hughes, J. A.; Randall, D.; Shapiro, D.: Faltering from Ethnography to Design In: CSCW'92: Sharing Perspectives. ACM, New York, NY 1992.

[10]   Kaplan, S. M.; Tolone, W.; Bogia, D.; Bognoli, C.: Flexible active support for collaborative work with Conversational Builder. In: CSCW 92 Proceedings. ACM, New York, NY 1992, pp. 378-385.

[11]   Leland, M. D. P.; Fish, R. S.; Kraut, R.: Collaborative Document Production Using QUILT. In: CSCW-88 Proceedings. ACM, New York, NY 1988.

[12]   Lulbich, H.; Plattner, B.: A proposed model and functionality definition for a collaborative editing and conferencing system. In: Gibbs, S.; Verrijn-Stuart, A. (eds): Multi-user Interfaces and Applications. North-Holland, Amsterdam 1988, pp. 215-232.

[13]   March, J.; Simon, H.: Organisations. Blackwell, Oxford, UK 1958, 2nd edition 1993.

[14]   Medina-Mora, R.; Winograd, T.; Flores, R.; Flores, F.: The Action Workflow approach to workflow management technology. In: CSCW'92: Sharing Perspectives. ACM, New York, NY 1992, pp. 281-288.

[15]   Miles, V. C.; McCarthy, J. C.; Dix, A. J.; Harrison, M. D.; Monk, A. F.: Reviewing Designs for a synchronous-asynchronous group editing environment. In: Sharples, M. (ed): Computer Supported Collaborative Writing. Springer, London 1993.

[16]   Newman, J.; Newman, R.: Two failures in Computer-Mediated Text-communication. In Sharples, M. (ed): Computers and Writing: Issues and Implementations. Kluwer, Amsterdam 1992, pp. 29-44.

[17]   Newman, J.: HICOM as a CSCW Environment. In: Diaper, D.; Sanger, C. (eds): op cit, 1993, pp. 93-104.

[18]   Newman, R.; Newman, J.: Social Writing: Premises and Practices in Computerised Contexts. In: Sharples, M. (ed): Computer Supported Collaborative Writing. Springer, London 1993.

[19]   Robinson, M.: Double-level language and cooperative working. In: COSMOS Information Exchange (1989) 6, pp. 42-84.

[20]   Rodden, T.: Technological Support for Collaboration. In: Diaper, D.; Sanger, C. (eds): op cit, 1993, pp. 1-22.

[21]   Suchman, L.: Plans and Situated Actions. CUP, Cambridge, UK 1987.

[22] Sharples, M.: Adding a little structure to collaborative writing. In: Diaper, D.; Sanger, C. (eds): op cit, 1993, pp. 51-68.

[23] Sharples, M.; Goodlet, J. S.; Beck, E. E.; Wood, C. C.; Easterbrook, S. M.; Plowman, L.: Research Issues in the Study of Collaborative Writing. In: Sharples, M. (ed): Computer Supported Collaborative Writing. Springer, London 1993.

[24] Wastell, D. G.; White, P.: Using process technology to support collaborative work. In: Diaper, D.; Sanger, C. (eds): op cit, 1993, pp. 105-126.

Stefan Kirn, Rainer Unland, Ulrich Wanka

Shaheena Abbas, Greg O'Hare

Flexible Organisationen durch Workflow Management?

Oder: Zum Problem der Modellierung von Geschäftsprozessen

Zusammenfassung

In jüngster Zeit wird der Forderung nach Dezentralisierung und Flexibilisierung von Organisationen eine rasch zunehmende Beachtung geschenkt. Dabei wird angenommen, daß die Prozeßorientierung einen wesentlichen Beitrag zur Lösung der anstehenden Probleme leisten kann. Das wirft die Frage nach den Möglichkeiten des Workflow Management auf, einen Beitrag zur Flexibilisierung betrieblicher Strukturen zu leisten. Ein Teilaspekt dieses Problems, und zwar die im Rahmen der Anforderungsanalyse zu untersuchende Frage nach den auf formalen Repräsentationen von Geschäftsprozessen (Prozeßmodellen) durchzuführenden Operationen, steht im Mittelpunkt des vorliegenden Aufsatzes.

Auf Basis einer Auswertung neuerer Vorschläge zur informationstechnischen Unterstützung dezentralisierter Organisationen diskutieren wir, welche Operationen auf Prozeßmodellen durch zukünftige "Prozeßmanagementsysteme" zu unterstützen sind. Diese gehen weit über die heutigen Möglichkeiten des Workflow Management hinaus (was gleichzeitig einige der heute zu beobachtenden Probleme, Workflow Management produktiv zu machen, erklären mag) und müssen unseres Erachtens in den Mittelpunkt zukünftiger Entwurfsansätze gestellt werden.

1 Einleitung

Ausgehend von den Forderungen nach Markt- und Kundenorientierung, organisatorischer Reaktionsschnelligkeit, Flexibilität und Anpassungsfähigkeit wird derzeit in Wissenschaft und Praxis mit Hochdruck an der Entwicklung neuer organisatorischer Konzepte gearbeitet. In diesem Zusammenhang häufig genannte Schlagworte sind beispielsweise: fraktale Fabrik, virtuelle Organisation, "organisational networking", Unternehmen der Zukunft etc. Die damit verbundenen Konzepte sollen es den Unternehmen besser als die bisher vorherrschenden funktionalen Organisationsformen ermöglichen, auf wettbewerbsintensiven dynamischen Märkten erfolgreich bestehen und langfristig auch in instabilen politisch-gesellschaftlichen Umgebungen überleben zu können. Diese Diskussion besitzt natürlich gerade auch für Entwicklung und Einsatz von Workflow-Management-Systemen eine ausgesprochen hohe Relevanz, hat sich dort jedoch noch nicht in dem an sich zu erwartenden Umfang niedergeschlagen. Die im folgenden vorgetragenen Überlegungen zeigen denn auch, daß die heutigen Systeme wohl nicht ganz zu Unrecht dem Vorwurf ausgesetzt sind, lediglich für die Steuerung sehr einfacher, oft als trivial empfundener Abläufe geeignet zu sein und die notwendige Flexibilisierung von Organisationsstrukturen nicht in dem an sich gewünschten Maß zu unterstützen.

Diese Probleme lassen sich unseres Erachtens im wesentlichen auf zwei Gründe zurückführen:

- Zum einen berücksichtigt Workflow Management die organisatorischen Tatbestände, in die es natürlich tief eingreift, nicht in hinreichendem Umfang.

- Zum zweiten führt Workflow Management zwar zur Beschleunigung von Organisationsabläufen (Reaktionsschnelligkeit), beinhaltet andererseits aber auch die Gefahr der Übertragung von Linienkompetenzen an Stäbe (Kompetenz zur Vorgangsspezifikation) sowie, in einem nicht zu unterschätzendem Umfang, zur Verfestigung von Ablaufstrukturen.

Diese Überlegungen haben uns veranlaßt, das Konzept des Workflow Management neu zu überdenken und dazu den Geschäftsprozeß als solchen in den Mittelpunkt zu stellen. Dabei haben wir vor allem nach dem "Umgang" mit Geschäftsprozessen gefragt. Mit anderen Worten: Im Rahmen der funktionalen Analyse wollen wir wissen: *Welche Operationen müssen auf formalen Repräsentationen von Geschäftsprozessen konkret unterstützt werden, um die ganze Breite der durch die Prozeßorientierung gegebenen Anforderungen abdecken zu können?*

Dazu rekapitulieren wir zunächst die neueren Arbeiten zur Dezentralisierung und Flexibilisierung von Organisationsstrukturen (Kapitel 2) und leiten daraus wesentliche, in der bisherigen Diskussion völlig vernachlässigte Aspekte zum Umgang mit Geschäftsprozessen ab (Kapitel 3). Diese Überlegungen besitzen eine erhebliche Relevanz nicht nur für die formale Repräsentation von Geschäftsprozessen, sondern auch für die Funktionalität entsprechender "Prozeßmanagementsysteme", die es einem *Entscheider* im Gegensatz zu Workflow-Management-Systemen erlauben sollen, die Prozesse seines Bereiches aktiv zu gestalten bzw. zu modifizieren. Dadurch werden Prozeßmanagementsysteme in der Hand des Entscheiders zu einem wichtigen Führungs- und Koordinationsinstrument und bieten gleichzeitig Möglichkeiten, die oben genannten Beschränkungen heutiger Workflow-Management-Technologie zu vermeiden. Im abschließenden Kapitel 4 fassen wir erste Folgerungen aus unseren Überlegungen zusammen und ziehen einige Parallelen zu dem nahe verwandten Anwendungsgebiet des Computer-Aided Design.

2 Erweiterung der Anforderungsanalyse: Geschäftsprozesse in kooperativen Organisationsstrukturen

2.1 Neuere Ansätze zur Dezentralisierung von Organisationen

Die bislang vorliegenden Analysen zur Dezentralisierung von Organisationsstrukturen haben bis heute bereits eine weitgehende Übereinstimmung erreicht. Der aktuelle Stand der Diskussion kann für unsere Zwecke deshalb in den folgenden fünf Thesen zusammengefaßt werden:

1. *Komplexität von Organisationsstrukturen zur Reduktion von Umweltkomplexität.*

Es wird heute davon ausgegangen, daß die klassischen funktionalen Unternehmensstrukturen mit ihren tief gegliederten Hierarchien den durch die heutigen Markt- und Unternehmensumwelten gegebenen Anforderungen nicht mehr gerecht werden. Stattdessen wird vorgeschlagen, inner- und zwischenbetriebliche organisatorische Netzwerke aufzubauen und durch eine drastische Erhöhung der Zahl der Kommunikationswege im Unternehmen die Problemlösungsfähigkeiten des Netzwerkes gegenüber den verschiedenen Varianten hierarchischer Strukturen substantiell zu verbessern. Gleichzeitig verspricht man sich von Netzwerkstrukturen bedeutend schnellere und flexiblere Entscheidungsprozesse.

In Anlehnung an HASTINGS können vier Dimensionen von Netzwerkprozessen unterschieden werden, die ihrerseits jeweils unterschiedlichen Zwecken dienen (Abbildung 1). Die horizontale Achse des dort abgebildeten Radarmodells beschreibt, ob eine Unternehmung primär ihre internen Beziehung modelliert und benutzt (internally driven), oder ob sie sich v.a. den Beziehungen zu organisationsexternen Objekten widmet (externally driven). Die vertikale Achse stellt dar, ob eine Organisation diese Beziehungen v.a. auf der Basis sozialer Prozesse oder eher durch intensiven Einsatz der Informationstechnik gestaltet.

Der *Focus* beschreibt, in geographischen Begriffen, die Reichweite des rotierenden Radarstrahls. Hier unterscheidet HASTINGS in den lokalen Bereich (das Land), die Region (Europa, USA, Pazifisches Becken) und das weltweite Operationsgebiet.

Auf dieser Grundlage können die vier Ebenen des "Organisational Networking" als 3-Tupel aus Netzwerkdimension, zentralem Netzwerkprozeß und dem organisatorischen Zweck (als der eigentlichen Stoßrichtung) des Prozesse definiert werden (Abbildung 2). Die auf die jeweils gegebenen Unternehmensziele und situativen Faktoren bezogene Kombination der vier Ebenen wird dann als strategische Logik des "Organisational Networking" bezeichnet. Dabei wird deutlich erkennbar, welche Rolle der modernen Informationstechnologie in diesem Zusammenhang zukommt.

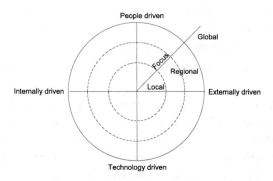

Abb. 1: Dimensionen der "Neuen Organisation" ([3], S. 13)

Strategic Logic	Core Networking Process	Purpose
Internally driven	*Networking within the organisation*	*Boundary busting*
Externally driven	*Networking between organisations*	*Successful partnerships*
Technology-driven	*Hard networks*	*Connecting computers*
People-driven	*Soft networking*	*Connecting people*

Abb. 2: "Organisational Networking" ([3], S. 15)

2. *Dezentralisierung und Autonomie als Voraussetzung für Kundenorientierung und rasche Reaktionen auf Veränderungen am Markt.*

Die geforderte aktive Ausrichtung des ganzen Unternehmens auf den Kunden und die Bedürfnisse des Marktes gehen deutlich über die in den siebziger Jahren propagierte Marketingorientierung hinaus. Dabei wird der Vertriebsmitarbeiter nicht nur zum "point of sale", sondern zur "Kundenschnittstelle" schlechthin, über die das Unternehmen zielgerichtet und aktiv Kunden- sowie Marktinformationen aufnimmt und filtert [11], um diese dann anhand situativer Faktoren und gegebener Unternehmensziele zu klassifizieren, zu ordnen, zu bewerten und weiteren organisationsinternen Auswertungen zuzuführen. Das macht es jedoch erforderlich, den am Markt operierenden Einheiten eine weit größere Selbständigkeit, also eine gegenüber der Zentrale deutlich unabhängigere Position einzuräumen. Dazu müssen Entscheidungsstrukturen und Verantwortlichkeiten weitgehend dezentralisiert und den nachgeordneten, marktnäheren Organisationseinheiten ein weitreichendes Maß an unternehmerischer Autonomie zugewiesen werden.

3. *Fraktale Organisationsstrukturen gewährleisten Effizienz, Flexibilität und Stabilität gerade auch großer, komplexer Systeme.*

WARNECKE bezeichnet eine organisatorische Einheit dann als Fraktal, wenn sie sich durch selbständiges Agieren, Selbstähnlichkeit und dienenden Charakter sowie durch ausgeprägte Fähigkeiten zur internen und externen Selbstorganisation auszeichnet. Nach WARNECKE zielt interne Selbstorganisation auf die flexible Gestaltung operativer Prozesse, während externe Selbstorganisation der Formulierung und Koordination taktischer und strategischer Vorgaben dient. Fraktale Systeme besitzen durch ihre Fähigkeit zur Selbstorganisation eine hohe Vitalität, so können sich Fraktale z.B. in dynamischen Prozessen neu bilden, verändern und wieder auflösen (organisatorisches Lernen!). Attraktiv ist dieses Modell vor allem deshalb, weil es nach WARNECKE gute Chancen bietet, auch große und komplexe Systeme mit sehr flexiblen und reaktionsschnellen koordinativen Fähigkeiten auszustatten, ihnen über die Bildung von Fraktalen ihre Lernfähigkeit zurückzugeben und durch effiziente selbststeuernde Mechanismen ein hohes Maß an Anpassungsfähigkeit zu erzielen, ohne dabei die Forderung nach organisatorischer Stabilität verletzen zu müssen.

4. *Prozeßorientierung als Voraussetzung für "schlanke" Ablaufstrukturen.*

Jedwede Organisations-, Führungs- und Managementtätigkeit ist auf die Verbesserung von Abläufen gerichtet, denn nur diesen lassen sich Zeiten, Kosten und Ergebnisse zurechnen. Einer der Schlüssel zum unternehmerischen Erfolg liegt deshalb in der Modellierung effizienter, "schlanker" Geschäftsprozesse. Die in diesem Zusammenhang genannten Schlagworte Business Process Planning, Business Process Re-Engineering, Process Innovation etc. beschreiben ein weites Feld wichtiger organisatorischer Aktivitäten. Bis heute weitgehend ungeklärt sind allerdings die wechselseitigen Beziehungen zwischen der Dezentralisierung von Organisationsstrukturen und dem Konzept der Prozeßorientierung.

5. *Die Verfügbarkeit einer leistungsfähigen Informationstechnik bildet gleichermaßen die Antriebsfeder als auch die Realisierungsmöglichkeit jedweden Lösungsansatzes.*

Unter dem Schlagwort der "extended organization", also einer Organisation, die auf das engste mit ihren Kunden, Lieferanten und Wettbewerbern verzahnt ist, diskutieren u.a. TAPSCOTT & CASTON [19] die zentrale Bedeutung der Informationstechnologie bei der Entwicklung zukünftiger Organisationsstrukturen. Dabei kommt insbesondere der rasch zunehmenden Verfügbarkeit elektronischer Netzwerke, dem Übergang von der Daten- zur Wissensverarbeitung und der engen Verbindung menschlicher mit maschinellen Problemlösungsfähigkeiten eine ganz entscheidende Bedeutung zu. Ähnliche Überlegungen finden sich bei allen Autoren, die den zukünftigen Beitrag der Informationstechnik in ihre Überlegungen mit einbeziehen ([1]; [5]; [12]; [13]; [17]; [19]).

2.2 Prozeßkoordination: Steuern, Regeln, Selbstorganisation?

Die Funktion der Vorgangs*steuerung*, also die Fähigkeit, nach Eintreten eines entsprechenden Ereignisses die Abarbeitung von Geschäftsvorgängen auszulösen und effizient zu unterstützen, wird heute oft als die wichtigste Aufgabe von Workflow-Management-Systemen angesehen.

Der aus den Ingenieurwissenschaften entlehnte Begriff der *Steuerung* weist darauf hin, daß es dabei vor allem um die Abarbeitung a priori festgelegter Folgen elementarer Vorgangsschritte geht, die in Abhängigkeit der aktuellen Werte wohldefinierter Steuerungsgrößen aufeinander abzustimmen sind. Steuerungen setzen eine detaillierte Beschreibung von Abläufen – durch eine notwendigerweise zentrale organisatorische Instanz (kognitive und kapazitative Restriktionen!) – voraus. Wegen fehlender Rückkopplungsmechanismen können sie nicht auf Störungen reagieren und sind deshalb nur in sehr stabilen Umgebungen sinnvoll einsetzbar. Daraus folgt insbesondere, daß Steuerungen eine eventuelle Dynamik der Umgebung eines Vorgangs nur in sehr eingeschränkter Weise berücksichtigen können und keine Möglichkeiten zur Modellierung von Interaktionen zwischen Vorgängen bieten. Vor dem Hintergrund der Ausführungen in Kapitel 2.1 ist vor allem der letzte Punkt von entscheidender Bedeutung, weist er doch auf ganz signifikante Einschränkungen des in der Literatur oft sehr betonten Ganzheitlichkeitsprinzips heutiger Workflow-Management-Ansätze hin.

Die beschriebenen konzeptionellen Einschränkungen des Steuerungsansatzes treffen auch auf die meisten heute verfügbaren Workflow-Management-Systeme zu:

- Die Schwierigkeiten, komplexe Arbeitsabläufe im Detail zu beschreiben sind bekannt. Sie werden, worauf WARNECKE zu Recht hinweist, häufig noch dadurch verstärkt, daß, Aufgabentyp-bedingt, vor allem die semistrukturierbaren Abläufe entweder durch weit oben in der Hierarchie angesiedelte Mitarbeiter oder aber unter Mitwirkung externer Berater beschrieben werden. In beiden Fällen wird die Erarbeitung der Ablaufspezifikation also signifikant von Personen beeinflußt, die über eine eher geringe Detailkenntnis verfügen.

- Zwar wird die Abarbeitung von Arbeitsabläufen durchaus effizient unterstützt, so lange keine unvorhergesehenen Ereignisse (Bearbeitungsfehler oder Störungen von außen) auftreten. Problematisch wird es jedoch spätestens dann, wenn zur Ausführungszeit eine Fehlerbehandlung notwendig

wird, zu früheren Bearbeitungsschritten zurückgesprungen oder gar die
Rücknahme bereits erreichter Zwischenergebnisse unternommen werden
muß. In konkreten (nicht-trivialen) betrieblichen Arbeitsumgebungen sind
solche Anforderungen jedoch eher die Regel als die Ausnahme. So mag es
auch nicht weiter überraschen, daß die in den einzelnen Workflow-
Management-Systemen vorhandenen Möglichkeiten zur Ausnahmebehand-
lung mittlerweile zu den wichtigsten Differenzierungsmerkmalen zählen.

- Die gegebene Einschränkung des Ganzheitlichkeitskonzeptes führt dazu,
  daß Interaktionen zwischen verschiedenen Geschäftsprozessen oder zwischen Geschäftsprozessen und ihrer Umgebung mit heutigen Workflow-
  Mangement-Systemen nicht erfaßt und damit auch nicht in Entscheidungsprozesse einbezogen werden können.

Der letzte Punkt wird, unter Hinweis auf die Einbindung von Datenbanken zur
Verwaltung fallspezifischer Informationen, in der Literatur manchmal mißver-
ständlich diskutiert. Das Transaktionsmanagement einer Datenbank koordiniert
– auf einer technischen Ebene – lediglich den konkurrenten Zugriff von zwei
oder mehr Transaktionen auf gemeinsame Daten, indem die Datenzugriffe voneinander isoliert werden. Die zwischen verschiedenen Anwendungen möglicherweise bestehenden inhaltlichen Beziehungen finden dabei keine Berücksichtigung, sondern müssen direkt auf der Ebene der Anwendung behandelt
werden. Genau das ist mit Workflow-Management-Systemen jedoch nicht möglich.

Wenden wir uns nun noch einmal dem Problem der (Ablauf-) Steuerung zu.
Steuerungen realisieren deshalb ein starres Systemverhalten, weil sie ohne
Rückkopplungsmechanismen auskommen müssen. Werden Rückkopplungen
des Systemverhaltens realisiert, dann enthält man eine sogenannte Regelung.
Die Einrichtung von Regelkreisen macht ein System bedeutend flexibler und erlaubt es, daß Systeme auch auf unvorhergesehene Situationen rasch und zuver-
lässig reagieren können. Es ist allerdings bekannt, daß Regelkreise aus Verein-
fachungsgründen eine Linearisierung des Systemverhaltens erfordern. Reale
Systeme zeigen jedoch oft dann, wenn sie nicht in ganz engen Grenzen betrachtet werden, ein nichtlineares Verhalten. Das gilt natürlich auch für betriebswirtschaftliche Organisationen, die heute durchweg als offene, mit ihrer Umgebung verzahnte Systeme verstanden und gestaltet werden. Regelungen werden
damit zwar für viele Anwendungen Lösungen anbieten können, durch die
Workflow Management überfordert wird. Oft werden aber auch sie nicht

problemadäquat sein und vor allem bei steigenden Anforderungen an die koordinativen Fähigkeiten eines Systems rasch an ihre Grenzen stoßen.

Es ist also notwendig, die Überlegungen zum Umgang mit Geschäftsprozessen auf eine ganz neue Grundlage zu stellen. Dazu müssen wir vor allem untersuchen, welche Forderungen dezentralisiert-kooperative, auf marktorientierte Leistungserstellung ausgerichtete Organisationsstrukturen für die Ausgestaltung eines effizienten Prozeßmanagement aufwerfen. Das wiederum rückt die Frage nach der geeigneten Repräsentation von Geschäftsprozessen in den Mittelpunkt des Systementwurfs. Oder, wie es MALONE et al. [10] zugespitzt formulieren: "The key intellectual challenge (is): How to represent organizational processes?"

Zur Entwicklung eines adäquaten, hinreichend flexiblen Koordinationsmanagements ist es deshalb erforderlich, die in einer kooperativ organisierten Unternehmung benötigten Verfahren zum Umgang mit Geschäftsprozessen herauszuarbeiten. Auf dieser Grundlage können dann geeignete Vorgangsrepräsentationen entwickelt und die erforderlichen Koordinationsverfahren bereitgestellt werden. Erst dann können wir erwarten, daß die Einführung informationstechnischer Lösungen auch in "fraktalisierten", also durch Dezentralisierung und Autonomie geprägten Unternehmensstrukturen eine wirksame Prozeßunterstützung leisten wird.

3   Überlegungen zum Umgang mit Geschäftsprozessen

Etwa seit Beginn der siebziger Jahre weiß man, daß Produkt- und Produktionsprozeßinnovationen von gleichrangiger Bedeutung für den Markterfolg eines Unternehmens sind ([20], S. 113). Unter anderem aus diesen Gründen wird heute gefordert, industrielle Fertigungsprozesse nach den Prinzipien der Dienstleistungsproduktion umzustrukturieren, Güter also als unmittelbar zeitlich-sachliche Reaktion auf konkret formulierte Nachfrage herzustellen. Das ermöglicht nicht nur den Abbau von Fertigproduktlägern, sondern setzt im Hinblick auf die für den Markterfolg wichtige Variantenfertigung auch einen Produktionsapparat voraus, der die Teilprozesse der Fertigung sehr flexibel modifizieren und kombinieren können muß. Zu diesem Zweck wurden in der Vergangenheit zahlreiche Koordinationsverfahren entwickelt, die in ihrer Gesamtheit oft unter der – allerdings nicht ganz exakten – Bezeichnung "Flexible Fertigungssteuerung" zusammengefaßt werden.

Ähnliche Forderungen gelten natürlich auch für die Büroorganisation. Allerdings ist dieser Bereich analytisch bisher noch nicht annähernd so gut durchdrungen wie die industrielle Produktion. Das rasch zunehmende Interesse der Anwender an rationelleren Büroabläufen und der daraus resultierende Versuch, automatisierte Verfahren der Vorgangssteuerung zu entwickeln und einzusetzen sind deshalb von nicht zu unterschätzender Bedeutung.

Im folgenden bezeichnen wir die formale Repräsentation eines Geschäftsprozesses als Prozeßmodell. Geschäftsprozesse und Prozeßmodelle werden mit Großbuchstaben, Repräsentationen einzelner Aktivitäten mit Kleinbuchstaben bezeichnet:

Modellierung von Prozeßmodellen

- A ersetzt B

  Dabei handelt es sich um den einfachen Austausch eines Prozeßmodells.

- A verfeinert B

  Es gibt ein ausgezeichnetes Element b in B, welches durch A ersetzt wird.

- A erbt Eigenschaften eines übergeordneten Prozeßmodells B

  Es gibt Elemente b in B, die bei Aufruf von A aus B heraus an A übergeben werden.

- A wird in die Teilprozeßmodelle B und C zerlegt

  Beispiel: Auftragsdekomposition.

- A wird modifiziert zu A'.

  Modifikationen machen ein Versionsmanagement für Prozeßmodelle erforderlich.

- A und B werden zu einer Konfiguration C zusammengefügt

  Einfachstes Beispiel ist die Sequenz; komplexere Formen können auch zur Vernetzung von Prozeßmodellen führen.

- A wird aus B entfernt

  Bedingt durch Reorganisationen kann es dazu kommen, daß A, bislang als Teilprozeßmodell in B enthalten, aus B entfernt wird.

Interaktionen zwischen Prozessen

- B löst A aus, und wartet mit der weiteren Ausführung, bis A abgeschlossen wurde

  Einfachste Form der wechselseitigen Abhängigkeit.

- B löst A aus, und wartet mit der weiteren Ausführung, bis ein erforderliches Zwischenresultat von A zurückgeliefert wurde

  Komplexere Form beidseitiger Abhängigkeit, setzt Möglichkeiten zum Nachrichtenaustausch zwischen Geschäftsprozessen voraus.

- A und B interagieren synchronisiert

  Interaktionen können sich auf den Austausch von Informationen, wechselseitige exklusive Ressourcenzugriff u.ä.m. beziehen und müssen deshalb synchronisiert werden. Mit anderen Worten: A greift durch Auslösen von Synchronisationsmaßnahmen in den Ablauf von B ein (et vice versa).

- A und B interagieren, ohne daß eine Synchronisation stattfindet

  Das kann der Fall sein, wenn A situative Parameter für B verändert, ohne daß A unmittelbar in den Ablauf von B eingreift / eingreifen kann.

- A unterbricht B

  Beispiel: Notfallmaßnahme

Interaktionen zwischen Prozessen und ihrer Umgebung

- B wird durch ein in A erzeugtes Ereignis ausgelöst

  Einfache Form situativer Bedingtheit, typisch z.b. für Modellierung ereignisgesteuerter Prozeßketten ([4]; [6]).

- In einer gegebenen Situation stellen A und B exklusive Alternativen dar

  Semantik: A XOR B

- In einer gegebenen Situation stellen A und B Alternativen dar

  Semantik: A OR B

- In einer gegebenen Situation sind sowohl A als auch B auszuführen

  Semantik: A $\wedge$ B

- In einer gegebenen Situation darf A nicht ausgeführt werden

  Semantik: ¬ *A*

- A wird ungültig

  Beispiele: Änderungen der Rechtslage, Einstellen einer Produktionslinie etc. Danach kann / darf A nicht mehr ausgeführt werden.

Die Auswahl der oben informell eingeführten Operationen wurde unter anderem durch die Ergebnisse eigener früherer Arbeiten zur Modellierung von Designaufgaben sowie durch eine von MALONE et al. 1993 vorgelegte Arbeit inspiriert [17]. Die Liste der vorgeschlagenen Operationen erhebt, dem frühen Stadium der Arbeiten entsprechend, weder einen Anspruch auf Vollständigkeit, noch ist sie notwendigerweise minimal. Es ist allerdings davon auszugehen, daß den genannten Operationen in ihrer Gesamtheit eine fundamentale Bedeutung für die formale Repräsentation von Geschäftsprozessen sowie für die Funktionalität der zu entwickelnden Verfahren der Prozeßkoordination zukommen wird.

Aus Platzgründen haben wir hier weitgehend darauf verzichtet, Beispiele für die entsprechenden Operationen anzugeben. Es sollte dem Leser jedoch nicht schwerfallen, diese aus seinem eigenen Erfahrungsschatz selbst abzuleiten. Wichtig erscheint uns dabei allerdings der Hinweis, daß diese Operationen selbstverständlich auch miteinander kombiniert werden können, um beliebig komplexe Strukturen aufzubauen. Dazu müssen entsprechende Kombinationsregeln entwickelt werden, mit denen die operationale Semantik der dadurch erzeugten Strukturen exakt beschrieben werden kann.

4   Erste Folgerungen

Auch wenn es für die Erarbeitung dezidierter Folgerungen an die formale Repräsentation von Prozeßmodellen oder gar für den Entwurf geeigneter Prozeßkoordinationssysteme gegenwärtig noch zu früh ist, erschließen uns die obigen Gedanken doch einige nützliche Einblicke.

Dazu gehen wir zu den von WARNECKE geforderten fraktalen Organisationsstrukturen zurück. Die dort postulierten Formen der Selbstorganisation sind, so weit diese intern stattfindet, unmittelbar prozeßbezogen. Interne Selbstorganisation heißt also nichts anderes als Erzeugung neuer oder Veränderung vorhandener Geschäftsprozesse und erfordert damit die Verfügbarkeit entsprechender Operationen auf den diese repräsentierenden Prozeßmodellen. Ähnliches gilt für die externe Selbstorganisation. Dort kommt es vor allem darauf an, Prozeß-modelle flexibel miteinander verbinden, also konfigurieren zu können. Füh-rungsaufgaben können in beiden Fällen nur dann effizient erfüllt werden, wenn geeignete Werkzeuge zur Gestaltung von Geschäftsprozessen zur Verfügung stehen. Auch hier besteht also ein dringender Bedarf an mächtigen Operationen auf Prozeßmodellen. Damit läßt sich die in diesem Aufsatz vorgetragene Work-flow-Management-Kritik noch zuspitzen: Anstatt die dringend geforderte De-zentralisierung und Flexibilisierung zu fördern, verstärkt Workflow Manage-ment durch die fehlende Unterstützung der erforderlichen Operationen auf Prozeßmodellen (Workflows) vor allem die Position zentraler, für die Vorgangsspezifikation zuständiger Stäbe und zementiert durch Normierung der Abläufe gleichzeitig die betrieblichen Prozesse. An dieser Stelle werden die Vorzüge des in diesem Beitrag entwickelten Konzeptes deutlich sichtbar: Das Abgehen von durch zentrale Instanzen vorformulierten Geschäftsprozessen und die für den lokal zuständigen Entscheider nunmehr vorgesehene Möglichkeit, seine Geschäftsprozesse bedarfsabhängig – und dadurch situations-, markt- und kundengerecht – manipulieren zu können, gibt ihm die Verantwortung über seinen Bereich zurück, erweitert unmittelbar seinen Gestaltungsspielraum und führt dadurch direkt zur Stärkung der Autonomie der betreffenden organisato-rischen Einheit. Wir sind deshalb der Auffassung, daß informationstechnische Lösungen zur Unterstützung der Prozeßorganisation erst dann in einem Unter-nehmen mit Erfolg implementiert werden können, wenn diese nicht nur die Beschreibung, Ablage und Steuerung von Vorgängen erlauben, sondern in der Hand des Bereichsverantwortlichen zu einem (**seinem!**) wichtigen Führungs- und Koordinationsinstrument wird.

Die obigen Ausführungen erlauben es uns über die bereits vorgetragenen Folge-rungen hinaus, auch einige interessante Vergleiche mit dem Entwurf sogenann-ter integrierter Design-Frameworks durchzuführen. Dort geht es darum, einem Team von Ingenieuren für ihre Entwurfsarbeit zum Beispiel in den Domänen CAD oder VLSI eine weitestgehend integrierte Arbeitsumgebung zur Verfü-gung zu stellen. Nach unseren Überlegungen spricht einiges für die Annahme, daß die dort durchgeführten Arbeiten zur Repräsentation von Entwurfsobjekten auch für den Umgang mit organisatorischen Prozessen und die Modellierung von Prozeßmodellen eine hohe Relevanz besitzen. So kann vermutlich davon ausgegangen werden, daß den hier im Mittelpunkt stehenden Geschäftspro-zessen für den Entwurf leistungsfähiger Prozeßkoordinationssysteme in etwa die gleiche Bedeutung zukommt wie den Designobjekten für die Entwicklung integrierter Entwurfsumgebungen. Insbesondere kann man wohl auch davon ausgehen, daß sich die Anforderungen an die Datenmodellierung bzw. Prozeßrepräsentation in beiden Fällen vergleichsweise ähnlich sein werden.

5 Literatur

[1]   Davenport, T.H.: Process Innovation: Reengineering Work through Information Technology. Harvard Business School Press, Boston, Mass. 1993.

[2]   Grochla, E.: Das Büro als Zentrum der Informationsverarbeitung im strukturellen Wandel. In: Grochla, E. (Hrsg.): Das Büro als Zentrum der Informationsverarbeitung. Wiesbaden 1971, S. 11-32.

[3]   Hastings, C.: The New Organization: Growing the Culture of Organizational Networking. McGraw Hill, London u. a. 1993.

[4]   Hoffmann, W.; Kirsch, J.; Scheer, A.-W.: Modellierung mit Ereignisgesteuerten Prozeßketten, Methodenhandbuch, (Stand: Dezember 1992). IWI - Institut für Wirtschaftsinformatik im Institut für empirische Wirtschaftsforschung an der Universität des Saarlandes. Saarbrücken 1993.

[5]   Keen, P.G.W.: Shaping the Future. Harvard Business School Press 1991.

[6]   Keller, G.; Nüttgens, M.; Scheer, A.-W.: Semantische Prozeßmodellierung auf der Grundlage "Ereignisgesteuerter Prozeßketten (EpK)". In: Heft 89, IWI - Institut für Wirtschaftsinformatik im Institut für empirische Wirtschaftsforschung an der Universität des Saarlandes. Saarbrücken 1992.

[7]   Kirn, St.; O'Hare, G. (eds.): Towards the Intelligent Organisation: The Coordination Perspective. Springer-Verlag, London u. a. 1994 (im Druck).

[8]   Kirn, St.; Wanka, U.: Integrationsfähigkeit von Vorgangssteuerungssystemen: Problemanalyse und Fallbeispiel. Zur Veröffentlichung eingereicht.

[9]   Malone, T.; Crowston, K.: The Interdisciplinary Study of Coordination. CCS WP #157, Sloan School WP #3630-93. Massachusetts Institute of Technology, Sloan School of Management, Cambridge, Mass. 1993.

[10]   Malone, T.; Crowston, K.; Lee, J.; Pentland, B.: Tools for inventing organizations: Toward a handbook of organizational processes. CCS WP #141, Sloan School WP #3562-93. Massachusetts Institute of Technology, Sloan School of Management, Cambridge, Mass. 1993.

[11] Matsuda, T.: Organizational Intelligence: Its Significance as a Process and as a Product. In: Proceedings of CEMIT92/CECOIA 3 - International Conference on Economics, Management and Information Technology, Tokio 1992, S. 219 - 222.

[12] Morton, S. (ed.): The Corporation of the 1990s - Information Technology and Organizational Transformation. Oxford University Press, Oxford u. a. 1991.

[13] Nirenberg, J.: The Living Organization - Transforming teams into Workplace Communities. Business One Irwin, Homewood, Illinois 1993.

[14] Picot, A; Reichwald, R.: Bürokommunikation. Leitsätze für den Anwender. 3. Aufl. Hallbergmoos 1987.

[15] Rupietta, W.; Wernke, G.: Umsetzung organisatorischer Regelungen in der Vorgangsbearbeitung mit Workparty und ORM. In: Hasenkamp, U.; Kirn, St.; Syring, M. (Hrsg.): CSCW – Computer Supported Cooperative Work: Informationssysteme für dezentralisierte Unternehmensstrukturen. Bonn u.a. 1994.

[16] Scharfenberg, H.: Strukturwandel in Management und Organisation - Neue Konzepte sichern die Zukunft. Baden-Baden 1993.

[17] Steiner, D.; Mahling, D.; Haugeneder, H.: Human Computer Cooperative Work. In: Proceedings of the 10th International Workshop on Distributed Artificial Intelligence. MCC Technical Report ACT-AI-355-90. Austin, Texas 1990.

[18] Stephens, L.; Merx, M.: Agent Organization as an Effector of DAI System Performance. Ninth Workshop on Distributed Artificial Intelligence, Rosario Resort, Eastsound. Washington 1989, S. 263-292.

[19] Tapscott, D.; Caston, A.: Paradigm Shift - The New Promise of Information Technology. McGraw-Hill, New York u. a. 1993.

[20] Warnecke, H.-J.: Revolution der Unternehmenskultur. Berlin 1993.

TEIL II

Entwicklung von
CSCW-Systemen

Ludwin Fuchs, Uta Pankoke-Babatz, Wolfgang Prinz

Ereignismechanismen zur Unterstützung der Orientierung in Kooperationsprozessen

Zusammenfassung

Dieses Papier erläutert die Probleme der Orientierung in elektronischen Kommunikations- und Kooperationsprozessen. Ein Ereignismodell für computergestützte Arbeitsumgebungen wird vorgestellt, das geeignet ist, den Teilnehmern eine Orientierung zu ermöglichen. Das Modell erlaubt, Informationen über laufende und vergangene Handlungen im gemeinsamen Arbeitskontext zu erzeugen, zu verteilen und zu bearbeiten. Es nutzt semantische und kontextuelle Beziehungen zwischen den gemeinsamen Artefakten einer Arbeitsumgebung. Das Ereignismodell ermöglicht die Orientierung der Benutzer im gemeinsamen Arbeitsprozeß, ohne sie mit zuviel Information zu überlasten.

1 Einleitung

Mit der stetig zunehmenden Vernetzung der Arbeitswelt bei gleichzeitig steigender Bandbreite in der Informationsübertragung sowie steigenden Prozessor-
leistungen haben elektronische Unterstützungssysteme für räumlich verteilte
Zusammenarbeit seit den Achtziger Jahren eine große Nachfrage aus allen wirt-
schaftlichen Bereichen zu verzeichnen. Die Palette reicht dabei von Kommuni-
kationssystemen wie Electronic Mail oder Audio- und Videokonferenz Software
über Systeme zur gemeinsamen Benutzung von Anwendungen, Aufgaben und
Arbeitsressourcen bis hin zu Workflow Management Systemen.

Die übliche Einordnung von Groupware Systemen erfolgte bisher immer gemäß
den beiden orthogonalen Dimensionen Zeit (synchron/asynchron) und Verteilung (gleicher Ort/verschiedene Orte). Daneben unterscheidet man gemäß der
funktionalen Aspekte grob in Kommunikationssysteme, Koordinationssysteme
und Kooperationssysteme. Es hat sich gezeigt, daß der Einsatz von Groupware
Systemen, die lediglich *einer* dieser Kategorien einzuordnen sind, nicht ausreichend ist, um gemeinsame Arbeit effektiv zu unterstützen [4], so daß die
Entwicklung auf technischer Ebene mehr und mehr in Richtung integrierter
CSCW Plattformen geht, in denen die Gesamtheit dieser Dimensionen
unterstützt werden soll (any time/any place Systeme).

Die Integration allein behebt allerdings noch nicht alle Unzulänglichkeiten, mit
denen CSCW Technologie behaftet ist. Dazu gehört an prominenter Stelle das
Problem der mangelnden Unterstützung der Orientierung des Benutzers über
das Geschehen: die Tatsache, daß eine elektronische Laufmappe an irgendeinem
Arbeitsplatz liegengeblieben ist, dessen Inhaber sich gerade in Urlaub befindet,
und deren Absender keine Benachrichtigung darüber erhalten hat, kann ebenso
zu unangenehmen Folgeerscheinungen führen wie die mangelnde Kenntnis, daß
der Arbeitskollege in einem Team von Programmierern seit geraumer Zeit damit
beschäftigt ist, ein Include File zu ändern, von welchem es bereits eine abgeänderte Version in einem anderen Arbeitsbereich gibt.

Verschiedene Systeme sind in ihrem Kern darauf ausgerichtet, solche Probleme
anzugehen. So sind z.B. Möglichkeiten zur Strukturierung von Nachrichten
(z.B. LENS [6]) und Mail-Filter eingeführt worden, um durch die
Klassifizierung von Nachrichten nach ihrer Bedeutung deren Bearbeitung zu
vereinfachen. Andere Ansätze (z.B. AMIGO [7]) erlauben, sogenannte
Interaktionsmuster (patterns) zu spezifizieren, somit Regeln und
Rahmenbedingungen für Kommunikationsprozesse festzulegen und damit den

möglichen Verlauf zu strukturieren. Die Sprechakttheorie ([1]; [9]) wird in anderen Ansätzen (z.b. COSMOS [3]) verwendet, um die impliziten Absichten des Absenders klassifizieren und ausdrücken zu können, so daß der Empfänger darin unterstützt werden kann, adäquat zu reagieren. Die Bereitstellung von Informationen über den organisatorischen Kontext, in dem eine Aufgabe bearbeitet wird (z.b. durch TOSCA [8]), kann ebenfalls den Kooperationsprozeß erheblich beeinflussen und vereinfachen, weil so mehr Wissen über den gemeinsamen Arbeitshintergrund der Kooperationspartner verfügbar ist.

Alle diese Systeme sind jedoch als spezielle Groupware Anwendungen einzustufen - sie bilden also keine any time/any place Gesamtlösungen zur Kooperationsunterstützung. Die Benutzer arbeiten isoliert voneinander und sehen nur den individuellen Teil der Gesamtaufgabe; die gemeinsame Kenntnis des Geschehens ist abhängig von der Frage, welcher der oben aufgeführten Dimensionen diese Teilaufgabe zuzuordnen ist. Die sozialen Aspekte, die die gemeinsame Arbeit in Teams wesentlich beeinflussen, gehen dabei verloren. Arbeit im gemeinsamen Büro ist dadurch bestimmt, daß die Teilnehmer einen impliziten Überblick über die Aktivitäten der Kollegen haben. Arbeitsgewohnheiten, Anwesenheit, die Tatsache, daß sie sehr beschäftigt sind, haben ebenso wesentlichen Einfluß auf die Zusammenarbeit, wie die Kenntnis, wer sich mit wem unterhält, oder auch Essenszeiten der Kollegen usw.

Analog zu den Bestrebungen, allgemeine CSCW Plattformen zu entwickeln, die alle oben aufgeführten Aspekte der Kooperationsunterstützung abdecken, ist eine adäquate Integration von Mechanismen notwendig, die die Orientierung in solchen Systemen ermöglichen. In diesem Papier wird ein Ereignismodell vorgestellt, das geeignet ist, die dazu notwendige Information zur Verfügung zu stellen. Die Form der Ereignisse ist dabei geeignet, um die Geschehnisse in den unterschiedlichen Bereichen der Zusammenarbeit zu beschreiben. Ein generischer Verteilungsmechanismus für die Ereignisse erlaubt, die Sichtbarkeit der Ereignisse flexibel und den konkreten Anforderungen der zu bearbeitenden Aufgaben entsprechend zu gestalten. Einige Beispiele demonstrieren die Nutzung der Ereignisinformation zur Unterstützung der Orientierung.

2   Orientierung in Kommunikations- und Kooperations-prozessen

2.1 Kommunikation und Kooperation

Zur Entwicklung eines besseren Verständnisses der Kenntnisse, die zur Orientierung in Kooperationsprozessen erforderlich sind, erläutern wir kurz Charakteristika von menschlicher Kommunikation. Nach WATZLAWIK ist die menschliche Kommunikation ein Austausch, der auf der Sachebene und der Beziehungsebene stattfindet. Der Austausch auf der Sachebene erfolgt verbal und der auf der Beziehungsebene vorwiegend non-verbal [10]. Auf der Sachebene wird die gewünschte Information explizit durch Sprache übertragen. Dies kann auch mittels elektronischer Systeme erfolgen. Auf der Beziehungsebene dagegen erfolgt der Austausch implizit und regelt den sozialen Anteil des Kommunikations- und Kooperationsprozesses. Die Interaktion auf dieser Ebene wird von den Partnern genutzt, um die verbal ausgetauschte Information zu evaluieren, zu verstehen, und um die Fortsetzung der Kommunikation implizit auszuhandeln; sie ermöglicht den Kooperationspartnern die Orientierung im sozialen Prozeß.

Wenn die Teilnehmer sich gegenseitig sehen können, erfolgt der Austausch auf der Beziehungsebene überwiegend visuell. Jeder kann sehen, was die anderen tun, ihre Mimik, Gestik und Bewegungen etc. beobachten. Wenn keine visuelle Verbindung möglich ist, wird die non-verbale Kommunikation entsprechend schwieriger und reduzierter, und teilweise durch Verstärkung des Austauschs auf vorhandenen Kanälen, z.b. beim Telefon durch die Stimmodulation, Betonung, Lautstärke, bewußte Pausen etc. ersetzt.

In elektronischen Kommunikations- und Kooperationsmedien reduziert sich die Kommunikation auf das, was explizit in Form von Sprache - meist in Form von Nachrichten - ausgetauscht werden kann. Hier gibt es i.a. keine non-verbale Kommunikation. Damit ist Kommunikation auf der Beziehungsebene nicht möglich, es sei denn, sie erfolgt durch zusätzliche explizite verbale Kommunikation. Alle Partner sind in Isolation, sie können sich gegenseitig nicht beobachten, haben keine Kenntnis davon, in welcher Situation sich die Partner gerade befinden und was gerade geschieht. Die Erfahrungen zeigen, daß eine auf den Austausch von expliziten Informationen reduzierte Kommunikation -

ohne die Möglichkeit des sozialen Austauschs - für die Beteiligten sehr anstrengend ist und häufig zu Frustrationen und Mißverständnissen führt.

Wir wollen im folgenden ein Konzept vorstellen, wie auch für elektronische Kooperation über weite Distanzen und mit zeitlichen Unterbrechungen mehr Kenntnis über das Geschehen vermittelt werden kann. Orientierung im Kooperationsprozeß erfordert, daß alle Teilnehmer jederzeit über den aktuellen Zustand des Kooperationsprozesses informiert sein können. Auch wenn die einzelnen Partner an entfernten Orten und zu unterschiedlichen Zeiten arbeiten, sollten sie stets einen Überblick darüber haben, wer was wie verändert hat. Dazu wollen wir nachfolgend einige genauere Betrachtungen über den Begriff der Orientierung in Systemen zur Kooperationsunterstützung anstellen.

2.2 Orientierung in elektronischen Kommunikations- und Kooperationssituationen

Orientierung in Kooperationsprozessen beruht auf Ereignissen innerhalb dieser Prozesse. Wir benutzen im folgenden einen Ereignisbegriff, der es erlaubt, den Zustand in elektronischen Kooperationssituationen zu beschreiben. Insgesamt lassen sich die folgenden Orientierungsmodi unterscheiden:

	synchron	asynchron
gekoppelt	Was passiert gerade mit den für mich relevanten Objekten?	Was hat sich in der Zwischenzeit an den für mich relevanten Objekten verändert?
ungekoppelt	Was passiert gerade irgendwo Interessantes ?	Was ist in der Zwischenzeit Interessantes passiert?

Abb. 1: Orientierungsmodi

Synchrone Orientierung bezieht sich auf Ereignisse, die gegenwärtig geschehen, während asynchrone Orientierung sich auf Ereignisse bezieht, die in der Vergangenheit geschehen sind. Unterstützung für diese Form der Orientierung muß demnach durch eine Zusammenfassung und Interpretation einer Sequenz von Ereignissen realisiert werden.

Orthogonal zu dieser Klassifizierung unterscheiden wir gemäß dem Interesse des Benutzers in gekoppelte und ungekoppelte Orientierung. Gekoppelte Orientierung bezeichnet jene Form von Überblick, die sich auf den gegenwärtigen Interessensfokus des Benutzers bezieht. Ein Beispiel für synchrone gekoppelte

Orientierung ist die Kenntnis eines Benutzers, der ein Dokument editieren will,
daß dieses Dokument gerade von einem anderen Benutzer gelesen wird.
Asynchrone gekoppelte Orientierung liegt z.b. vor, wenn Benutzer bei der
Bearbeitung von Objekten über Veränderungen des Zustands dieser Objekte
informiert werden, die sich während einer Periode der Abwesenheit zugetragen
haben. Ungekoppelte Orientierung bezieht sich stets auf Situationen, in denen
die Information über das Eintreten von Ereignissen unabhängig vom aktuellen
Interesse - also der gegenwärtigen Beschäftigung - des Benutzers übermittelt
wird. Im asynchronen Fall kann dies z.b. eine Benachrichtigung des Systems
über Probleme bei der Bearbeitung einer elektronischen Laufmappe sein, die
irgendwo liegengeblieben ist, weil sich der Adressat gerade in Urlaub befindet.

3   Modellierung von Arbeitskontexten und Ereignissen

Das von uns entwickelte Ereignismodell kann auf einer objektorientierten
CSCW-Arbeitsumgebung aufsetzen. Die Ereignisverarbeitung kann die für die
Einrichtung einer Anwendung definierten und durch die konkrete Arbeit der
Benutzer entstehenden Beziehungen zwischen den Artefakten und Akteuren
benutzen. Im folgenden wird ein Beispiel für eine Modellierung einer Arbeits-
umgebung vorgestellt, auf der das Ereignismodell aufsetzen kann.

3.1 Objekte und Beziehungen

Eine integrierte Unterstützung der Orientierung der Benutzer mit Hilfe eines
Ereignismodells setzt eine integrierte Modellierung der für die Zusammenarbeit
relevanten Objekte sowie deren Beziehungen zueinander voraus. Darunter sind
sowohl Kooperationsartefakte, wie Dokumente, Werkzeuge usw. zu verstehen,
als auch abstrakte Objekte, wie Arbeitskontexte, Rollen, und organisatorische
Vorgänge. Schließlich ist es auch wichtig, die Akteure in diese Repräsentation
einzubeziehen. Dazu wird im folgenden ein einfaches Objektmodell genutzt.
Dieses Modell repräsentiert die Artefakte sowie die Akteure, die diese Artefakte
bearbeiten, als entsprechende Objekte. Der Arbeitskontext, der diese Artefakte
zusammenfaßt, wird ebenfalls als Objekt modelliert. Dieses Objekt beschreibt
die organisatorische Einbettung des Kontexts, also z.B. ein Projekt, eine Arbeitsgruppe oder ein Gremium. Solche Objekte werden als Kontextobjekte
bezeichnet.

Ein Artefakt-Objekt kann durch eine Beziehung mit einem Kontext-Objekt verbunden werden. Zusätzlich kann es weitere Beziehungen zwischen den Artefakt-Objekten geben, z.b. Autorschaft, Verantwortlichkeiten etc. Mit dieser Beschreibungstechnik kann ein semantisches Netz aus Relationen zwischen den Artefakt-Objekten, den Teilnehmern und dem Kontext-beschreibenden Objekt modelliert werden. Grundsätzlich unterscheiden wir drei Basistypen für Relationen: strukturelle, semantische und operationelle Relationen. Strukturelle Relationen werden verwendet, um Objekte in den organisatorischen Kontext einzuordnen; semantische Relationen beschreiben semantische Ähnlichkeiten zwischen Objekten, die je nach der zu bearbeitenden Aufgabe sehr unterschiedlich sein können. Operationelle Relationen sind stets mit Akteuren verknüpft und repräsentieren Beziehungen wie Präsenz und Aktivität. Ein Beispiel für ein solches Objektmodell und dessen Verwaltung sowie eine entsprechende Implementierung wird in [8] beschrieben.

3.2 Veränderungen eines Arbeitkontextes

Die Kooperationsumgebung wird durch Aktionen der Benutzer manipuliert. Änderungen können einerseits die Beziehungen zwischen Objekten betreffen und/oder den Zustand von Objekten. Ausgelöst werden sie zum Teil explizit durch die Benutzer, z.B. durch Plazieren von Objekten in einen anderen Kontext oder durch Kreieren neuer Objekte. Implizite Veränderungen spielen eine wichtige Rolle bei semantischen Relationen, z.B. kann eine Ähnlichkeitsrelation zwischen zwei Versionen eines Dokuments automatisch durch ein Versionsmanagementsystem generiert werden. Die Änderungen im System unterscheiden sich ferner in ihrer Dynamik. Strukturelle Relationen, die Kontexte und organisatorische Einheiten beschreiben sind eher statisch, während operationelle Beziehungen zwischen Benutzern und Artefakten sich im Verlauf der Arbeit häufig ändern.

3.3 Ereignisse

Ereignisse dienen dem Zweck, eine Beschreibung des Gesamtgeschehens zu ermöglichen. Sie bilden die Metapher, mit deren Hilfe zwei grundlegende Ziele realisiert werden sollen: einerseits werden sie benutzt, um den Zustand und die kausalen Zusammenhänge des Systems sichtbar zu machen und, andererseits sollen sie die Isolation der Systembenutzer aufheben, die heute charakteristisch ist, wenn Kooperation in elektronischen Medien stattfindet. Um diesen beiden Anforderungen gerecht zu werden, unterscheiden wir zwei Ereignisbasistypen: Modifikationen und Aktivitäten.

Modifikationen sind Ereignisse, die eine Zustandsänderung von Objekten beschreiben. Damit sind Ereignisse, wie z.b. Änderungen des internen Zustands (Inhalts), der Zugriffsrechte oder allgemein Änderungen der strukturellen oder semantischen Beziehungen von Objekten gemeint. Aktivitäten sind Ereignisse, die im Zusammenhang mit Akteuren stehen. Im Gegensatz zu Modifikationen beschreiben sie keine direkte Zustandsänderung eines Objektes, sondern sie begleiten Modifikationen lediglich. Formal kann man Aktivitäten als Veränderungen von operationellen Relationen der Akteure betrachten. Im folgenden wird angenommen, daß zu jeder dieser Ereignisklassen eine Menge von konkreten Unterklassen existiert, und es wird gezeigt, wie die vier Orientierungsmodi durch eine Verteilungsstrategie solcher Ereignisse unterstützt werden können.

4   Orientierung durch lokales Ereignismanagement

Ereignisse sind häufig nicht nur für das Objekt relevant, an dem sie auftreten, sondern auch für andere Objekte, die zu diesem in Beziehung stehen und insbesondere für Akteure, die im gleichen Arbeitskontext aktiv sind. Das Ereignisverteilungsmodell muß also für eine geeignete Verbreitung der Meldungen über Ereignisse sorgen. Andererseits läßt sich beobachten, daß Ereignisse in kooperativen Situationen auch keinen globalen Charakter haben, d.h. ihre Präsenz ist beschränkt und reduziert oder modifiziert sich mit dem Abstand, den ein Beobachter zum Ursprung des Ereignisses hat. Dies ist schematisch in Abbildung 2 dargestellt.

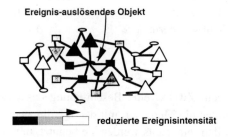

Abb. 2: Beschränkte Präsenz und Intensität eines Ereignisses in einem Objektraum

Der Übersichtlichkeit halber wurde im obigen Beispiel ein Beziehungsnetz zwischen Artefakten und Akteuren verwendet, das als planarer Graph beschreibbar ist, es ist jedoch ebenso auf nicht planare Graphen übertragbar.

4.1 Basisverteilungsstrategie

Operationen an Objekten sowie allgemein Aktionen der Benutzer erzeugen ein Ereignisobjekt einer Klasse, die den Typ der Operation reflektiert. Ein Ereignisobjekt beinhaltet die folgenden Informationen:

• eine eindeutige Identifikation

• den Namen des Akteurs, der die Operation ausgeübt hat

• den Namen des Objekts, auf dem die Operation ausgeführt worden ist

• einen Zeitstempel

• eine initiale Ereignisintensität.

Ein solches Ereignis wird nun über die Relationen verteilt, die das ereignisproduzierende Objekt in seine Umgebung einbetten. Die Verteilung der Ereignisse bewirkt dabei eine Verminderung der Ereignisintensität. Die folgenden Faktoren definieren für eine Relation eine zugehörige Regel für die Ereignisverteilung :

• der Typ des Ereignisses

• der Typ der Relation

• ein Intensitätsmultiplikator ≤ 1

• (optional) eine Richtung, auf die die Ereignisverteilung beschränkt ist.

Der Intensitätsmultiplikator beschreibt die Abschwächung der Ereignisintensität, die beim Transport eines Ereignisses dieses Typs auftritt. Ereignisse werden auf diese Weise rekursiv in einer depth-first-search Strategie im Netz verteilt, indem sie ausgehend vom ursprünglich betroffenen Objekt über alle von einem Objekt ausgehenden Relationen weitertransportiert werden, wobei bei jedem Übergang über eine Relation die zugehörige Regel angewandt wird. Die Verteilung terminiert, wenn:

• die Intensität unter einen ereignisspezifischen Schwellenwert sinkt, oder

• wenn ein Objekt erreicht wird, an dem das Ereignis bereits mit einer größeren Intensität vorhanden ist, oder

- wenn an einem Objekt für keine ausgehende Relation eine Regel anwendbar ist.

Da die Relationen i.a. nicht symmetrisch sind, ist es in vielen Fällen notwendig, die Verteilung für die verschiedenen Richtungen unterschiedlich zu definieren. Im folgenden wollen wir erläutern, wie dieses Ereignismodell die verschiedenen Orientierungsmodi unterstützt.

4.2 Synchrone gekoppelte Orientierung

Ist ein Benutzer aktiv in einem Arbeitskontext, so wird diese Tatsache durch eine operationelle Relation zwischen dem Benutzerobjekt (Akteur) und dem entsprechenden Kontextobjekt dargestellt. Aktivitäten und Modifikationen, die sich zeitgleich innerhalb dieses Kontextes ereignen, werden durch die Verteilungsstrategie bis zu diesem Akteur transportiert und das System kann in diesem Fall die Ereignisinformation synchron übermitteln. Die Tatsache, daß ein solches Ereignis bis zu diesem Akteur gelangt, bedeutet gleichzeitig, daß der Arbeitsfokus des Benutzers, der ja durch die Position und die operationellen Beziehungen des Akteurs im System dargestellt ist, auch das Objekt, welches von diesem Ereignis betroffen ist, einschließt. Es handelt sich demnach um gekoppelte Orientierung in obigem Sinne.

Abb. 3: Synchrone Orientierung

In diesem Beispiel ist die Verteilung der Ereignisse so definiert, daß strukurelle Relationen Ereignisse nur in einer Richtung transportieren (vom untergeordneten zum übergeordneten Objekt). Operationelle Relationen transportieren die Ereignisse dagegen stets zum Akteur hin. Auf diese Weise können alle Akteure in einem Arbeitskontext synchron über eintretende Ereignisse informiert werden.

Die Strategie ist auch geeignet, um die Grenzen von Arbeitskontexten zu überschreiten: im folgenden Beispiel existieren zwei Artefakte, die durch eine semantische Relation verbunden sind, welche sich aber in verschiedenen Kontexten befinden.

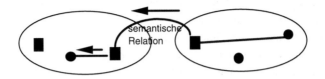

Abb. 4: Kontextübergreifende Orientierung

Modifikationen und Aktivitäten, die eines der Objekte betreffen, können bei entsprechender Definition der Ereignisverteilung von einem Kontext in den anderen übermittelt werden. Ereignisverteilung über semantische Relationen bildet ein sehr mächtiges Konzept, um Überblick zu unterstützen, da die Benachrichtigung über Aktivitäten und Modifikationen an semantisch verwandten Objekten in vielen Situationen von entscheidender Bedeutung sein kann. Ist für diese Relationen eine Ereignisabschwächung definiert, so kann die Ereignisintensität mit zunehmendem Abstand vom betroffenen Objekt vermindert werden, was der abnehmenden Relevanz vom Standpunkt des Betrachters aus gesehen entspricht und dazu beiträgt, Informationsüberladung zu vermeiden. Für das Beispiel in Abbildung 4 könnte die Intensitätsabschwächung z.B. so definiert werden, daß die Intensität der Ereignisse beim Eintreffen im zweiten Arbeitskontext unter den Schwellenwert zur Weiterverteilung sinkt. Damit werden die Akteure dieses Kontextes nicht über Ereignisse aus dem anderen Kontext informiert, es sei denn sie greifen auf das Objekt zu, an dem die Ereignisse eintreffen.

4.3 Asynchrone gekoppelte Orientierung

Um Überblick über Geschehnisse zu gewährleisten, die sich in der Vergangenheit zugetragen haben, muß das Ereignismanagement die Ereignisinformation abspeichern. Ereignisse werden deshalb in objektspezifischen Ereignislisten abgespeichert, und zwar für alle Objekte, die im Verlauf der Verteilung erreicht werden. Das Abspeichern eines Ereignisobjektes bedeutet dabei lediglich das Einfügen einer Objektreferenz zusammen mit dem Intensitätswert. Für viele Ereignisse (insbesondere für Aktivitäten) ist es außerdem sinnvoll, ereignistypabhängige Einträge zu haben, in denen lediglich ein Zeitstempel erneuert oder überschrieben wird. Greift ein Akteur nach einer Periode der Abwesenheit auf ein Objekt zu, so kann für dieses Objekt eine Zusammenfassung aller neu eingetretenen Ereignisse vom System präsentiert werden. Dabei kann auch Information über Ereignisse einbezogen werden, die nicht das Objekt unmittelbar betroffen haben, sondern auch solche, die in der Umgebung aufgetreten sind und dieses Objekt durch die Ereignisverteilung erreicht haben. Die Orientierung ist auch in diesem Fall gekoppelt, denn für die Verteilung der Ereignisse gelten die gleichen Aussagen wie im synchronen Fall.

Die Interpretation der Ereignislisten wird von einem Historiendienst übernommen. Dieser kann so gestaltet werden, daß die Benutzer dynamisch festlegen können, welche Typen von Ereignissen sie interessieren und wie die Präsentation der Ereignisfolgen über die Zeit hinweg gestaltet werden soll. Dies wird genauer gegen Ende dieses Papieres beschrieben.

4.4 Ungekoppelte Orientierung

Im Falle ungekoppelter Orientierung ist es notwendig, daß Benutzer Interesse an Ereignissen explizit spezifizieren. Das Interesse wird vom System dann in Form einer Relation zwischen dem Akteur und dem interessierenden Objekt dargestellt. Die Relation beschreibt darüber hinaus, welche Ereignistypen den Akteur interessieren. Ereignisse, die dieses Objekt betreffen, werden dann, sofern sie zu dieser Gruppe gehören, entlang dieser Interessensrelation zum entsprechenden Akteur übermittelt. Damit ist gewährleistet, daß das Ereignismanagement ungekoppelte Orientierung in der gleichen Weise unterstützen kann wie im gekoppelten Fall.

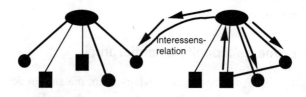

Abb. 5: Ungekoppelte Orientierung durch Interessensrelationen

In obigem Beispiel hat ein Akteur Interesse an allen Ereignissen in Arbeitskontext 2 spezifiziert. Ereignisse, die das entsprechende Kontextobjekt erreichen, werden so an diesen Akteur weitergeleitet und ermöglichen diesem einen Überblick, was dort geschieht.

5 Architektur

Zur Realisierung des Ereignismodells wird die folgende Architektur vorgeschlagen (siehe Abbildung 6): Ein Ereignismanager verwaltet und verteilt Ereignisse, die durch die Interaktion der Benutzer im System generiert werden, d.h. er übernimmt die regelgesteuerte Verteilung der Ereignisse über die Relationen und ist verantwortlich für das Abspeichern der Ereignisse in objektabhängigen Ereignislisten. Die Präsentation der Ereignisse wird durch verschiedene Dienste implementiert, die über den Ereignismanager auf die Ereignislisten zugreifen. Im einzelnen sind dies:

- *der Historiendienst*, der einen Zugriff auf vergangene, objektbezogene Ereignisinformation bewirkt und eine Beschreibung zeitlich eingegrenzter Information über den Lebenszyklus eines Objekts erlaubt,

- *der Ereignisinformationsdienst*, der es dem Benutzer ermöglicht, Interesse an zukünftigen Ereignissen zu registrieren,

- *die graphische Benutzerschnittstelle* des Systems. Sie ist verantwortlich für die Standardvisualisierung der Artefakte, Akteure und Arbeitskontexte und bezieht ebenfalls Ereignisinformation in die Darstellung dieser Objekte mit ein.

Die graphische Benutzerschnittstelle ist somit der Dienst, der die synchrone Orientierung im System ermöglicht. Modifikationen an Objekten können dabei z.B. durch Farbänderungen der Objektsymbole dargestellt werden, während Aktivitäten z.B. durch verschiedene Verbindungslinien zwischen dem Symbol des ausführenden Akteurs und dem Symbol des betreffenden Objektes angezeigt werden können. Unterschiedliche Intensitäten solcher Ereignisse können ebenfalls durch farbliche Veränderungen in der Visualisierung berücksichtigt werden.

Der Historiendienst realisiert generell die asynchrone Orientierung im System und zeigt Interpretationen der Ereignislisten der Objekte an. Dieser Dienst sollte es dem Benutzer ermöglichen, unterschiedliche Kategorien und Präferenzen für die Interpretation der Ereignisinformation zu spezifizieren. Dazu gehören:

- der Zeitraum, in dem Ereignisse berücksichtigt werden sollen,

- die Ereignistypen, an denen der Benutzer interessiert ist,

- die konkrete Semantik für die Interpretation der Ereignisfolgen,

- die visuelle Präsentationsform (Diagramme, textuelle Darstellung, usw.).

Der Ereignisinformationsdienst ist verantwortlich für die ungekoppelte Orientierung. Der Dienst erlaubt dem Benutzer, explizit Interesse an Objekten im System zu spezifizieren, und realisiert dies durch Einfügen der entsprechenden Interessensrelationen, und einer Spezifikation, welche Ereignisse über diese Relationen transportiert werden sollen.

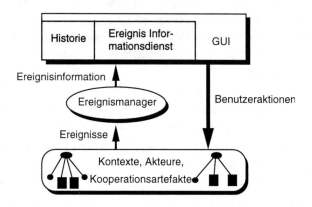

Abb. 6: Architektur für das Ereignismanagement

6   Zusammenfassung

Dieses Papier präsentiert Konzepte zur Unterstützung der synchronen und asynchronen Orientierung in CSCW-Systemen. Die Mechanismen zur Ereignisverteilung und Interpretation können verschiedene Kooperationssituationen unterstützen. Sie erlauben die Benachrichtigung über die Aktionen anderer Teilnehmer und Veränderungen in einer gemeinsamen Umgebung und erhöhen damit den Überblick über den Zustand einer kooperativen Situation. Die verschiedenen Beispiele illustrieren dies.

Die Allgemeinheit des vorgeschlagenen Ereignisverteilungsmodells macht es im Kontext verschiedener CSCW-Systeme anwendbar, wie z.b. Workflow-Systeme, Konversationssysteme etc. In Kombination mit einem Workflow-System kann es z.b. dazu dienen, eine Vorschau auf zu erwartende Aufgaben zu liefern, indem neu erzeugte Aufgaben über Ereignisse angekündigt werden. Bei der gemeinsamen Dokumentproduktion kann es die Autoren über laufende Änderungen sowie über die Historie der Änderungen informieren.

Weitere Verfeinerungen des Ereignismodells und des Objektmodells zur Modellierung von Arbeitskontexten werden innerhalb laufender Projekte unter Nutzung von entwickelten Prototypen erarbeitet. Diese dienen dazu, Experimente durchzuführen, um herauszufinden wie sich die Orientierung in Kommunikations- und Koordinationsprozessen durch die vorgestellten Konzepte verbessern läßt.

7 Literatur

[1] Austin, J. L.: How to do things with words. Oxford University Press, Oxford 1962.

[2] Boesch, E. E.: Kultur und Handlung: Einführung in die Kulturpsychologie, in: Huber. Bern 1980.

[2] Bowers, J. and Churcher, J.: Local and Global Structuring of Computer Mediated Communication: Developing Linguistic Perspectives on CSCW in Cosmos. In: Proceedings of CSCW ´88. ACM, Portland, Oregon 1988, S. 125-139.

[4] Grudin, J.,: Why Groupware Applications Fail: Problems in Design and Evaluation. In: Office: Technology and People 4 (1989) 3, S. 245-264.

[5] Kreifelts, T. et al.: Experiences with the DOMINO Office Procedure System. In: Proceedings of the Second European Conference on Computer-Supported Cooperative Work. Kluwer, Amsterdam 1991, S. 117-130.

[6] Malone, T.W. et al.: Semistructured Messages are suprisingly useful for Computer Supported Coordination. In: ACM Transactions on Office Information Systems (1987) 5, S. 115-131.

[7] Pankoke-Babatz, U. (Hrsg.): Computer Based Group Communication: The AMIGO Activity Model. Information Technology Series. Ellis Horwood, Chichester 1989, S. 320.

[8] Prinz, W.: TOSCA - Organisationswissen für CSCW-Anwendungen. In: Hasenkamp, U.; Kirn, S.; Syring, M. (Hrsg.): CSCW - Computer Supported Cooperative Work: Informationssysteme für dezentralisierte Unternehmensstrukturen. Bonn u.a. 1994, S. 155-177.

[9] Searle, J.: Speech Acts. Cambridge University Press, Cambridge 1969.

[10] Watzlawik, P.; Beavin, J.H.; Jackson, D.D.: Pragmatics of Human Communication. W. W. Norton & Company Inc., New York 1967.

Stephan Jacobs

Methodenorientierte Entwicklung von CSCW

Zusammenfassung

Die Entwicklung von CSCW und Groupware konzentriert sich bisher auf die technische Unterstützung von Kooperation. Der Kontext, in dem CSCW eingesetzt werden soll, wird kaum berücksichtigt. Insbesondere werden Wechselwirkungen zwischen traditionell auf Kooperation aufbauenden Methoden und einer möglichen Computerunterstützung kaum beachtet. In dieser Arbeit wird ein Vorgehen präsentiert, in dem für eine auf Kooperation basierende Methode Computerunterstützung entwickelt wird. Die Methode wird aus vier Sichten, nämlich Produkt, Prozeß, Gruppe und Einsatz, analysiert. Die Analyse hilft, Schwachstellen der Methode zu identifizieren, die sich mit Groupware verbessern lassen. Schließlich werden am Beispiel von Quality Function Deployment Einsatzmöglichkeiten für CSCW gezeigt.

1 Einführung

Auf die Schwierigkeit CSCW-Systeme einzuführen wird in der Literatur an verschiedenen Stellen hingewiesen. In fast jeder der CSCW-Konferenzen waren

Arbeiten mit dem Titel "Why CSCW Applications Fail: ..." oder ähnlich vertreten. Eine systematische Beschreibung von Schwierigkeiten bei der Entwicklung von CSCW-Systemen findet sich unter anderem in ([10]; [17]). OBERQUELLE zeigt den Einfluß von wenig beachteten Wechselwirkungen zwischen CSCW einerseits und dem Einsatzkontext andererseits. Zum Verständnis des Kontexts gehört Wissen über die Organisation, in der CSCW eingesetzt wird, eine Vorstellung, in welcher Wechselwirkung CSCW mit der zu lösenden Arbeitsaufgabe steht, sowie vor allem eine genaue Kenntnis des Menschen und der Gruppe, die mit dem CSCW-Werkzeug umgehen soll. Eine isolierte Entwicklung von Groupware, die diesen Kontext nicht beachtet, wird zwangsläufig vom Anwender nicht akzeptiert werden.

GRUDIN vergleicht die Einführung von Groupware (Ende der 80'er Jahre) mit der Einführung von Mainframes (Ende der 60'er) und der Einführung von PCs (Ende der 70'er). Die Grundlage für die Einführung von Mainframes war meistens eine Entscheidung des Managements, die durch begleitende Maßnahmen, wie Schulung oder Einstellung eines Systemadministrators unterstützt wurde. Der Erfolg und die Akzeptanz der PCs basiert auf der Entwicklung von individuellen Anwendungen, wie Textverarbeitung oder Tabellenkalkulation. Diese ermöglichen es, dem einzelnen Benutzer seine persönlichen Probleme zu erledigen. Die Akzeptanz von PCs ist also eine Akzeptanz durch einzelne Personen. Weder die "erzwungene" Benutzung [2] noch die individuelle Akzeptanz [10] reichen aus, um CSCW erfolgreich in einer Gruppe einzuführen. Zu den Akzeptanzproblemen von individuellen Anwendungen, wie z.B. eine benutzerfreundliche Oberfläche, kommen weitere Probleme, wie z.B. eine veränderte Gruppendynamik, durch den Einsatz von CSCW in einer Gruppe hinzu. GRUDIN ermittelt acht spezielle Probleme beim Einsatz von CSCW [10].

OBERQUELLE und GRUDIN plädieren beide für eine vorsichtige, evolutionäre Entwicklung und Einführung von CSCW. Konkret schlägt GRUDIN vor, erfolgreiche computerunterstützte Einzelplatzanwendungen auf Gruppenanwendungen auszudehnen. Beispielsweise können derzeitige Textverarbeitungssysteme, die mittlerweile eine hohe Benutzerakzeptanz erreicht haben, um kollaborative Elemente ergänzt werden.

In dieser Arbeit wird ein dem evolutionären Gedanken entsprechende Vorgehensweise diskutiert. Ausgangspunkt ist allerdings nicht eine computerunterstützte Einzelplatzanwendung sondern eine von einer Gruppe ausgeführte Methode, die augenblicklich durch Papier und Bleistift unterstützt wird (vgl. Abbildung 1). Ziel dieses Ansatzes ist es, bereits bestehende Kooperation systematisch durch Computerunterstützung zu verbessern. Dabei ist ein genaues Verständnis der Methode wesentlich, um Chancen und Risiken von CSCW-Einsatz abzuwägen.

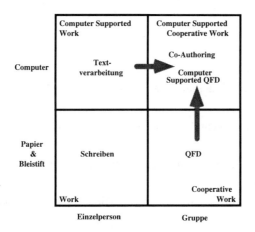

Abb.1: Zwei unterschiedliche Ansätze zur evolutionären Entwicklung von Groupware

Die Arbeit gliedert sich wie folgt: Kapitel 2 motiviert, warum bisherige Ansätze CSCW zu klassifizieren für einen Benutzer nicht geeignet sind. Dem gegenüber wird ein Ansatz gestellt, mit Groupware eine schon bestehende, auf Kooperation basierende Methode zu unterstützen. Kapitel 3 stellt mit Quality Function Deployment (QFD) eine Methode vor, die auf der Kooperation mehrerer Experten aufbaut, und in der Regel immer noch mit Papier und Bleistift ausgeführt wird. In Kapitel 4 werden vier Aspekte bei der Erweiterung von kooperativen Methoden mit CSCW Technologie diskutiert. Kapitel 5 beschreibt verschiedene Möglichkeiten, QFD mit dem Computer zu unterstützen. Schließlich faßt Kapitel 6 die Ergebnisse zusammen.

2 Ein Rahmenkonzept für Kooperation

CSCW-Entwickler neigen dazu, Kooperation um der Kooperation Willen einzusetzen. Gezielte Unterstützung für eine praktisches Kooperationsproblem ist die Ausnahme. Dementsprechend richtet sich das verbreiteste Schema zur Klassifikation von CSCW-Systemen, die Raum-Zeit-Matrix [5], nicht an den Anwender

sondern an den Entwickler von CSCW-Systemen. Die Matrix hilft dem Entwickler, die eigenen Arbeiten in synchron-asynchron und lokal-verteilt
einzuordnen. Dagegen hilft sie dem Anwender nicht, Groupware für eigene
Bedürfnisse auszuwählen. Darüber hinaus findet Kooperation nicht in einem
einzelnen Quadranten der Matrix statt, sondern wechselt ständig zwischen lokal
und verteilt bzw. zwischen synchron und asynchron [13].

Kooperation beschränkt sich nicht allein auf die Kooperation zwischen Menschen. In ([9]; [13]) wird ein Rahmenkonzept entwickelt, das die Kooperation
innerhalb zwei verschiedener Dimensionen beschreibt (vgl. Abbildung 2). Zum
einen muß Integration innerhalb dreier unterschiedlicher Ebenen gewährleistet
werden:

- Integration von Technik, um asynchrone und verteilte Arbeit zu
  ermöglichen.

- Integration von Methoden, um Verständnis und Koordination von Prozessen
  zu ermöglichen.

- Integration von Anwendern, um Kooperation zwischen einzelnen Personen
  zu verbessern.

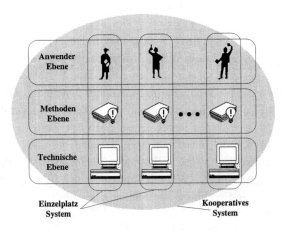

Abb. 2: Zwei Dimensionen von Kooperation [13]

Zum anderen muß Integration zwischen den Ebenen gewährleistet werden, da
nur aufeinander abgestimmte Konzepte auf den einzelnen Ebenen erfolgreiche
Kooperation ermöglichen.

Innerhalb der Ebenen ist Kooperation relativ gut verstanden [9]. Integration zwischen den Ebenen beschränkt sich allerdings bisher auf die Integration von Einzelplatz-Anwendungen, wie z.b. die Entwicklung von geeigneten Mensch-Maschine-Schnittstellen. Was fehlt, ist eine systematische Integration der Ebenen in kooperativen Situationen.

Betrachtet man die Entwicklung erfolgreicher Einzelplatz-Software, so war der Startpunkt fast immer eine traditionelle, nicht computergestützte Methode. Die ersten Textverarbeitungssysteme orientierten sich beispielsweise am traditionellen Schreiben.

Derzeitige CSCW-Forschung geht dagegen nicht von gängigen Methoden aus, sondern konzentriert sich auf die Integration menschlicher Kooperation mit computerunterstützter Technik. Die Folge sind generelle Kooperationswerkzeuge, die in konkreten Situationen oft unbrauchbar sind. Die Integration von Methoden ist bisher vernachlässigt worden. Für den Anwender von Groupware ist aber gerade die Methodensicht wichtig. Diese Sicht ermöglicht es ihm, Kooperation im eigenen Kontext zu verstehen.

Zusammenfassung: Kooperation findet auf drei Ebenen statt. Kooperation ist nur dann erfolgreich, wenn Kooperation sowohl innerhalb jeder Ebene als auch zwischen den Ebenen gewährleistet wird. Eine zentrale Rolle spielt dabei die Methodenebene, die eine Brücke zu anwendungsorientierten Problemen darstellt. Gerade diese Ebene wurde aber bei der Entwicklung bisheriger CSCW unzureichend berücksichtigt. Im folgenden wird deshalb am Beispiel von QFD, einer Methode die auf Kooperation basiert, gezeigt, wie sich Groupware methodenorientiert einsetzen läßt.

3   Quality Function Deployment, eine kooperationsbasierte Methode

Innerhalb der letzten 20 Jahre hat sich die Methode Quality Function Deployment vor allem in Japan und der USA etabliert ([11]; [21]). Das Ziel von QFD ist es, die "Stimme des Kunden" als oberstes Qualitätskriterium innerhalb des gesamten Entwicklungs- und Produktionsprozesses zu etablieren. Ein neues Qualitätsverständnis, das Qualität als die Zufriedenheit der Kunden und nicht länger mit dem Ausschließen von Fehlern definiert, bietet hierfür die Grundlage. QFD ermöglicht die Gegenüberstellung von zwei unterschiedlichen Sichten. Dabei wird üblicherweise eine Sicht aus der anderen abgeleitet.

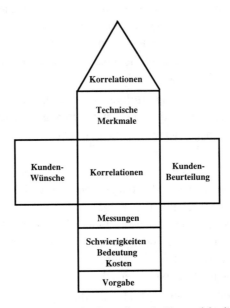

Abb. 3: Eine abstrakte Darstellung des House-of-Quality

Im folgenden wird das Vorgehen am Beispiel der Umsetzung von Kundenwünschen in Technische Merkmale skizziert. Die Umsetzung erfolgt in jeweils acht
Schritten, die sich im House-of-Quality (HoQ), einem speziell für das QFD entwickelten Formular (vgl. Abbildung 3) widerspiegeln. Im ersten Schritt werden
die Kundenwünsche gesammelt, in einer Baumhierarchie strukturiert und
gewichtet. Diese Aufgabe wird üblicherweise vom Marketing übernommen. Im
zweiten Schritt werden von den Technikern Technische Merkmale festgelegt,
die zur Erreichung der Kundenwünsche dienen sollen. In der zentralen Korrela-
tionsmatrix tragen anschließend beide Gruppen zusammen die Korrelationen in
Form von positiven und negativen Zahlen ein. Die Korrelation beschreiben, wie
gut oder wie schlecht einzelne technische Merkmale die Kundenwünsche
erfüllen. Danach wird im Dach des Hauses von den Technikern die Konsistenz
der Technischen Merkmale untereinander in Form von Korrelationen eingetragen. In Schritt fünf trägt das Marketing eine Kundenbewertung ein, in der
Konkurrenzprodukte bezüglich der Kundenwünsche mit dem eigenen Produkt
verglichen werden. Ein ähnlicher Vergleich mit den Konkurrenzprodukten wird
anschließend von den Technikern mit den Technischen Merkmalen durchgeführt. Beide Gruppen zusammen legen die technischen Schwierigkeiten, die

zu erwartenden Kosten sowie die unterstellte Bedeutung für die technischen Merkmale fest. Im letzten Schritt wird dann zusammen mit dem Marketing entschieden, welche Ziele konkret erreicht, zu welchem Grad also die technischen Merkmale erfüllt werden sollen.

Alle acht Schritte basieren auf der Erfahrung einzelner Experten. Einige dieser Schritte (sowie das gesamte QFD) können daher nur in Kooperation verschiedener Experten ausgeführt werden, von denen jeder ein Teil des notwendigen Wissens zur Verfügung stellt. Traditioneller Weise wird QFD in Sitzungen durchgeführt. Der Erfolg von QFD liegt in der klaren Zielvorgabe, in der systematischen Kooperation sowie der übersichtlichen Darstellung einer großen Informationsmenge im HoQ.

Trotz dem hat QFD einige Schwachstellen, die zum Teil in der eingesetzten traditionellen Technik begründet liegen.

• Einzelne Teilnehmer verbringen während eines QFD-Projekts 40-60 Stunden in Sitzungen [7]. Studien im Bereich der elektronischen Sitzungsunterstützung zeigen, daß solche Sitzungen oft ineffizient sind [16].

• Das durchschnittliche HoQ enthält etwa 100 Kundenwünsche und an die 150 technische Merkmale [11]. Das heißt, daß größenordnungsmäßig etwa 10.000 Felder auszufüllen sind. Trotz der klaren Struktur des HoQ sind hier der Übersichtlichkeit Grenzen gesetzt.

• Die Verwendung von Papier und Bleistift führt zu unsauberen Formularen. Auf dem Papier sind elementare Editierfunktionen, wie das Einfügen oder Verschieben von Zielen, ein einfaches "und" oder das Wiederherstellen von alten Versionen fast unmöglich.

• Im HoQ werden lediglich Ergebnisse abgespeichert. Zur Nachvollziehbarkeit wäre eine Begründungsdimension im Stile des Issue Base Information Systems (IBIS) ([4]; [18]) sinnvoll.

• Wie in anderen Design- und Planungsprozessen werden die oben beschriebenen Schritte nicht streng sequentiell durchlaufen. Im Gegenteil: Der Prozeß ist geprägt von Iterationen, Rücksprüngen und Wechselwirkungen mit parallel laufenden Methoden [9]. Zur Synchronisation wäre eine Unterstützung des Prozesses etwa durch Workflow Management sinnvoll [20].

4 Vier Aspekte von CSCW-Integration

In diesem Kapitel wird QFD bzgl. des Produkts, des Prozesses, der anwenden-
den Gruppe so wie des Einsatzes analysiert. Im Hintergrund steht dabei jeweils
die Frage einer möglichen CSCW-Unterstützung. Die einzelnen Aspekte führen
jeweils zu Schwachstellen und Verbesserungsmöglichkeiten von QFD, schrän-
ken andererseits aber auch die Möglichkeiten potentieller CSCW-Unterstützung
ein.

4.1 Produkt

Das Produkt von QFD ist das House-of-Quality (HoQ). Eine abstrakte Beschreibung des HoQ ist in Abbildung 3 dargestellt. In einem formalen Produktmodell
werden die Elemente der einzelnen Matrizen des HoQs und ihre Beziehungen
untereinander dargestellt. Mit Hilfe von Bedingungen (Constraints) ist es beispielsweise möglich, zu gewährleisten, daß es zu jedem Kundenwunsch und zu
jedem technischen Merkmal je eine Korrelation gibt. Darüber hinaus dient das
Produktmodell als Plattform für die Erweiterung des HoQs.

Das Erstellen des HoQs innerhalb der QFD ist ein gruppendynamischer Prozeß
geprägt von Kommunikation, Verhandlung und Entscheidung. Die Einträge
kann man deshalb als Ergebnis eines Entscheidungsprozesses auffassen.
Obwohl der japanischen Philosophie entsprechend die Entscheidungen nicht in
eine "Kampfabstimmung" getroffen werden, gibt es doch zu einzelnen Punkten
unterschiedliche Positionen, konfligierende Argumente etc. In gewisser Weise
ist das HoQ das Ergebnisprotokoll des Entscheidungsprozesses QFD. Für die
Darstellung von ähnlichen Argumentationen wurde von [18] das Issue Base
Information System (IBIS) entwickelt. IBIS stellt Streitpunkte (Issues),
Positionen und Argumente sowie deren gegenseitige Beziehungen dar.
Erweitert man das Modell um einen weiteres Element, die Entscheidung, so
kann man es benutzen, um den Argumentationsverlauf für das QFD darzustellen. Die Integration von IBIS mit dem HoQ erfolgt über Mehrfachinstantiie-
rung. Stehe beispielsweise die Korrelation K_koor_T zwischen dem Kundenwunsch K und dem Technischen Merkmal T zur Diskussion. Das Marketing
schlägt für die Korrelation K_korr_T den Wert 4 vor mit den Argumenten A1
und A2. Die technische Abteilung vertritt die Position, die Korrelation hat den
Wert 2, und bringt die Argumente A3 und A4. Nach einer Diskussion entschei-

det man sich für den Kompromiß 3. Der Sachverhalt ist in Abbildung 4 verein-
facht dargestellt.

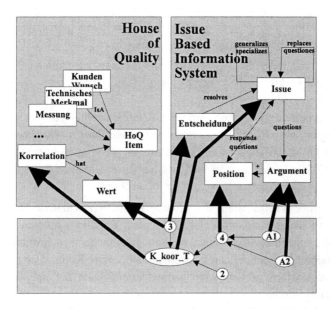

Abb. 4: Integration eines Argumentationseditors in das House-of-Qualtity

Durch die Integration eines Argumentationsmodells kann die zum HoQ
gehörende Diskussion abgespeichert werden. Sollte sich an einzelnen Argumenten oder Positionen etwas ändern, kann über das Argumentationsmodell leicht
nachvollzogen werden, welche Ergebnisse davon betroffen sind.

Die Implementierung und Anbindung des Argumenteditors wird in Abschnitt
5.2 skizziert.

4.2 Prozeß

Die Auseinandersetzung mit dem QFD-Prozeß hat mehrere Ziele:

• ein besseres Verständnis des Prozesses zu gewinnen

• Schwachstellen des Prozesses zu identifizieren

• den Prozeßablauf zu koordinieren

• Wechselwirkungen mit parallel ablaufenden Prozessen zu unterstützen

Grundlage aller Punkte, vor allem aber des ersten, ist eine geeignete Modellierung von QFD. Entscheidend ist dabei die Wahl des Meta-Modells, also die Entscheidung über das grundsätzliche Prozeßverständnis. Typische Fragen sind etwa, wie Aktionen dargestellt werden, ob Entscheidungen explizit repräsentiert werden, welche Abstraktionsmöglichkeiten es gibt etc.

Eine der identifizierten Schwachstellen sind die langen Sitzungen. Neben Möglichkeiten der elektronischen Sitzungsunterstützung [23] bieten sich vor allem eine effektivere Sitzungsvorbereitung an. Wird beispielsweise die synchrone Sitzung von einer asynchronen, verteilten Konferenz eingeleitet, in der das HoQ zur Verfügung gestellt wird, so können unstrittige Punkte schon vorab geklärt, und Konflikte identifiziert werden. Die Sitzung beginnt nicht mehr mit einem leeren HoQ. Die Teilnehmer können sich auf die essentiellen Konflikte konzentrieren.

Die asynchrone Vorbereitung der Sitzung erfordert zusätzliche Koordination: Verantwortlichkeiten müssen delegiert werden, Deadlines müssen eingehalten werden, die einzelnen Aktivitäten müssen miteinander synchronisiert, betroffene Mitarbeiter benachrichtigt werden etc. Ein Koordinationswerkzeug, beispielsweise ein Workflow-Managementsystem, kann für eine angemessene Unterstützung sorgen.

Obwohl die acht Schritte der Erstellung des HoQs in Kapitel 3 sequentiell skizziert wurden, ist der tatsächliche Verlauf des QFD-Prozesses geprägt von Iterationen, Rücksprüngen und Wechselwirkungen mit anderen Prozessen. Letztere können aber auch bewußt integriert werden. Zum Beispiel kann parallel zum QFD die System-FMEA (Fehler-Möglichkeits- und Einfluß-Analyse) eingesetzt werden. Während die Intention von QFD mit der Frage "Was soll erreicht werden?" beschrieben werden kann, ist es bei FMEA "Was könnte schiefgehen?" Die Methode hinterfragt systematisch Schwachstellen eines Entwurfs. QFD und FMEA ergänzen sich beide, insbesondere dann, wenn sie nicht sequentiell sondern parallel ausgeführt werden [9]. Mit Hilfe eines Prozeßmodells lassen sich beide Methoden integrieren. Kooperation findet dann nicht nur innerhalb sondern auch zwischen zwei Methoden statt.

4.3 Gruppe und Einsatzmöglichkeiten

Wie in [17] erwähnt, spielt die Gruppe bzw. der einzelne Anwender eine entscheidende Rolle bei der Einführung von Groupware. Im Gegensatz zum Produkt- bzw. Prozeßmodell wird aber eine formale Beschreibung der Gruppe nicht gerecht. Durch Fragebögen und Checklisten kann aber das informelle Wissen über die Gruppe gesteigert werden. Eine verbesserte Kenntnis der Gruppe ermöglicht es dann, Schwierigkeiten und Risiken aber auch Möglichkeiten und Chancen bei der Einführung von Groupware einzuschätzen

Mögliche Fragestellungen sind etwa, ob die Gruppe offen oder geschlossen ist, ob die Gruppe formal oder informell ist, und ob sie unabhängig von der QFD-Sitzung existiert oder nur ein einziges Mal zusammenkommt. Weiter ist natürlich die Gruppengröße und die Struktur der Gruppe (hierarchisch, gleichgestellt) von Interesse. Gruppen durchlaufen Phasen, die durch unterschiedliche gruppendynamische Prozesse gekennzeichnet sind ([3]; [22]). Je nach Phase sind Normen innerhalb der Gruppe etabliert, die durch den Einsatz von Groupware in Frage gestellt werden.

Die Erfahrung der einzelnen Anwender mit Computern ist ein weiteres Kriterium, von dem die Akzeptanz von Groupware abhängt. Haben die Anwender täglichen Umgang mit Rechnern oder sind sie eher Neulinge? Benutzen sie Ihren Computer als traditionelle Rechenmaschine oder auch als Kommunikationsmedium? Ist Ihnen zur Eingabe nur die Tastatur bekannt, oder sind Ihnen auch Maus, Mikrofon, Kamera, etc. vertraut? Wird für die Ausgabe ein einfaches ASCII-Terminal verwendet, oder arbeiten die Anwender auch mit Fenstersystemen?

Eine genaue Charakteristik ist dann besonders nützlich, wenn bekannt ist, wie Groupware und Gruppe sich gegenseitig beeinflussen. Obwohl bisher nur wenig systematische Arbeit in diese Richtung durchgeführt worden ist, kann eine solche Charakteristik für eine erste Orientierung schon sehr hilfreich sein, um die Einsatzmöglichkeiten von Groupware abzuschätzen.

4.4 Einsatz von CSCW

Die Entwicklung von Software zeigt, daß viele Anwendungen heute anders benutzt werden als sie ursprünglich geplant waren [19]. Beispielsweise kann ein Textprozessor mit guten Strukturierungsmöglichkeiten wie z.B. Listen- oder Tabellenfunktionen auch als Brainstorming, oder Gliederungswerkzeug benutzt werden. Auf E-mail aufbauende Koordinationswerkzeuge werden als bessere Mailtools verwendet. Diese Aussage läßt sich auf ein computerunterstütztes HoQ ausdehnen. Ein HoQ kann auf unterschiedliche Art und Weise und zu verschiedenen Zwecken eingesetzt werden. Zwei extreme Art und Weisen, HoQ einzusetzen (und zu implementieren), sind einerseits ein einfacher HoQ-Editor

auf dem im Hintergrund einer traditionellen QFD Sitzung protokolliert wird.
Bei Bedarf, z.B. wenn viele Änderungen durchgeführt worden sind und das
Papier unleserlich geworden ist, kann ein neuer, sauberer Ausdruck erzeugt
werden. Diese Unterstützung bietet sich bei Gruppen mit geringer
Computererfahrung an. Andererseits kann ein HoQ auch in einem Elektroni-
schen Sitzungsraum eingesetzt bzw. ein QFD als Computer Konferenz über ein
Netzwerk durchgeführt werden. Beide Anwendungen erfordern aber Benutzer,
die den Computer als Kommunikationsmedium anwenden.

Ein HoQ kann auch zu unterschiedlichen Zwecken eingesetzt werden. Das Problem, zwei verschiedene Sichten einander gegenüberzustellen, ist ein
fundamentales Problem des Entwurfs. Beispielsweise stehen in der Verhandlung Zielkriterien und Alternativen einander gegenüber. Bei der Validierung
sind es zwei unterschiedliche Repräsentationen usw. Da das zu Grunde liegende
Prinzip des HoQ, gerade das Gegenüberstellen zwei verschiedener Sichten ist,
läßt es sich auch zu anderen Zwecken gebrauchen. [6]

Zusammenfassung: Bei der Entwicklung von Groupware ist eine Analyse des
Kontexts durchzuführen. Ein Teil des Kontexts (Produkt und Prozeß einer Methode) kann formal beschrieben werden. Die formale Beschreibung wird
anderen Teilen (Gruppe, Einsatz) aber nicht gerecht. Trotz dem sollte sich auch
hier bewußt gemacht werden, für welche Gruppen man Groupware entwickelt,
wie der konkrete Einsatz aussieht und welche Ziele mit der Groupware verfolgt
werden sollen.

5   Von QFD zu Computer-Supported QFD

Computerunterstützung für kooperatives Arbeiten heißt nicht notwendigerweise
Einsatz von möglichst viel Technik. Im Gegenteil: durch zuviel Technik wird
oft das Gegenteil, nämlich eine Ablehnung des Werkzeugs erreicht. Im folgenden wird vorgestellt, wie QFD mit Hilfe von Computern unterstützt werden
kann. Die Unterstützung reicht von einem einfachen Editor bis hin zu Integration mit anderen Werkzeugen und Methoden. Der Angemessenheit der Unterstützung hängt vom Anwendungskontext ab.

5.1 Von Papier und Bleistift zum Computer

Traditionellerweise wird das HoQ mit Papier und Bleistift ausgefüllt. Vorteile eines computerunterstützten HoQ im Gegensatz zur traditionellen Vorgehensweise sind:

- mächtigere Editierfunktionen (Einfügen von Zeilen, Umgruppieren von Spalten ...)
- unbegrenzte Darstellungsfläche (Scrolling)
- Änderungsmöglichkeiten (undo, retrieve, ...)
- Wiederverwendung von Teilen des HoQ (Import, Export)
- Schnittstellen zu anderen Werkzeugen (z.B. CAD)
- Möglichkeit auf Einzelheiten zu fokussieren (Zooming, graphisches Ein- und Ausblenden, ...)

Diese Vorteile drängen eine Darstellung des HoQ mit dem Computer auf. Allerdings gibt es auch einige Nachteile, die für ein traditionelles Vorgehen sprechen. Papier und Bleistift (Flipcharts, Tafeln, ...) sind seit langer Zeit als Diskussionsmedium innerhalb einer Sitzung vertraut. Der Umgang mit dem Computer ist vielen Menschen dagegen noch immer fremd. Diese Befremdung drückt sich unter anderem wie folgt aus:

- Papier und Bleistift sind informell, dagegen hat ein Computer eher einen offiziellen Charakter. Es besteht die Möglichkeit, daß das spontane Hinkritzeln durch ein wohlüberlegtes Eintippen ersetzt wird. Dies ist nicht unbedingt sinnvoll.

- Von Radiologen ist bekannt, daß sie die Röntgenbilder be-greifen, daß deshalb eine qualitativ gleichwertige Abbildung auf einem Bildschirm oft abgelehnt wird, da die Distanz zum Bild größer wird. Ein ähnliches Problem gilt auch für den Einsatz von Tastatur und Bildschirm. Die Distanz zum Geschriebenen bzw. Gelesenen verändert sich. Dies kann zu Verständnisproblemen führen.

- Die Erstellung des HoQ wird von einem gruppendynamischen Prozeß begleitet, der durch den Wechsel des Mediums beeinflußt wird. Abhängig von der Art der Eingabe (Protokollführer am Terminal, vernetzte Rechner, ...) und der Ausgabe (Overheadprojektor, ein oder mehrere Terminals, Ausdruck, ...) verändert sich die Gruppendynamik und Gruppenstruktur.

- Durch ethnographische Studien wurde nachgewiesen, daß oft unscheinbare Kleinigkeiten einen signifikanten Einfluß auf den Erfolg von einem Produkt oder Prozeß gerade in einer Gruppe haben ([1]; [8]). Eine Änderung des Mediums muß deshalb vorsichtig und behutsam durchgeführt werden.

- Untersuchungen zeigen, daß Benutzer von Groupware diese oft anders einsetzen als es ursprünglich vom Designer geplant war [19]. Eine gruppenunterstützendes Werkzeug sollte deshalb möglichst so implementiert sein, daß es an die unterschiedlichen Bedürfnissen anpaßbar ist.

5.2 Der CoDecide Prototyp

Der Vergleich von Möglichkeiten und Risiken führte zur Implementierung von CoDecide, eines computerunterstützten HoQs [15]. Ziel der ersten Version war einerseits die bestehenden Qualitäten des HoQs, eine große Informationsmenge übersichtlich darzustellen und zu manipulieren, zu erhalten. Andererseits sollte durch Zoomen auf einzelne Details und verbesserte Editierfunktionen die oben beschriebenen Schwierigkeiten der traditionellen Papier-und-Bleistift Version beseitigt werden. Im folgenden sind einige der zusätzlichen Möglichkeiten von CoDecide aufgelistet.

- Einzelne Ebenen des HoQs können ein- und ausgeblendet werden. Dies ermöglicht sowohl eine abstrakte Sicht, d.h. alle Einzelheiten werden versteckt, als auch eine detaillierte Sicht, in der sich auf einen übergeordneten Kundenwunsch genauer konzentriert werden kann.

- Einzelne Zeilen und Spalten können ausgeblendet werden. Auf diese Weise kann z.B. ein ganz bestimmtes technisches Merkmal hervorgehoben werden, wenn eine gesonderte Diskussion notwendig ist.

- Spalten und Zeilen können vertauscht und einfach unter bestehende Oberpunkte gruppiert werden. Auf diese Weise erreicht man eine Trennung zwischen der Generierung von Kundenwünschen und technischen Merkmalen sowie deren Analyse und Sortierung. Spontanes Äußern von Ideen stimuliert oft neue Ideen. Eine größere Ideenvielfalt führt gemäß den Brainstorming Prinzipien zu einer besseren Qualität von Ideen ("Quantity breeds Quality").

- Import- und Exportfunktionen ermöglichen die Wiederverwendung alter HoQs sowie die Möglichkeit unterschiedliche Versionen von HoQs zu erzeugen und zu mischen.

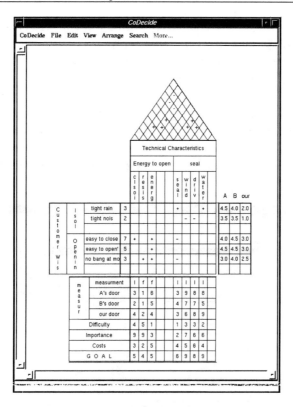

Abb. 5: CoDecide - eine gruppenorientierte Implementierung des House-of-Quality [15]

CoDecide betont, wie der Name schon andeutet, den Entscheidungs- und Verhandlungsaspekt von QFD [12]. Informationen werden so dargestellt, daß sie helfen, Diskussionen um strittige Punkte auf das essentielle Problem zu reduzieren. Im Gegensatz zu herkömmlichen entscheidungsunterstützenden Systemen wird bewußt auf eine mathematische Modellierung der Konflikte mit Hilfe von Multi-Kriterien-Funktionen verzichtet. Ziel von CoDecide ist es vielmehr, die Essenz von Konflikten herauszuarbeiten und durch Diskussion zu einer Einigung zu kommen.

5.3 Argumentations-Editor

Wie in Abschnitt 4.1 bereits angedeutet, läßt sich das HoQ als ein Ergebnisprotokoll von QFD auffassen. Will man nicht nur die Entscheidungen sondern auch die Argumentation protokollieren, bietet sich ein Argumentationsmodell im Stile von IBIS an. In Abbildung 6 ist ein Argumentations-Editor abgebildet. Er kann benutzt werden, um die Diskussion, die beispielsweise zu den Kundenwünschen führt, strukturiert zu protokollieren. In der oberen Hälfte der Abbildung ist die Struktur abgebildet, die entsteht, wenn man das Diskussionsmodell instantiiert. Dort sind insbesondere die konfligierenden Positionen und unterschiedlichen Argumente dargestellt. In der unteren Hälfte des Bildes befindet sich der augenblicklich bearbeitete Teil des HoQ. Um die Diskussion auf die Kundenwünsche zu fokussieren, ist das HoQ auf den entsprechenden Teil reduziert.

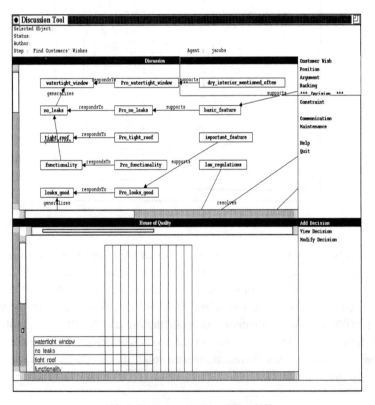

Abb. 6: Der Argumentations-Editor [15]

6 Zusammenfassung und Ausblick

CSCW hat sich bislang auf die Entwicklung von Kooperationsunterstützung konzentriert und den Kontext, in dem Kooperation stattfindet, vernachlässigt. Durch Beschreibung von Kooperation auf drei Ebenen, läßt sich die Integration von traditionellen kooperativen Methoden und Groupware darstellen. Vier Aspekte, das Produkt, der Prozeß, die Gruppe sowie der angestrebte Einsatz, helfen, Möglichkeiten sowie Chancen und Risiken von CSCW im Kontext einer speziellen Methode abzuwägen. Am Beispiel von Quality Function Deployment bzw. dem House-of-Quality wurde gezeigt, wie kooperatives Arbeiten mit dem Computer unterstützt werden kann.

Derzeit wird eine Kopplung zwischen CoDecide und einem CAD-Programm zur Fabriklayout-Planung entwickelt. Dabei werden zwei Ziele verfolgt. Üblicherweise werden mehrere Lösungsvarianten entwickelt, von denen der Kunde sich für eine entscheidet. In einem an CoDecide angelehnten verhandlungsunterstützenden Werkzeug werden die Ziele des Kunden den unterschiedlichen Lösungsvarianten gegenübergestellt. Alle Entscheidungsträger können die Ziele unterschiedlich präferieren. Zu jeder Variante und zu jedem Ziel können alle Entscheidungsträger ihren Grad an Zufriedenheit ausdrücken. Auf diese Weise wird erreicht, daß die Stärken und Schwächen der einzelnen Varianten verdeutlicht werden. Die zur Entscheidung notwendigen Informationen werden in einer kompakten und übersichtlichen Weise dargestellt.

Das zweite Ziel der Kopplung ist, den Entwurf direkt zu unterstützen. Ziel der Kopplung ist eine stärkere Orientierung des Designers an den Wünschen des Kunden. Die zusammen mit dem Kunden erarbeiteten Ziele werden als Kundenwünsche in CoDecide festgehalten. Einige der Ziele, wie z.B. die Weglängen zwischen den einzelnen Einheiten (Regale, Maschinen, ...) der Fabrik werden automatisch vom CAD-Tool zur Verfügung gestellt. Der Designer hat jederzeit während seiner Arbeit eine Bewertung der aktuellen Version, die er mit den vorgegebenen Zielen des Kunden vergleichen kann. Auf diese Weise werden nicht akzeptable Varianten schnell erkannt und verworfen. Varianten mit einem hohen Zielerfüllungsgrad können dagegen weiterverfolgt werden.

Sowohl die einfache als auch die mit dem CAD-System gekoppelte Version von CoDecide wird im Laufe dieses Jahres mit Anwendern evaluiert werden.

7 Anmerkung

Diese Arbeit wurde durch das Projekt "CSCW in Designumgebungen" des Forschungsnetzes KI-NRW unterstützt.

8 Literatur

[1]   Bentley, R.; Rodden, T.; Sawyer, P.; Sommerville, I.; Hughes, J.; Randall, D.; Shapiro, D.: Ethnographically Informed Systems Design for Air Traffic Control. In: Proceedings of the Conference on Computer Supported Cooperative Work, CSCW 92. Toronto 1992, S. 123-129.

[2]   Bullen, C. V.; Bennet, N. L. : Learning from user Experience with Groupware. In: Proceedings of the Conference of Computer-Supported Cooperative Work, CSCW. Los Angeles 1990, S. 291-302.

[3]   Cole, P.; Nast-Cole, J.: A Primer on Group Dynamics for Groupware Developers. In: Marca, D.; Bock, G. (ed.): Groupware: Software for Computer-Supported Cooperative Work. IEEE Computer Society Press 1992, S. 44-59.

[4]   Conklin, J.; Begemann, M. I.: gIBIS: A Hypertext Tool for Exploratory Policy Discussion. In: ACM Transactions on Office Information Systems 6 (1988) 4, S. 140-151.

[5]   Ellis, C. A. ; Gibbs, S. J.; Rein, G. L.: Groupware. In: Communications of the ACM 34 (1991) 1, S. 39-58.

[6]   Gebhardt, M.: Kohärentes Design durch Sichtenkopplung. Diplomarbeit, RWTH Aachen, Fachbereich Informatik. Aachen 1994.

[7]   Gesellschaft für Management und Technologie: Managementtraining Qualität. Technischer Bericht, GFMT. München1992.

[8]   Goguen, J. A.; Linde, C.: Techniques for Requirements Elicitation. In: Proceedings of the RE'93, IEEE International Symposium on Requirements Engineering. San Diego, California 1993, S. 152-164.

[9]   Grob, R.; Jacobs, St.; Kethers, S.: Towards Cooperative Information Systems in Quality Management - Integration of Agents and Methods. In: Proceedings of the 2nd International Conference on Cooperative Information Systems, CoopIS. Toronto 1994.

[10]   Grudin, J.: Groupware and Social Dynamics: Eight Challenges for Groupware Developers. In: Communications of the ACM 37 (1994) 1, S. 93-105.

[11]   Hauser, J.; Clausing, D.: The House of Quality. In: Harvard Business Review (1988) Mai, S. 63-73.

[12] Jacobs, St.; Kethers, S.: Improving Communication and Decision Making within Quality Function Deployment. In: Proceedings of the 1st International Conference on Concurrent Engineering, Research and Applications, CERA. Pittsburgh, Pennsylvania 1994.

[13] Jarke, M.; Jacobs, St.; Pohl, K.: Group Decision Support und Qualitätsmanagement. In: Krallmann, H.; Pape, J.; Rieger, B. (Hrsg.): Rechnergestützte Werkzeuge für das Management. 1992, S. 143-165.

[14] Jarke, M.; Jeusfeld, A.; Szczurko, P.: Three Aspects of Intelligent Cooperation in the Quality Cycle. In: International Journal of Intelligent and Cooperative Information Systems 4 (1993) 2, S. 355-374.

[15] Kethers, S.: Aufbau einer Arbeitsumgebung zur kooperativen Erstellung von Qualitätsplänen im Rahmen der Produktplanung. Diplomarbeit, RWTH Aachen, Fachbereich Informatik. Aachen 1993.

[16] Nunamaker, J. F.; Dennis, A.; Valacich, J.; Vogel, D.; George, J.: Electronic Meeting Systems to Support Group Work. In: Communications of the ACM 34 (1991) 7, S. 40-61.

[17] Oberquelle, H.: Kooperative Arbeit und Computerunterstützung. Verlag für Angewandte Psychologie 1991.

[18] Rittel, H. W.; Webber, M. M.: Dilemmas in a General Theory of Planning. In: Policy Sciences (1973) 4, S. 155-169.

[19] Robinson, M.: Design for Unanticipated Use ... . In: Proceedings of the 3rd European Conference on Computer Supported Cooperative Work, E-CSCW 93. Mailand 1993, S. 187-202.

[20] Schäl, T.: Workflow Management Technology in Complex Organizations. Dissertation, RWTH Aachen, Fachbereich Informatik. Aachen 1994.

[21] Sullivan, L.: Policy Management through Quality Function Deployment. In: Quality Progress (1988) 6, S. 18-20.

[22] Tuckman, B.; Jensen, M.: Stages of Small Group Development Revisited. In: Group and Organizational Studies (1977) 2, S. 419-427.

[23] Valacich, J. S.; Dennis, A. R.; Nunamaker Jr., J.: Electronic Meeting Support: The GroupSystems Concept. In: Greenberg, S. (ed.): Computer-Supported Cooperative Work and Groupwork. Academic Press 1991, S. 133-154.

TEIL III

Grundlagen der Einführung von CSCW-Systemen

Andreas Oberweis, Thomas Wendel

Evolutionäre Vorgehensweise zur Einführung der rechnergestützten Teamarbeit in Organisationen

Zusammenfassung

Die Einführung der rechnergestützten Teamarbeit zur effizienteren Realisierung von Geschäftsprozessen ist ein wichtiger Bestandteil der in der Praxis anzutreffenden Bemühungen, die in Organisationen stattfindenden Arbeitsabläufe ganzheitlich zu unterstützen. Insbesondere für die Analyse der existierenden Arbeitsabläufe und die Planung und Konzeption der rechnergestützten Geschäftsprozesse müssen Konzepte und Werkzeuge bereitgestellt werden, die die kooperative Einbindung aller relevanten Aufgabenträger ermöglichen. Darüber hinaus ist eine methodische Unterstützung zur Einführung neuer teamorientierter Informationssysteme bereitzustellen.

Im Rahmen dieses Beitrags möchten wir die Teamarbeit in Organisationen und die sich daraus ergebende Vorgehensweise zur evolutionären Einführung eines Teamwork-Systems näher betrachten. Für die mit der Einführung verbundene rechnergestützte Planung und Konzeption von Geschäftsprozessen verwenden wir INCOME/STAR, eine prototypmäßig implementierte Arbeitsumgebung für die kooperative Modellierung, Simulation und Analyse von Geschäftsprozessen auf Basis von höheren PetriNetzen.

1 Einleitung

Die Arbeitssituation in Organisationen, wie z.B. Unternehmen, Behörden und Krankenhäusern, befindet sich derzeit in einem grundlegenden Wandel, der u.a. durch die veränderten Marktanforderungen, die fortschreitende fachliche Qualifikation der Aufgabenträger und die erleichterte Verfügbarkeit von leistungsfähigen Informations- und Kommunikations- (IuK-) Technologien bedingt ist.

In immer mehr Organisationen wird der tayloristisch begründete Ansatz einer (fremdbestimmten) Zuteilung von Arbeitsschritten auf einzelne Aufgabenträger durch eine ganzheitliche Sichtweise auf Arbeitsabläufe ersetzt, die zwischen den verschiedenen (eigenverantwortlich handelnden) Aufgabenträgern stattfinden. Diese grundlegende Veränderung ist sowohl im Produktionsbereich [1] als auch im Dienstleistungsbereich [15] anzutreffen.

Die angestrebte ganzheitliche Sichtweise stellt die Unterstützung der Arbeitsprozesse in den Vordergrund, in die unterschiedliche Aufgabenträger zur Bearbeitung einer gemeinsamen Aufgabe eingebunden sind. Diese Aufgabenträger können unterschiedlichen Organisationseinheiten (z.B. Abteilung, Arbeitskreis, Koordinationsausschuß verschiedener Organisationen, etc.) zugeordnet sein, so daß es u.a. notwendig ist, organisatorische und technische "Barrieren" abzubauen. Dies kann durch den Übergang von "Insellösungen" hin zu "Netz(werk)-lösungen" erreicht werden, indem die Bearbeitung eines Arbeitsvorgangs nicht mehr generell auf einen einzelnen Aufgabenträger beschränkt wird, sondern auch durch eine - evtl. räumlich verteilte - Arbeitsgruppe unter Zuhilfenahme geeigneter IuK-Technologien erfolgen kann. So findet beispielsweise die Entwicklung von komplexen Softwaresystemen häufig unter Einbeziehung verschiedener Subunternehmen - wie z.B. spezialisierten Softwarehäusern - statt, die in den fortschreitenden Entwicklungsprozeß vollständig integriert werden müssen.

Diese grundlegenden, organisatorischen Veränderungen sind im allgemeinen eng an die Einführung neuer IuK-Technologien gekoppelt, die dem Bereich des Computer Supported Cooperative Work (CSCW)[1] zuzuordnen sind. Das Forschungsgebiet *CSCW* weist aufgrund seines interdisziplinären Charakters ein breites Anwendungsspektrum für den Einsatz in Organisationen auf, da es sowohl die Durchführung von Untersuchungen zum erhöhten 'Verständnis der Teamarbeit' als auch die 'Entwicklung und Bewertung von Werkzeugen und Konzepten zur Unterstützung der Teamarbeit' als Forschungsgegenstand aufweist ([16], S. 427).

Ein aktueller Aspekt des CSCW ist die Realisierung von Geschäftsprozessen im Rahmen einer rechnergestützten Teamarbeit. Unter einem *Geschäftsprozeß* verstehen wir im folgenden einen aus mehreren in sich abgeschlossenen Arbeitsvorgängen bestehenden, organisationsbezogenen Ablauf, in dessen Verlauf verschiedene Aufgabenträger einzeln oder in Teams Tätigkeiten ausüben, die den einzelnen Arbeitsvorgängen zugeordnet werden und zur Erreichung des gemeinsamen Arbeitsziels notwendig sind. Die Durchführung von Geschäftsprozessen weist neben strategischen, organisatorischen und technischen Dimensionen [26], die sich aus der Planung, Initiierung und Strukturierung des Prozesses ergeben, auch eine soziale Dimension auf, die auf der Erkenntnis basiert, daß es sich bei Organisationen immer um offene, soziale Gebilde handelt ([18], S.26; [12]).

Aufgrund dieser Multidimensionalität ist die Einführung eines geeigneten CSCW-Systems zur Unterstützung von Geschäftsprozessen mit vielen Problemen verbunden, die sich aus der in der Praxis häufig anzutreffenden Vernachlässigung einzelner (Arbeits-) Dimensionen ergeben. Im folgenden wollen wir unter dem Begriff des Teamwork-Systems CSCW-Systeme subsumieren, die kooperativ zu bearbeitende Arbeitsvorgänge (einschl. Geschäftsprozessen) sowohl formal-strukturiert als auch informal-unstrukturiert unterstützen können.

Der vorliegende Beitrag ist folgendermaßen aufgebaut: In Kapitel 2 werden die Besonderheiten der Teamarbeit aufgezeigt, die bei der Einführung von Teamwork-Systemen berücksichtigt werden müssen. Davon ausgehend stellen wir in Kapitel 3 ein Stufenkonzept zur organisationsübergreifenden Einführung von Teamwork-Systemen vor. In Kapitel 4 geben wir einen Überblick über die Teamwork-Komponenten der Arbeitsumgebung INCOME/STAR, die wir für einen Kernaspekt der vorgestellten Vorgehensweise, nämlich die rechnergestützte Analyse, Planung und Durchführung von Geschäftsprozessen verwenden. Abschließend wird in Kapitel 5 ein Ausblick auf die weiteren Forschungs- und Entwicklungsaktivitäten gegeben.

2   Teamarbeit in Organisationen

Die ganzheitliche Sichtweise auf einen Geschäftsprozeß erfordert eine nähere Betrachtung der Arbeitsprozesse, die im Rahmen der Teamarbeit zwischen den Aufgabenträgern zur Erreichung des gemeinsamen Arbeitsziels stattfinden. Zur Beschreibung der Teamarbeit können als Merkmale u.a. die Gruppengröße, die vorherrschenden Arbeitsformen und Kommunikationsarten, die in der Gruppe existierenden Tätigkeitstypen, die zeitliche Länge der Arbeitszyklen, die Anzahl der Kontakte zu Nachbargruppen, die Beteiligung des Einzelnen an den Arbeitsvorgängen (funktioneller Vernetzungsgrad) und der Umfang der Kontakte zwischen den Gruppenmitgliedern (sozialer Vernetzungsgrad) herangezogen werden [6].

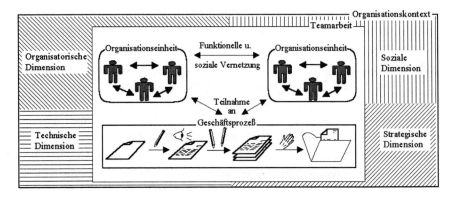

Abb. 1: Einbettung der Teamarbeit in den Organisationskontext

Die Teamarbeit ist demzufolge immer in den jeweiligen Organisationskontext eingebettet (s. Abbildung 1), der die bereits erwähnten vier Dimensionen aufweist, die gleichermaßen für die Teamarbeit selbst kennzeichnend sind. Die organisatorische Dimension umfaßt u.a. die aktuellen Informationen über die Aufbau- und Ablauforganisation und somit die funktionelle Vernetzung der Gruppenmitglieder. Die strategische Dimension beinhaltet u.a. die Absichten bzgl. der weiteren Gestaltung der Organisation und deren Zielsetzungen. Die technische Dimension besteht u.a. aus Informationen über die verfügbaren IuK-Technologien, deren Eigenschaften und den daraus resultierenden Kosten. Die soziale Dimension enthält u.a. Informationen bzgl. der sozialen Vernetzung der einzelnen Gruppenmitglieder.

Ein spezieller Aspekt der Teamarbeit in Organisationen stellt die Teilnahme an der Ausführung von Geschäftsprozessen dar. Die bisher für dieses Einsatzgebiet realisierten CSCW-Systeme berücksichtigen allerdings den vollständigen Organisationskontext noch unzureichend (s. Abbildung 2). Im Gegensatz zu den übrigen Aspekten sind häufig nur die technischen und organisatorischen Gesichtspunkte der Teamarbeit, z.B. in Form von Organisationswissensbasen [24], in einem ausreichend hohen Maße durch existierende CSCW-Systeme unterstützbar.

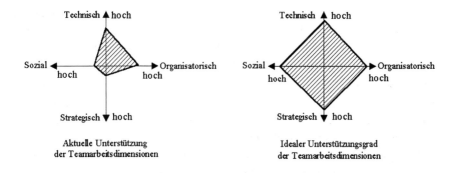

Abb. 2: Unterstützung des Organisationskontexts durch CSCW-Systeme

Die Idealvorstellung einer umfassend hohen Unterstützung aller vier Aspekte der Teamarbeit kann allerdings erst erreicht werden, wenn die Teamarbeit noch besser verstanden worden ist und aufgrund dieses verbesserten Verständnisses leistungsfähigere Konzepte und Werkzeuge entwickelt worden sind. Dieses Ziel ist nur durch eine stärkere interdisziplinäre Zusammenarbeit der an CSCW beteiligten Forschungs- und Entwicklungsbereiche erreichbar.

2.1 Unterstützungsmöglichkeiten

Wie bereits am Begriff *Computer Supported Cooperative Work* erkennbar, ist die Option des Computer Supports ein wichtiges Kennzeichen für die Unterstützung der Arbeitsgruppen. Die Rechnerunterstützung kann allerdings auch im Verlauf der Teamarbeit explizit negiert werden. Dies ist z.B. ein wichtiges Kriterium bei der Gestaltung von sogenannten *Electronic Meeting Systems* - Sitzungsräumen, die u.a. den übergangslosen Wechsel zwischen Verwendung und Nichtbenutzung der bereitgestellten Rechnereinheiten ermöglichen müssen [5].

Bei der Unterstützung von Gruppenprozessen ist darüber hinaus zu berücksichtigen, ob der zugrundeliegende Prozeßverlauf (teilweise oder vollständig) bekannt oder nicht vorhersehbar ist. Diese Unterteilung der unterstützten Gruppenprozesse in (teilweise oder vollständig) strukturierte und unstrukturierte Prozesse kann herangezogen werden, um *Workflow Management Systeme* von *Workgroup Computing Systemen*[2] [10] und *Group Decision Support Systems* von *Group Communication Support Systems* [17] abgrenzen zu können. Durch die Verwendung des Begriffs *Teamwork-System* für ein (zukünftiges)

CSCW-System, das sowohl (teilweise oder vollständig) strukturierte Arbeitsprozesse (Workflows) als auch unstrukturierte Gruppenprozesse unterstützt, möchten wir im folgenden Abgrenzungen vermeiden und den integrativen Ansatz eines solchen Systems in den Vordergrund stellen.

Für die Realisierung von Teamwork-Systemen ist es notwendig, die derzeit bestehenden Abgrenzungen durch geeignete integrierende Techniken aufzuheben, da im Verlauf eines Gruppenprozesses unterschiedliche Strukturierungsgrade auftreten können und demzufolge auch unterstützbar sein müssen. Dies kann z.B. durch die Integration von Ad-Hoc, teilstrukturierten und vollständig strukturierten Arbeitsabläufen (Vorgängen, Workflows) in einem einzelnen Workgroup Computing System geschehen.[3]

2.2 Bewertungskriterien für die Einführung eines Teamwork-Systems

Aufgrund der bereits erwähnten Dimensionen der Teamarbeit in Organisationen läßt sich über die Einführung von Teamwork-Systemen nicht allein nach betriebswirtschaftlich-quantifizierbaren Entscheidungskriterien, z.B. aufgrund des Ergebnisses einer quantitativen Kosten-/Nutzenanalyse, entscheiden, da wegen des Einflusses der strategischen und sozialen Dimension nicht quantifizierbare Merkmale, wie z.B. die erwartete Verbesserung der Arbeitsqualität oder die Verbesserung der Wettbewerbsposition, berücksichtigt werden müssen.

Die folgende Auflistung (s. Tabelle 1) gibt einen exemplarischen Überblick über die Entscheidungsbereiche, die auf den verschiedenen Aspekten der Teamarbeit basieren, und den damit verbundenen Kriterien :

Entscheidungsbereich	Kriterien
Technisch	Hard- und Softwarefunktionalität, Kosten, etc.
Strategisch	Erwartete Nutzenpotentiale, Verbesserung der Marktposition, etc.
Sozial	Arbeitsqualität, Motivation, etc.
Organisatorisch	Hierarchieabbau, Verkürzung der Reaktions- bzw. Durchlaufzeiten, etc.

Tab. 1: Entscheidungsbereiche zur Bewertung der Einführung eines Teamwork-Systems

Am leichtesten betriebswirtschaftlich bewertbar sind die Entscheidungs-kriterien, die sich aus dem technischen Aspekt der Teamarbeit ergeben. So entstehen durch den Kauf und die Wartung der benötigten Soft- und Hardware-komponenten gut quantifizierbare Kosten. Diese erhöhen sich ggfs. noch um die voraussichtlichen Einarbeitungskosten einschließlich Schulungskosten. Des weiteren kann der Funktionalitätsumfang anhand allgemeiner Kriterien, wie z.B. anhand der Anzahl der unterstützten Informationsaustauschformate, bewer-tet werden.

Unter strategischen Gesichtspunkten ist die Einführung eines Teamwork-Sy-stems vorrangig durch die erwarteten Nutzenpotentiale, wie z.B. Zeit- und Kosteneinsparungen und eine Verbesserung der Wettbewerbs- und Service-fähigkeit [15], motiviert. Um den Problemen entgegentreten zu können, die u.a. häufig bei der Einführung von neuen Softwaresystemen entstehen, muß ein entsprechend hohes Unterstützungspotential durch die Entscheidungsträger der Organisation vorhanden sein. Nur so können z.b. auftretende Kompetenz-streitigkeiten schnell geschlichtet werden, und drohenden Terminverzögerungen kann durch die Bereitstellung von zusätzlichem qualifizierten Personal entgegengetreten werden.

Aufgrund der strategischen Vorgaben müssen die notwendigen organisatori-schen Veränderungen bei der Einführung eines CSCW-Systems erarbeitet werden. Häufig werden CSCW-Systeme eingesetzt, um aktuelle marktwirt-schaftliche Trends in die Praxis umzusetzen, die z.B. unter den Begriffen Lean Organisation oder Lean Management[4] propagiert werden. Im Rahmen dieser Organisationskonzepte wird die Teamarbeit generell als eine "Möglichkeit gesehen, besseren Service zu günstigeren Preisen anzubieten" ([11], S. 90). Hiermit eng verbunden ist die Vorstellung von einer Verkürzung der unterneh-mensspezifischen Wertschöpfungskette, die mit einem Abbau von Hierarchie-ebenen und den daraus resultierenden Kosten- und Zeiteinsparungen bei gleich-zeitiger Effizienzsteigerung einhergeht.

Besonders schwierig gestaltet sich die Erstellung von sozialen Entscheidungs-kriterien, die die Arbeitssituation vor und nach der Einführung eines CSCW-Systems u.a. nach arbeitswissenschaftlichen Gesichtspunkten (z.B. dem Krite-rium der Persönlichkeitsförderlichkeit [14], zitiert in [9]) bewerten sollen. Desweiteren muß berücksichtigt werden, daß durch die Verwendung jedes CSCW-Systems die informale Gruppenstruktur und das soziale Beziehungs-geflecht zwischen den einzelnen Gruppenmitgliedern nachhaltig beeinflußt wird und bisher existierende Machtstrukturen evtl. grundlegend geändert werden müssen [19].

Im folgenden wollen wir ein Stufenkonzept zur evolutionären, bei Bedarf auch organisationsübergreifenden Einführung eines Teamwork-Systems vorstellen, das die soeben vorgestellten Erkenntnisse geeignet berücksichtigt.

3   Evolutionäre Einführung eines Teamwork-Systems

Die Einführung eines Teamwork-Systems in eine Organisation muß den verschiedenen Anforderungsbereichen der Teamarbeit gerecht werden. Insbesondere die bereits aus dem Bereich des Software-Engineering und der Softwareergonomie bekannte Akzeptanzproblematik muß ausreichend berücksichtigt werden.[5] Diese Problematik äußert sich z.b. "in ablehnender Haltung, Behinderungen und Schikanen der Teammitglieder, offener oder versteckter Obstruktion und Aggressionen gegen Arbeitsteammitglieder" ([8], S. 27).

Somit kann die Einführung der rechnergestützten Teamarbeit nur im Rahmen eines evolutionären Einführungskonzeptes erfolgen, das keine "revolutionäre Neugestaltung von Arbeitsabläufen" zum Ziel hat ([25], S. 48) und durch geeignete Informations- und Betreuungskonzepte Ängste und Spannungen bei den betroffenen Mitarbeitern abbaut. Ausgehend von der Unterstützung einzelner Kerngeschäftsprozesse in ausgewählten Arbeitsgruppen ist daher die organisationsweite und evtl. unternehmensübergreifende Rechnerunterstützung stufenweise einzuführen.

Das von uns vorgeschlagene Stufenkonzept (s. Abbildung 3) weist vier Integrationsstufen (s. Tabelle 2) auf, die entsprechend des Einführungsfortschritts eine ständig steigende Komplexität aufweisen. Darüber hinaus gewährleistet dieses Konzept, daß die bereits aus dem Bereich des Software Engineering bekannten Probleme bei der Einführung neuer Informationssysteme geeignet berücksichtigt werden. Hierzu wird das Stufenkonzept an den Einsatz eines evolutionären Vorgehensmodells zur Software-Entwicklung und Software-Einführung, einem sog. evolutionären Software-Prozeßmodell, gekoppelt, das die flexible und fortlaufende Anpassung der Prozeßaktivitäten in allen Phasen des sogenannte Software Life Cycles unter Berücksichtigung der sozialen Rahmenbedingungen ermöglicht.

Die erste Integrationsstufe beginnt mit der (positiven) Entscheidung über die Einführung eines Teamwork-Systems. Nachdem aus strategischen und/oder organisatorischen Überlegungen heraus die Einführung eines Teamwork-Systems in eine Organisation beschlossen wurde, ist zuerst im Rahmen der Teamarbeit einer einzelnen Organisationseinheit die Validierung der (kommerziell) verfügbaren Teamwork-Systeme durchzuführen. Ein wichtiger Validierungsaspekt besteht in der Bewertung der Unterstützungsmöglichkeiten, die die Teamwork-Systeme bei der Analyse bestehender Geschäftsprozesse (z.B. in Form einer Schwachstellenanalyse) und der Modellierung der zu unterstützenden Prozesse bieten. Darüber hinaus sind u.a. Fragestellungen bzgl. Benutzerschnittstellen, Teamworkfunktionalität, Flexibilität und Akzeptanz des Teamwork-Systems abzuklären, die letztendlich zur verbindlichen Auswahl eines Systems führen.

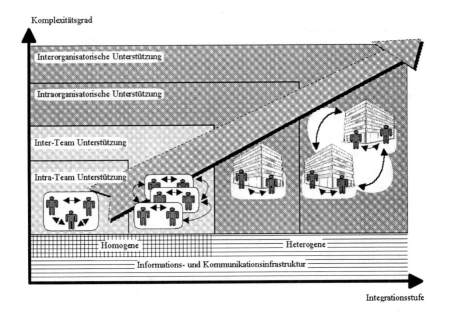

Abb. 3 : Stufenkonzept zur Einführung eines Teamwork-Systems

Das Teamwork-System wird daher in der ersten Integrationsstufe zur Intra-Team Unterstützung benutzt, d.h. zur rechnergestützten Durchführung von

Geschäftsprozessen innerhalb einer Organisationseinheit, die eine homogene Informations- und Kommunikations- (IuK-) Infrastruktur aufweist. Hierbei sind vorrangig die Prozesse zu modellieren und zu unterstützen, die z.B. aufgrund einer Analyse der kritischen Erfolgsfaktoren als Kerngeschäftsprozesse identifiziert wurden. Nach dieser Prozeßausgrenzung muß im Rahmen der Geschäftsprozeßplanung die Prozeßstrukturierung und anschließend die Bestimmung der Prozeßlogik durch geeignete Methoden und Werkzeuge unterstützt werden [3].

Die erfolgreich abgeschlossene Erprobung innerhalb einer Organisationseinheit ist Voraussetzung für die Ausdehnung der Rechnerunterstützung auf mehrere Organisationseinheiten, die an gemeinsamen Kerngeschäftsprozessen beteiligt sind. Im Rahmen der Inter-Team Unterstützung wird darüber hinaus die rechnergestützte Teamarbeit durch die Verwendung einer einheitlichen IuK-Infrastruktur explizit auf einen Teilbereich der Organisation beschränkt, der eine Vernachlässigung der technischen Aspekte und eine verstärkte Fokussierung auf organisatorische und soziale Aspekte der Einführung ermöglicht.

Die hierbei gewonnenen Erfahrungen können bei der Verwirklichung der organisationsweiten Unterstützung eingebracht werden. Gegebenenfalls tritt im Rahmen der intraorganisatorischen Unterstützung auch wieder eine stärkere Fokussierung auf technische Aspekte ein, da man im allgemeinen keine organisationsweite homogene IuK-Infrastruktur unterstellen kann.

Die vierte Integrationsstufe sieht (optional) die organisationsübergreifende Verwendung des Teamwork-Systems vor. Mit der Erreichung dieser interorganisatorischen Unterstützung der Teamarbeit wird die ganzheitliche Sichtweise auf die - z.B. in Industrieunternehmen anzutreffende - Wertschöpfungskette, beginnend beim Lieferanten und endend beim Kunden, einer Rechnerunterstützung zugänglich gemacht. Aufgrund der Verwendung von restrukturierten, rechnergestützten Geschäftsprozessen erhofft man sich, den entstehenden Verbund von Organisationen schneller und effizienter an sich ändernde Marktsituationen anpassen zu können.

Allerdings treten im Rahmen der interorganisatorischen Unterstützung der Teamarbeit neben den bereits in den vorherigen Stufen angetroffenen Problemen zusätzliche auf, die sich z.B. aus dem unterschiedlichen Selbstverständnis der beteiligten Organisationen und der - normalerweise anzutreffenden - heterogenen IuK-Infrastruktur ergeben. Somit weist diese Stufe der Integration die höchste Komplexität auf.

Integrationsstufe	Kennzeichen	Aktivitäten
Intra-Team Unterstützung	• Auf eine Organisationseinheit begrenzt • Homogene IuK- Infrastruktur • Organisationseinheit ist an der Durchführung von Kerngeschäftsprozessen beteiligt	• Validierung und Selektion des Teamwork-Systems • Analyse und Modellierung einzelner Kerngeschäftsprozesse (einschl. Prozeßrestrukturierungsmaßnahmen) • Erstellung von organisationsspezifischen Einführungs-, Schulungs- und Betreuungskonzepten und deren Validierung • Dokumentation der Einführungshistorie • Prototypmäßige Durchführung der modellierten Prozesse • etc.
Inter-Team Unterstützung	• Mehrere Organisationseinheiten werden unterstützt • Organisationseinheiten nehmen an gemeinsamen Geschäftsprozessen teil • Homogene IuK-Infrastruktur	• Einführung des Teamwork-Systems auf Basis der erstellten Einführungs- und Schulungskonzepte • (evtl.) Restrukturierung der Organisationsstrukturen • Praxisrelevante Durchführung der modellierten Prozesse • Umfassende Analyse und Modellierung der weiteren Kerngeschäftsprozesse • etc.
Intra-organisatorische Unterstützung	• Organisationsweite Unterstützung • (ggfs.) heterogene IuK-Infrastruktur	• Organisationsweite Einführung des Teamwork-Systems • (ggfs.) Migration des Teamwork-Systems auf heterogene IuK-Infrastruktur • Analyse und Modellierung der Geschäftsprozesse, die sowohl auf der Ebene der Organisationseinheiten als auch auf der Organisationsebene unterstützt werden sollen • (evtl.) Organisationsweite Restrukturierung der Organisationsstrukturen • etc.
Inter-organisatorische Unterstützung	• Organisationsübergreifend Unterstützung • Kooperationsbereitschaft zwischen den Organisationen vorhanden • Heterogene IuK-Infrastruktur	• Erstellung und Verwendung von organisationsübergreifenden, elektronischen Informations- und Kommunikationsstrukturen • Organisationsübergreifende Verwendung des Teamwork-Systems • etc.

Tab. 2: Kennzeichen und Aktivitäten der vier Integrationsstufen

Zur Realisierung des soeben vorgestellten Stufenkonzepts ist die Bereitstellung geeigneter, leistungsfähiger Teamwork-Systeme, die in Verbindung mit einem evolutionären Vorgehensmodell zur Software-Einführung eingesetzt werden können, ein wichtiger Aspekt. Hierzu können entweder neue Informations-

werden. Im folgenden möchten wir ein Beispiel für den zweitgenannten Ansatz vorstellen.

4 Teamwork-Unterstützung in INCOME/STAR

Der Forschungsgegenstand des teilweise von der Deutschen Forschungsgemein-schaft (DFG) im Rahmen des Schwerpunktprogramms "Verteilte DV-Systeme in der Betriebswirtschaft" geförderten Projekts INCOME/STAR ist die Bereitstellung einer verteilten Entwicklungs- und Wartungsumgebung, die die kooperative Erstellung von verteilten Informationssystemen unter Berücksich-tigung von statischen Daten- und dynamischen Verhaltensaspekten ermöglicht.

Zur methodischen Unterstützung der Systementwicklung wurde im Rahmen des Projektes das evolutionäre Vorgehensmodell ProMISE entwickelt, das darüber hinaus die Integration neuer Komponenten in eine bestehende Systemumgebung unterstützt [27]. ProMISE stellt somit ein Prozeßmodell dar, das als einen Teil-aspekt die Einführung der rechnergestützten Teamarbeit in Organisationen durch die Bereitstellung geeigneter Methoden und Techniken ermöglicht.

Da im Rahmen der (verteilten) Entwicklungsaktivitäten die Gruppenarbeit in ihren verschiedensten Facetten durch geeignete Werkzeuge effizient unterstützt werden soll, wurde die Integration von Teamwork-Komponenten in die bereits bestehende Arbeitsumgebung notwendig. Diese Teamwork-Komponenten sol-len einerseits die existierende Funktionalität der Arbeitsumgebung verwenden können und andererseits so flexibel einsetzbar sein, daß ein breites Spektrum der Gruppenarbeit unterstützt werden kann.[6]

Für die Unterstützung der Teamarbeit in INCOME/STAR werden derzeit ein erweitertes E-mail-System, ein Terminplanungstool, ein Organisationsassistent, ein Konversationsmanager und ein Workflowmanager verwendet. Diese Werk-zeuge haben über das INCOME/STAR-Repository alle relevanten Informa-tionen zur Unterstützung der Teamarbeit im Zugriff [23].

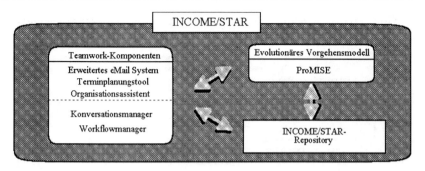

Abb. 4 : Teamwork-Unterstützung in INCOME/STAR

Im Gegensatz zu den Teamwork-Managementwerkzeugen ist der Terminplaner nicht auf eine Netzwerkunterstützung angewiesen und kann somit auch als "stand-alone"-Werkzeug zur individuellen, personenzentrierten Organisation der Tagesarbeit verwendet werden. In Verbindung mit einem Netzwerk kann er in die Durchführung von Terminvereinbarungsprozessen eingebunden werden. Die hierzu benötigten organisatorischen Informationen werden durch den Organisationsassistenten bereitgestellt. Der Organisationsassistent hat die Aufgabe, verschiedenste organisatorische Informationen bereitzustellen, die organisationsbezogen flexibel modelliert werden können.

Der Workflowmanager dient zur Planung, Modellierung und Durchführung von strukturierten Geschäftsprozessen auf Basis von höheren Petri-Netzen, den sog. NR/T-Netzen ([20]; [21]). Desweiteren stellt der Workflowmanager leistungsfähige Exception-Handling-Mechanismen zur Verfügung, die dieser Teamwork-Komponente eine hohe Flexibilität geben. Durch verschiedene Kopplungsmöglichkeiten an den Konversationsmanager ist die Integration von unstrukturierten und teilstrukturierten Kommunikationsprozessen in die Abarbeitung von strukturierten Arbeitsvorgängen möglich.

Der Konversationsmanager stellt verschiedene Workgroup-Computing-Funktionalitäten zur Verfügung. Unter Verwendung des erweiterten E-mail Systems und des Terminplaners werden typische Groupware-Funktionen wie z.B. der Austausch von - evtl. multimedialen - Nachrichten und die teilautomatisierte Terminvereinbarung unterstützt. Daneben ermöglicht der Konversationsmanager die Durchführung von Konversationen[7] auf Basis von sog. Konversationsdiagrammen, die organisationsspezifisch modelliert werden können. Diese Konversationen können sowohl zur informalen Kommunikationsunterstützung

in Gruppen als auch zur teilstrukturierten Durchführung von Problemlösungs-
oder Entscheidungsfindungsprozessen verwendet werden.

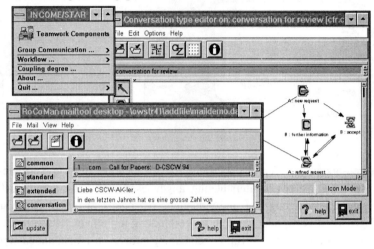

Abb. 5: Auswahl an INCOME/STAR - Teamwork-Applikationen

Um die Möglichkeit zur organisationsweiten Verwendung der Teamwork-Kom-
ponenten sicherstellen zu können, muß sowohl auf eine möglichst weitgehende
Plattformunabhängigkeit der zu erstellenden Applikationen als auch auf die
Problematik der verteilten Datenhaltung geachtet werden.

Zur Implementierung der Werkzeuge wird daher die objektorientierte Program-
miersprache Objectworks/Smalltalk verwendet, die die Verwendung des gleichen Source-Codes auf unterschiedlichen Plattformen unterstützt. Abbildung 5
zeigt eine (kleine) Auswahl der in INCOME/STAR erstellten Teamwork-
Applikationen, die derzeit auf SUN-Workstations und PCs eingesetzt werden.

Die Datenverteilung in INCOME/STAR soll unter Verwendung eines
Client/Server-Konzeptes (s. Abbildung 6) realisiert werden. Im Falle der dezen-
tralen Datenhaltung bekommt hierbei jede Organisationseinheit eine eigene
Client-/Server-Infrastruktur zur Verfügung gestellt. Den INCOME/STAR-
Clients stehen alle Teamwork-Komponenten zur Verfügung, die keine
Netzwerk-Managementfunktionalität aufweisen. Auf den INCOME/STAR-
Servern sind die verschiedenen Managementkomponenten zusammen mit dem
Repository abgelegt. Um eine redundante Server-Verwendung unterbinden zu
können, soll es darüber hinaus möglich sein, verschiedenen Organisations-

einheiten im Rahmen der sog. zentralen Datenhaltung einen gemeinsamen Server zuzuordnen.

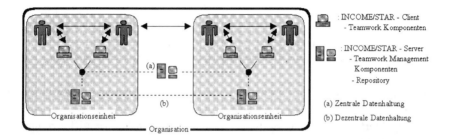

Abb. 6 : INCOME/STAR : Client/Server - Infrastruktur

Aufgrund der soeben vorgestellten Teamwork-Unterstützung dient das INCOME/STAR-System sowohl zur Unterstützung der Aktivitäten zur Erstellung und Einführung von Informationssystemen als auch zur Modellierung und Durchführung von kooperativen Arbeitsvorgängen. Da die Realisierung der kooperativen Arbeitsvorgänge unabhängig von dem Vorgehensmodell möglich ist, integriert das INCOME/STAR-System im Unterschied zu anderen Ansätzen die Eigenschaften von herkömmlichen Entwicklungs- und Arbeitsumgebungen in eine flexibel einsetzbare Systemumgebung, die die unterschiedlichsten Aspekte der Teamarbeit in Organisationen geeignet unterstützt.

5 Ausblick

Die (prototypmäßig implementierten) Teamwork-Komponenten werden derzeit auf SUN-Workstations und PCs validiert. Zur Realisierung des Repositorys verwenden wir die relationale Datenbank ORACLE. In Verbindung mit Industriepartnern soll im Rahmen einer Fallstudie der Einsatz von INCOME/STAR zur evolutionären Einführung von Teamwork-Systemen praktisch erprobt werden.

In den folgenden Entwicklungsphasen ist u.a. geplant, die Möglichkeiten zur Integration von bestehenden Groupware-Applikationen, wie z.B. Lotus Notes auf PC-Netzwerken, zu verstärken. Daneben soll der bereits bestehende Funktionalitätsumfang im Multi-Media-Bereich weiter ausgebaut werden. Die damit einhergehende Problematik der Funktionalitätsüberhäufung des

Anwenders soll durch die Bereitstellung der Applikationsfunktionen in Abhängigkeit von der jeweiligen Benutzerrolle verringert werden.

6   Anmerkungen

Die Arbeit von Thomas Wendel wurde durch ein Stipendium nach dem Landesgraduiertenförderungsgesetz des Landes Baden-Württemberg gefördert.

1   Eine kompakte Einführung in CSCW unter Nennung weiterführender Literatur ist z.b. in [7] zu finden.

2   Die hierfür verwendete Software wird häufig unter dem Begriff *Groupware* zusammengefaßt.

3   Ein Beispiel für diese Vorgehensweise stellt das Groupware basierte Workflow Managementsystem GroupFlow dar, das in [13] ausführlich beschrieben wird.

4   Das Organisationskonzept des Lean Management wird z.b. ausführlich in [2] erörtert.

5   Probleme, die im Rahmen der Erstellung und Einführung von neuen Softwaresystemen entstehen, werden z.b. in [29] näher erläutert.

6   Für eine ausführlichere Beschreibung der Teamwork-Komponenten möchten wir auf ([21]; [22]; [23] und [28]) verweisen.

7   Die Unterstützung von (unstrukturierten) Gruppenprozessen durch Konversationen beruht auf der sog. Action/Language Perspective, die z.B. in [4] erläutert wird.

7   Literaturverzeichnis

[1]   Arbeitskreis Neue Arbeitsstrukturen der deutschen Automobilindustrie (AKNA): Teamarbeit in der Produktion, REFA. Verband für Arbeitsstudien und Betriebsorganisation e.V. München 1993.

[2]   Bösenberg, D.; Metzen, H.: Lean Management. Verlag Moderne Industrie 1993.

[3]   Elgass, P.; Krcmar, H.: Computerunterstützung für die Planung von Geschäftsprozessen. In: Hasenkamp, U.; Kirn, S.; Syring, M. (Hrsg.): CSCW - Computer Supported Cooperative Work. Bonn u.a. 1994, S. 67 - 83.

[4]   Flores, F.; Graves, B.; Hartfield, M.; T. Winograd: Computer Systems and the Design of Organizational Interaction. In: ACM Transactions on Office Information Systems 6 (1988) 2, S. 153 - 172.

[5]   Ferwagner, T.; Wang, Y.; Lewe, H., Krcmar, H.: Experiences in Designing the Hohenheim CATeam Room. In: Bowers; J. M.; Benford, S. D. (Hrsg.): Studies in Computer Supported Cooperative Work - Theory, Practice and Design. North-Holland, Elsevier 1991, S. 251 - 266.

[6]   Gottschalk, O.; Segelken, S.: Gruppenarbeit. In: Office Management (1993) 12, S. 76 - 79.

[7]   Grudin, J.: CSCW - Introduction. In: Communications of the ACM 34 (1991) 12, S. 30 - 34.

[8]   Grupp, B.: Anwenderorientierte Istanalyse und Sollkonzeption: Problemanalyse, Betriebliches Fachkonzept, Softwareorganisation. 2. Aufl. Schriftenreihe Praxis der EDV-Organisation. Köln 1993.

[9]   Hartmann, A.; Kahler, H.; Wulf, V.: Groupware - Probleme und Gestaltungsoptionen. In: Office Management; (1): (1993) 11, S. 72 - 76; (2): (1993) 12, S. 64 - 67.

[10]   Hasenkamp, U.; Syring, M.: CSCW (Computer Supported Cooperative Work) in Organisationen - Grundlagen und Probleme. In: Hasenkamp, U.; Kirn, S.; Syring, M. (Hrsg.): CSCW - Computer Supported Cooperative Work. Bonn u.a. 1994, S. 15 - 37.

[11]   Heissel, T.; Müller-Wünsch, M.: Teamarbeit in kooperierenden Organisationseinheiten fördern durch verteilte wissensbasierte Systeme: Das System MAGNIFICO. In: Kirn, S.; Weinhardt, C. (Hrsg.): KI-Methoden in der Finanzwirtschaft, Workshop-Tagungsband, Berlin. FB Wirtschaftswissenschaften der Universität Giessen. Gießen 1993, S. 89 - 100.

[12]   Hewitt, C.: Offices Are Open Systems. In: ACM Transactions on Office Information Systems 4 (1986) 3, S. 271 - 287.

[13]   Hilpert, W.: GroupFlow - Groupware Based Workflow Management? IKOPLAN Paderborn, Institute for Communication, Organization and Planning - Department for Information Management. Paderborn 1993.

[14]   Hacker, W.; Raum, H.; Rentzsch, M.; Völker, K.: Bildschirmarbeit - arbeitswissenschaftliche Empfehlungen; Analyse und Gestaltung rechnergestützter Arbeit. Berlin 1989.

[15]   Jordan, B.: Realisierungsschrittfolgen für die Einführung von Workflow Management in die Büropraxis. In: ONLINE'94, 17. Europäische Congressmesse für Technische Kommunikation. Hamburg 1994, Congress V, S. C512.01 - C512.10.

[16]   Krcmar, H.: WI - State of the Art / Computerunterstützung für die Gruppenarbeit - Zum Stand der Computer Supported Cooperative Work Forschung. In: Wirtschaftsinformatik 34 (1992) 4, S. 425 - 437.

[17] Kraemer, K. L.; Pinsonneault, A.: Technology and Groups: Assessment of the Empirical Research. In: Galegher, J.; Kraut, R. E.; Egido, C. (Hrsg.): Intellectual Teamwork - Social and Technological Foundations of Cooperative Work. Lawrence Erlbaum Associates, Publishers, Hillsdale, New Jersey 1990, S. 373 - 404.

[18] Lepold, F.; Böhret, P.: Der Mensch in der Software-Entwicklung. Idstein 1987.

[19] Oberquelle, H.: CSCW- und Groupware-Kritik. In: Oberquelle, H. (Hrsg.): Kooperative Arbeit und Computerunterstützung: Stand und Perspektiven, Arbeit und Technik 1. Verlag für angewandte Psychologie 1991, S. 37 - 61.

[20] Oberweis, A.: Modelling the Synchronization of Operations on Complex Structured Objects in Distributed Information Systems. In: Hevner, A. R.; Kamel, N. N. (Hrsg.): Proceedings of the 3rd Workshop on Information Technologies and Systems WITS'93. Orlando/Florida 1993, S. 196 - 205.

[21] Oberweis, A.: Workflow Management in Software Engineering Projects. Erscheint in: Proceedings of the 2nd International Conference on Concurrent Engineering and Electronic Design Automation. Bournemouth, UK 1994.

[22] Oberweis, A.: Stucky, W.; Wendel, Th.: Rechnergestützte Kommunikation in Software-Entwicklungsprojekten: Unterstützung einer kooperativen Systementwicklung. In: ONLINE'94, 17. Europäische Congressmesse für Technische Kommunikation. Hamburg 1994, Congress VI, S. C625.01 - C625.20.

[23] Oberweis, A.; Wendel, Th.; Stucky, W.: Teamwork Coordination in a Distributed Software Development Environment. Erscheint in: Proceedings of the IFIP'94 Workshop FG9: Communication and Coordination in Distributed Corporate Application Systems. Hamburg 1994.

[24] Pankoke-Babatz, U.; Prinz, W.; Syri, A.: Die Organisationswissensbasis TOSCA. In: K. Klöckner (Hrsg.): Groupware-Einsatz in Organisationen? GI-FG 2.0.1 Personal Computing, Symposium Marburg 1993. Gesellschaft für Mathematik und Datenverarbeitung mbH 1993, GMD-Studien Nr. 220, S. 117 - 131.

[25] Rathgeb, M.: Einführung von Workflow-Management-Systemen. In: Hasenkamp, U.; Kirn, S.; Syring, M. (Hrsg.): CSCW - Computer Supported Cooperative Work. Bonn u.a. 1994, S. 45 - 66.

[26] Schönecker, H. G.: Begriffe zum Geschäftsprozeß-Management. In: Office Management (1993) 7-8, S. 56 - 57.

[27] Scherrer, G.; Oberweis, A.; Stucky, W.: ProMISE - a Process Model for Information System Evolution. In: Proceedings of the Third Maghrebian Conference on Software Engineering and Artificial Intelligence. Rabat, Marokko 1994, S. 27 - 36.

[28] INCOME/STAR: Entwicklungs- und Wartungsumgebung für verteilte betriebliche Informationssysteme; Projektbeschreibung. Institut für Angewandte Informatik und Formale Beschreibungsverfahren der Universität Karlsruhe. Karlsruhe 1994.

[29] Weltz, F.; Ortmann, R. G.: Das Softwareprojekt, Projektmanagement in der Praxis. Frankfurt 1992.

Thomas Herrmann, Katharina Just

Anpaßbarkeit und Aushandelbarkeit als Brücke von der Software-Ergonomie zur Organisationsentwicklung

Zusammenfassung

Aufgrund der Dynamik organisatorischer Strukturen und der Anforderungen an kooperative Aufgabenbearbeitung sollten Eigenschaften von Groupware ad hoc von Benutzern anpaßbar sein. Da bei Groupware die Mehrzahl solcher individuell veranlaßten Anpassungen sich auf mehrere andere Benutzer auswirken, sind Abstimmungsprozesse erforderlich. Mit dem Grundsatz der Aushandelbarkeit wird ein Konzept beschrieben, mit dem Anpassungsvorschläge kommentiert, abgelehnt, angenommen oder modifiziert werden können. Sofern bei der Konfiguration einer Groupware organisatorische Entscheidungen software-technisch fixiert wurden, erlauben Anpaßbarkeit und Aushandelbarkeit deren nachträgliche Flexibilisierung.

1 Einleitung: Relevante Eigenschaften von Groupware

Es soll im folgenden gezeigt werden, daß Groupware durch die Nutzer an sich ändernde Bedingungen der Aufgabenbearbeitung und an die daraus resultierende Dynamik organisatorischer Strukturen angepaßt werden kann, indem die dazu notwendigen Abstimmungsprozesse durch das System selbst unterstützt werden. Es wird hier der Ansatz[1] vertreten, daß das software-ergonomische[2] Konzept der Anpaßbarkeit interaktiver Systeme bei Groupware durch den Grundsatz der Aushandelbarkeit ergänzt werden sollte, damit auch Systemeigenschaften geändert werden können, die mehrere Benutzer betreffen und außerdem von organisatorischer Relevanz sind. Die Veränderbarkeit organisatorischer Strukturen einerseits sowie die Flexibilität eingesetzter Groupware anderseits bedingen sich nach unserer Auffassung in hohem Maße wechselseitig.

Diesem Ansatz liegt folgendes Verständnis von Groupware zu Grunde: Unter *Groupware* werden hier Software-Systeme verstanden, die zur Unterstützung von *Kommunikation*, *Kooperation* oder *Koordination* bei arbeitsteiliger Aufgabenbearbeitung dienen. Groupware im Sinne dieser Definition muß auch solche Formen der Kooperation unterstützen, die fremdbestimmt oder hierarchiegeprägt sind oder bei denen es zu Interessenskonflikten kommen kann. In diesem Sinne ist Groupware keine Technik, deren Einsatz eine spezifische Organisationsform (etwa Gruppenarbeit) als Vorbedingung benötigt. Groupware kann insbesondere der Überwindung zeitlicher und räumlicher Barrieren dienen; unter vernetzten Systemen verstehen wir in diesem Zusammenhang die hardware-technische Infrastruktur von Groupware. Anwendungen, die hier unter dem Oberbegriff Groupware subsumiert werden, sind z.B. Weiterentwicklungen von E-mail[3], koordinierende Systeme (inkl. Terminkalender) bzw. auch Workflow-Management-Systeme (im Sinne von [8]), gemeinsame Verfügbarkeit von Daten bzw. von multi-medialen Dokumenten, (z.B. zur Unterstützung von kooperativem Editieren oder Design), Group-Decision-Support- und Computer-Conferencing-Systeme, Möglichkeiten der Koppelung von Ein-/Ausgabe-Geräten (z.B. Shared Screens; vgl. [4]), die WYSIWIS (What you see is what I see) ermöglichen etc.[4] Groupware in diesem Sinne hat folgende software-ergonomisch und organisatorisch relevanten Eigenschaften:

• Es gibt Funktionen, deren Nutzung stets auch andere Teilnehmer[5] beeinflußt. Sie werden im folgenden globale[6] Funktionen genannt.

• Organisatorische Strukturen und Regelungen müssen in Teilbereichen bei der Konfiguration der Groupware software-technisch fixiert werden, ihre Beachtung wird somit bei der Software-Nutzung automatisch unterstützt oder sichergestellt.

• Es gibt Funktionen, an deren Aktivierung mehrere Teilnehmer mehr oder weniger indirekt beteiligt sind: Der eine bereitet die Aktivierung der Funktion vor, der andere löst sie aus (z.B. bereitet ein Empfänger das generelle automatische Weiterleiten (Forwarding) von E-mail vor, während erst aufgrund des Absendens einer E-mail der Forwarding-Mechanismus im Moment ihres Eintreffens ausgelöst wird). Ein Teil der Menge der zu einem bestimmten Zeitpunkt vorbereiteten Funktionen stellt eine software-technische Fixierung organisatorischer Regelungen dar.

- Die Nutzung einer Groupware hat im einzelnen für die aktiven und betroffenen Teilnehmer unterschiedliche (vorteilhafte oder nachteilige) Effekte, je nachdem welche Rolle sie hinsichtlich der Systemnutzung (z.b. Sender vs. Empfänger) oder der Aufgabenbearbeitung (z.b. Delegation vs. Ausführung) haben.

- Eine Vielzahl von Informationsdarstellungen, die die Teilnehmer rezipieren, werden nicht vom Systementwickler, sondern von anderen Teilnehmern erzeugt.

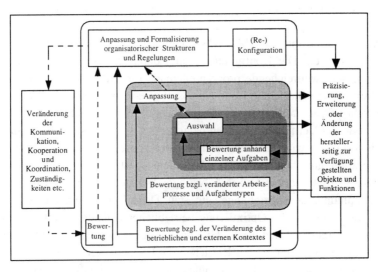

Abb. 1: Wechselwirkung zwischen Veränderung der Groupware und Dynamik
organisatorischer Strukturen

Die Wechselwirkung zwischen Organisation und Groupware läßt sich anhand des Einführungsprozesses solcher Systeme verdeutlichen. Damit die Komplexität der darzustellenden Anpassungsprozesse überschaubar bleibt, erfolgt hier eine Fokussierung auf innerbetriebliche Vorgänge unter Ausgrenzung der Telekooperation und -kommunikation. Es kann davon ausgegangen werden, daß es in einem Unternehmen häufig Gründe gibt, organisatorische Strukturen[7] zu verbessern bzw. an geänderte Bedingungen anzupassen. Die Entscheidung, Groupware einzuführen, ist mit einer solchen Veränderung gekoppelt. Die Koppelung technischer Innovationen mit organisatorischen Veränderungen ist für den Erfolg des Technikeinsatzes unabdingbar, wobei bei vernetzten Systemen aufgrund ihrer abteilungs- und instanzenübergreifenden Anwendung besonders umwälzende Maßnahmen anstehen können (s. z.B. [22]).

In Abbildung 1 kann die Veränderung organisatorischer Strukturen als Ausgangspunkt angesehen werden, aufgrund derer Groupware nicht nur konfiguriert, sondern auch ausgewählt oder ihre Entwicklung in Auftrag gegeben wird. Bevor das System zum Einsatz kommt, muß es entsprechend der spezifischen betrieblichen Bedingungen zum Einführungszeitpunkt eingerichtet werden (z.B. Festlegung von Zugriffsrechten und Vorgängen, Vergabe von E-mail-Adressen etc.). Dieser Prozeß wird hier *Konfiguration* genannt; sie kann sowohl mit externer Hilfe (Systementwickler, -vertreiber oder Unternehmensberatung) als auch mit betriebsinterner Hilfe (DV-Abteilung, Systemadministration) vorgenommen werden. Die Konfiguration kann durch das Setzen von Parametern erfolgen oder weitreichende programmierende Eingriffe erfordern. Die Konfiguration leistet daher einen Beitrag zur software-technischen Fixierung organisatorischer Strukturen, die deren Formalisierung voraussetzt. Entscheidend ist dabei, wie das Verhältnis zwischen benutzer- vs. systemgesteuerter Zusammenarbeit festgelegt wird, da dies die Form der von der Groupware unterstützen Kooperation entscheidend prägt. Außerdem (gestrichelter Kreislauf in Abbildung 1) finden organisatorisch bedingte Veränderungen der Kooperations- und Kommunikationsbeziehungen etc. statt. Diese Veränderungen werden sinnvollerweise sowohl die Optimierung betrieblicher Abläufe im allgemeinen als auch eine effektive Nutzung der Groupware im speziellen zum Ziel haben. Die Kreisläufe in Abbildung 1 verdeutlichen die Dynamik der Veränderungen. Das Ergebnis der Konfiguration wird anhand der inner- und außerbetrieblichen Anforderungen bewertet, und es kann sich zeigen, daß eine *Rekonfiguration* des Systems notwendig wird. Bevor es zu einer gesamt-betrieblichen Bewertung und Rekonfiguration kommt, sollten die Benutzer die Eigenschaften der Groupware und die Konfiguration anhand der Anforderungen der ihnen zugeordneten Arbeitsprozesse und Aufgabentypen bewerten können. Dabei können sich unmittelbar aus der Nutzung der Groupware Anpassungserfordernisse ergeben. Diese sollten aus software-ergonomischer Sicht und aus Gründen der Effektivität von den Nutzern selbst durchführbar sein, da der Weg über eine Rekonfiguration unter Einbeziehung einer zentralen innerbetrieblichen oder einer externen Institution als zu langwierig oder zu umständlich empfunden werden könnte. Dies könnte dazu führen, daß das Weiterarbeiten mit dem nicht angepaßten System bevorzugt würde. Die Nutzer sollten daher aus einer beliebigen Nutzungssituation heraus Anpassungen der Groupware vornehmen können, die sich auf Arbeitsprozesse oder Aufgabentypen beziehen und den Kreis der damit befaßten Teilnehmer betreffen.[8] Neben dieser Art von Anpassung soll der innerste Kreislauf in Abbildung 1 (schraffierter Kasten) verdeutlichen, daß die Teilnehmer auch für einzelne Aufgaben feststellen können, daß die default-mäßig durch die Konfiguration vorgegebenen Parameter nicht optimal sind. Sie sollten dann für die Dauer der Bearbeitung andere Alternativen auswählen können (z.B. sollte man beim Absenden einer einzelnen E-mail entscheiden können, daß diese beim Empfang quittiert wird; würde man diese Quittierung für einen bestimmten Teilnehmer generell festlegen, so käme dies einer Anpassung im Sinne des 2. grauunterlegten Kreislaufs in Abbildung 1 gleich). Anpassung und Auswahl haben zumindest teilweise auch organisatorische Konsequenzen, die zu einer Veränderung der Kooperations- und Kommunikationsbeziehungen führen können (s. diagonal angeordnete Pfeile in Abbildung 1).

Abbildung 1 drückt eine Dynamik zwischen Veränderung und Bewertung aus, die hier als typisch für die Wechselwirkung zwischen technischer Innovation durch Groupware und Organisation unterstellt wird. Aufgrund der Dynamik wird hier die Auffassung vertreten, daß organisatorische Strukturen nicht das Produkt eines abschließbaren Gestaltungsvorganges sind, sondern veränderbares Zwischenergebnis eines kontinuierlichen Entwicklungsprozesses; deshalb wird hier von Organisationsentwicklung[9] gesprochen. Die Dynamik basiert auf der Notwendigkeit organisatorischer Flexibilität, die aus folgenden Gründen relevant ist:

- Die externen Anforderungen, auf die die organisatorischen Strukturen orientiert sein sollten, können sich verändern. Dies kann durch das Interesse der Kunden an der Vielfalt von Angeboten oder durch die Dynamik von Kundenwünschen oder von Mitbewerbern verursacht werden. Ebenso ändern sich betriebsinterne Bedingungen, etwa im Falle von Personalwechsel, bei terminlichen Engpässen, beim Ausfall von Ressourcen oder durch Veränderungen des Betriebsklimas.

- Die optimale Koordination arbeitsteiliger Prozesse ist weder antizipierbar noch formalisierbar.[10] Informelles Kommunizieren und Entscheiden sowie gelegenheitsorientiertes Handeln leisten einen wesentlichen Beitrag zur Effektivierung betrieblicher Abläufe und sind Bestandteile persönlichkeitsförderlicher Arbeitsverhältnisse. Selbst bei stark strukturierten Arbeitsabläufen lassen sich diejenigen Anteile, die Improvisationsmöglichkeiten erfordern, nicht eliminieren.

• Organisatorische Strukturen sind mit permanenten Optimierungsanforde-
rungen etwa bzgl. der Verkürzung von Durchlaufzeiten, Erhöhung der Qualität, Minimierung von Lagerbeständen konfrontiert (s. z.b. auch die Gründe
zur Einführung von Workflow-Management-Systemen bei [8]). Hinzu
kommt, daß mit zunehmender Erfahrung bei der Nutzung von Groupware
neue Potentiale zur Optimierung der Arbeits- und Kooperationsbedingungen
erkennbar werden.

2 Anpaßbarkeit

In der Software-Ergonomie wird eine Vielfalt möglicher Inhalte und Formen
von Anpaßbarkeit interaktiver Systeme diskutiert (einen Überblick geben z.b.
[5] und [16]), die bisher jedoch vorrangig auf Einzelplatzsysteme bezogen ist.
Um den Unterschied zu Groupwaresystemen verdeutlichen zu können, wird hier
kurz auf bisherige Konzepte zur Anpaßbarkeit eingegangen.

Der Terminus *Anpaßbarkeit* korrespondiert mit anderen Bezeichnungen, wie
Individualisierbarkeit, Adaptierbarkeit, Steuerbarkeit; er wird in der Software-
Ergonomie so breit verwendet, daß er sämtliche in Abbildung 1 dargestellten
Ebenen von *Konfiguration* bis *Auswahl* umfaßt; in den folgenden Passagen wird
auf der Basis dieses ausgeweiteten Begriffsverständnisses argumentiert, im
Anschluß wird dann wieder eine Fokussierung vorgenommen.

Ausgangspunkt der Forderung (s. z.b. [18]) nach Anpaßbarkeit waren intra-
(etwa Zunahme der Geübtheit) und interindividuelle (z.b. verschiedene Interessen) Differenzen bei den Nutzenden eines Systems. Hierbei stellte sich vor
allem das Problem, daß diese Differenzen, die sich meistens auf das Qualifika-
tionsniveau der Nutzenden und ihre Bedürfnisse beziehen, nicht stabil, sondern
dynamisch sind. Es lassen sich grob gesehen zwei Ansätze gegenüberstellen,
mit deren Hilfe man diesen dynamischen Unterschieden gerecht zu werden
versuchte: Auto-adaptive Systeme, bei denen die Anpassung aufgrund der
Auswertung von Dialoggeschichte automatisch erbracht werden soll, vs. Adaptierbarkeit, bei der der Benutzer die Anpassungsleistung erbringt (s. z.b. [2]).
Ein weiterer Grund für Anpassungserfordernisse ist neben der Unterschied-
lichkeit der Benutzer die Veränderung der Aufgabenstellung bzw. der Bedingungen der Aufgabenbearbeitung. Dies bedeutet, daß interaktive Systeme an die
spezifischen Konstellationen einzelner Aufgaben anpaßbar sein müssen. Anpaßbarkeit hat mittlerweile auch Eingang in Normen zur Dialoggestaltung
gefunden, wobei sichergestellt werden soll, daß sie vom Benutzer vorge-

nommen werden kann: *Steuerbarkeit* [1] und *Controllability* [12] sehen z.B. Auswahlmöglichkeiten bzgl. der Dialogsteuerung in jeweils einzelnen Nutzungssituationen vor, während *Suitability for Individualization* [12] eine Anpassung an individuelle Bedürfnisse und Fähigkeiten anstrebt, die für mehrere Dialogsituationen stabil ist.

Es zeigt sich für Anpassungen, die auf die Bedürfnisse und Aufgaben einzelner Nutzer zugeschnitten sind, daß sie Einfluß auf andere Mitglieder einer Organisationseinheit haben (z.b. bei Arbeitsplätzen mit rotierender Besetzung) und daß Nutzer bei der Durchführung individueller Anpassung u.U. von anderen unterstützt werden; individuelle Anpassungen sind also auch Bestandteile kollektiver Prozesse [18]. Die in dieser Perspektive enthaltene Problemstellung, daß individuell initiierte Anpassungen kollektive Wirkungen haben können,[11] ist insbesondere bei Groupware zu beachten (s. die Ausführungen zu Aushandelbarkeit). Weiterhin sind bei Groupware im Unterschied zu Einzelplatzsystemen folgende Spezifika mit Hinblick auf Anpaßbarkeit relevant:

- Bei Groupware und den damit verbundenen Kooperationsbeziehungen treten Anpassungsanforderungen in den Vordergrund, die nicht auf individuellen Unterschieden basieren, sondern auf der Dynamik der organisatorischen Strukturen (etwa der Koordinationserfordernisse).

- Die genannten Anlässe für Anpassungen verdeutlichen, daß es nicht die Möglichkeiten der Mensch-Computer-Interaktion sind, die vorrangig anzupassen sind, sondern die potentiellen Formen der computer-vermittelten Kooperation und Kommunikation. Die Anpassungsmöglichkeiten müssen sich daher über die Aspekte grafischer Benutzeroberflächen hinausgehend auf kommunikations- und kooperationsrelevante Funktionen beziehen.

- Anpaßbarkeit kann bei Groupware nicht mehr als Individualisierung verstanden werden, da andere Teilnehmer betroffen sein können (z.B. hinsichtlich ihrer Rechte, Flexibilität und Kontrolle bei der Aufgabenbearbeitung etc.). Dies erfordert einen Abstimmungs- oder Aushandlungsprozeß, der vor allem eine automatische Anpassung ausschließt.

Im folgenden werden wir uns auf Anpassung im Sinne der in der Einleitung beschriebenen Abbildung 1 konzentrieren und den Begriff dementsprechend verwenden. Diese Fokussierung ist begründbar: Der mögliche Aufwand für eine notwendige Abstimmung lohnt sich bei der für Arbeitsprozesse und Aufgabentypen vorzunehmenden *Anpassung* eher, als bei der *Auswahl*, die sich nur auf einzelne Aufgaben und Dialogsituationen bezieht. Zum anderen findet Anpassung im Unterschied zu Konfiguration ad hoc in Verbindung mit Nutzungssituationen statt, weswegen ein besonderer Weg der Abstimmung über Zulässigkeit und Form der Anpassung gefunden werden muß, da die betriebsüblichen Formen der Entscheidung (etwa Vorgesetztenentscheid, z.T. auch Abteilungsbesprechungen etc.) hierfür nicht tauglich sind. Es stellt sich die Frage, auf welche inhaltlichen Aspekte sich die Anpassung bei Groupware beziehen kann. Wir unterscheiden[12] Anpaßbarkeit bzgl. des Umgangs mit Informationen (a) gegenüber Anpaßbarkeit hinsichtlich der Art und Weise, wie Groupware-Benutzer sich wechselseitig beeinflussen und aufeinander beziehen (b).

Ad a): Benutzer sollten für bestimmte Aufgabentypen den Informationsgehalt der dabei verwendeten Dokumente anpassen können hinsichtlich:

*   Umfang und Ergänzungen der Information (indem z.B. ein Feld für informelle Kommentare bei Dokumenten in der Vorgangsbearbeitung eingerichtet werden kann),

*   Referenzen (z.B. für bestimmte Dokumente festlegen, daß ein Hinweis auf papierbasierte Unterlagen oder auf zusätzlich vorhandene Zeichnungen gegeben werden kann),

*   Struktur (z.B. sollen die Länge und die Plazierung von Feldern innerhalb von Formularen veränderbar sein),

*   Reduktion des Informationsumfangs (bei Versendung von Dokumenten sollte bspw. für einen bestimmten Personenkreis festlegbar sein, daß sie anonymisiert werden),

*   Transparenz: Die Nutzung von Groupware ist elektronisch protokollierbar und dokumentierbar und somit selbst Quelle verarbeitbarer Informationen, deren Zugänglichkeit in Abhängigkeit von Teilnehmern und Inhalten einschränkbar oder erweiterbar sein sollte.

Ad b): Für die Art, wie sich Groupware-Benutzer aufeinander beziehen, bestehen Anpassungserfordernisse bzgl.:

*   der gegenseitigen Erreichbarkeit (man kann z.B. festlegen, daß E-mail von bestimmten Personen immer umgeleitet wird).

*   der Verteilung von Dokumenten und der Festlegung von Bearbeitungsreihenfolgen (die Reihenfolge, in der Dokumente bei einem bestimmten Vorgang weitergeleitet werden, sollte z.B. veränderbar sein). Anpassung

bedeutet in diesem Zusammenhang insbesondere, daß software-technisch fixierte Koordination, die nicht von den Betroffenen festgelegt worden ist, geändert werden kann.

• der Inanspruchnahme und Gewährung von Zugriffsrechten (so sollte man z.b. festlegen können, daß man auf Dokumente, die man selbst erstellt hat, auch nach deren Weiterleitung noch zugreifen kann; andererseits sollte man den Zugriff auf alle Dokumente verweigern können, für die man bspw. eine Aktualisierung beabsichtigt).

Für die interaktionstechnische Realisierung solcher Anpassungen kann man sich verschiedene Komplexitätsstufen vorstellen, die in Abbildung 2 aufgezählt[13] werden.

---

1) Wahl zwischen zwei Alternativen: Eine Funktion wird aus- oder einge-schaltetet, ein Parameter wird mit JA oder NEIN belegt (z.b.: Zugriff wird gewährt oder verweigert)

2) Spezifizierung von Parameterlisten, wobei die Menge möglicher Werte nicht begrenzt sein muß (z.b. Aufbau von Listen für Gruppenempfänger oder Selektionskriterien bei E-mail)

3) Vorbereitung der Aktivierung einer Menge von Funktionen, die bei be-stimmten Aktionen anderer Teilnehmer automatisch aufgerufen werden (z.b. automatisches Ausfiltern von E-mail bestimmter Absender)

4) (Um-) Strukturierung (etwa von Formularen) und Indizierung (Kenn-zeichnung von Textfeldern, etwa solche mit Personenbezug)

5) Einfügen neuer statischer Objekte (z.b. erläuternde Texte oder Grafiken)

6) Veränderung von Programmen (wenn z.b. mit Hilfe einer einfachen Pro-grammiersprache die Reihenfolge einer Vorgangsbearbeitung beschrieben wird)

7) Bildung von Makros

8) Neuerstellung von Programmen

Abb. 2: Komplexitätsstufen technischer Möglichkeiten der Anpassung

Die Umsetzung von Anpassungen im hier skizzierten Sinne kann auf Wider-stand stoßen. Da die Anpassung von einzelnen Benutzern ausgeht und längere Zeit stabil ist, kann sie dem Standardisierungsinteresse von Organisationen entgegenstehen. Außerdem kann sie den Interessen anderer Teilnehmer an der Groupware-Nutzung widersprechen und zwar in Abhängigkeit von

- deren Rolle als Nutzer (Sender vs. Empfänger, Erzeuger vs. Rezipient von Dokumenten etc.; z.b. wenn ein Empfänger die Nachrichten eines bestimmten Senders prinzipiell aussortiert),

- der Rolle in Abhängigkeit von der Aufbauorganisation (wenn z.b. die Reihenfolge einer Vorgangsbearbeitung entgegen dem Instanzenweg geändert wird),

- der Arbeitsbelastung (wenn ein Teilnehmer z.b. ein Formularfeld einrichtet, das ein anderer nicht ausfüllen will),

- der sozialen Situation (wenn z.b. die Transparenz von Bearbeitungszeiten nicht gewünscht wird),

- von ihrer Qualifikation (wenn einheitliche Kommunikationsbedingungen erwartet werden).

Zur Auflösung solcher Konflikte müssen Möglichkeiten geboten werden, um gegenüber Anpassungen ein Veto einzulegen oder ihre Abänderung geltend zu machen. Dies ist mit dem Grundsatz der Aushandelbarkeit erreichbar.

3 Aushandelbarkeit

Aushandelbarkeit soll für die Groupware Möglichkeiten offerieren, daß Anpassungen von den Betroffenen abgelehnt, angenommen, modifiziert und/oder kommentiert werden können. Voraussetzung hierfür ist es, daß bei der Konfiguration festgelegt wird, für welche Systemeigenschaften Anpassungsmöglichkeiten in Verbindung mit Aushandlung möglich sind. Weiterhin muß im System ein Mechanismus implementiert sein, der anhand konkreter, konfigurierbarer Vorgaben erkennt, wann eine Aushandlungsmöglichkeit zu offerieren ist. Bei Anpassungen auf der Komplexitätsstufe 1) bis 3) (s. Abbildung 2) kann das aufgrund der Eigenart der angestrebten Funktionsalternativen oder anhand der Spezifizierung der Parameter geschehen, wenn z.b. bestimmte Grenzwerte überschritten werden oder direkt die Adressen von betroffenen Teilnehmern als Parameter dienen. Bei den höheren Stufen kann die Auslösung der Aushandlung nur entschieden werden, indem man prüft, ob jemand ein Objekt oder eine Funktion ändert, zu dessen Änderung oder Verwendung auch ein anderer Teilnehmer das Recht hat. Der Einsatz von Aushandelbarkeit ist insbesondere sinnvoll, wenn bei der (Re-)Konfiguration zwischen verschiedenen Alternativen gewählt werden muß und die konfigurierende Abteilung nicht anhand sicherer Entscheidungsgrundlagen antizipieren kann, welche Wahl die günstigste ist. Dann kann man eine Alternative als Vorschlag implementieren und den Nutzern durch Aushandelbarkeit die Möglichkeit eröffnen, dieser Alternative zuzustimmen oder eine andere zu wählen.

Abb. 3: Dialogbox zur Ermöglichung von Aushandlung

Das Funktionsprinzip der Aushandelbarkeit wird im folgenden beschrieben, indem dargestellt wird, wie ein Aushandlungsprozeß ablaufen kann. Wenn eine aushandlungsrelevante Anpassung vorgenommen wird, so stellt sich zunächst die Frage, wann die Aushandlung dem/den Betroffenen angeboten werden sollte: Bei der Durchführung einer Anpassung (z.B. Festlegung, daß E-mails mit einem bestimmten Stichwort künftig aussortiert werden sollen), bei der Aktivierung der angepaßten Funktion (z.B. in dem Moment, in dem die E-mail aussortiert wird) oder nach der Aktivierung (dann, wenn der Betroffene die Nachricht entgegennimmt, daß seine E-mail aussortiert wurde).

Bei synchronen Medien, bei denen die Wirkung einer durch Anpassung veränderten Funktion synchron zu ihrer Aktivierung erfahren wird (z.B. bei WYSIWIS), kann die Aushandlung auch im gleichen Moment ausgelöst werden. Bei asynchronen Medien ist die Erreichbarkeit des Betroffenen im Moment der Aktivierung einer angepaßten Funktion nicht gewährleistet: Daher ist es sinnvoll, die Aushandlung bei der Durchführung der Anpassung vorzunehmen. Nur wenn der Kreis der Betroffenen nicht identifizierbar oder zu groß ist, dann ist die Aktivierung der Funktion abzuwarten, damit der Aufwand der Aushandlung auf die tatsächlich Betroffenen eingeschränkt werden kann. Unter Umständen wird dann eine Aushandlung im nachhinein notwendig.

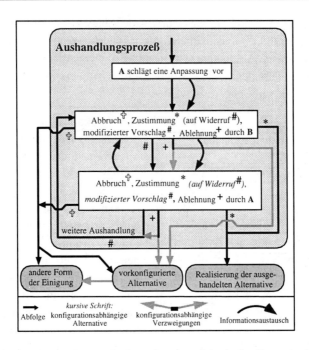

Abb. 4: Abfolge der Entscheidungsalternativen beim Aushandlungsprozeß

Wenn ein Aushandlungsprozeß gestartet wird, dann werden dem Betroffenen (kurz B genannt) Informationen und Handlungsoptionen angeboten, die in Abbildung 3 exemplarisch dargestellt sind. Die Dialogbox enthält eine Tafel, durch die über Anlaß und Art der Anpassung bzw. über die anstehende Aktivierung der angepaßten Funktion informiert wird. Zusätzlich können der Aktivierende (kurz A genannt) und der Betroffene Kommentare in die Dialogbox einfügen. Stimmt B zu, so wird A's Vorschlag gegenüber B umgesetzt (s. Abbildung 4). B kann allerdings auch nur bis auf Widerruf zustimmen. Es wird dann ein Verweis auf den Aushandlungsprozeß abgespeichert, so daß die Zustimmung zu einem späteren Zeitpunkt widerrufen werden kann. A muß zu dieser Widerrufsmöglichkeit ein weiterer Aushandlungsschritt eröffnet werden. B kann außerdem die Aushandlung abbrechen (z.B. weil er einen anderen Weg der Klärung vorzieht) oder A's Vorschlag ablehnen.

In beiden Fällen wird eine Alternative realisiert, die bei der Konfiguration für den Fall der Nicht-Einigung defaultmäßig festgelegt ist. Für jede einzelne Anpassungsmöglichkeit ist festzulegen, ob im Falle von Abbruch oder Ablehnung dem Wunsch von A oder von B entsprochen wird oder ob eine Kompromißlösung (z.B. eine zeitlich begrenzte Durchführung der Anpassung) umgesetzt wird. Der Unterschied zwischen Abbruch und Ablehnung besteht darin, daß nur im Fall der Ablehnung für A die Möglichkeit vorgesehen werden kann, weiter auszuhandeln (s. Abbildung 4). B hat weiterhin die Möglichkeit, A's Anpassungsvorschlag zu modifizieren, indem er seine Vorstellungen in einem Kommentar erläutert und sich über das Schaltfeld "Darstellung" (s. Abbildung 3) den zu verändernden Systemausschnitt anzeigen läßt, um seine Modifikation direkt auszuführen. Für den Fall der Modifikation, muß A auf jeden Fall einen Aushandlungsschritt gewährt bekommen.

A hat in Abhängigkeit von der Konfiguration sowie von B's Entscheidung die Option, selbst einen Aushandlungsschritt zu nutzen. Wenn A seinerseits ablehnt oder modifiziert, kann eine nochmalige Stellungnahme von B abgefordert werden, wodurch eine mehrschleifige Aushandlung etabliert wird. Ansonsten führen A's Reaktionen zu einer Beendigung der Aushandlung.

Im Rahmen der Konfiguration können verschiedene Alternativen (verzweigte Pfeile und kursive Schrift in Abbildung 4) für die mögliche Abfolge der Aushandlung festgelegt werden, von denen es abhängt, ob die Aushandlung terminiert oder ob A bzw. B Entscheidungsmöglichkeiten offenstehen, die zu einer Fortsetzung der Aushandlung führen. Darüber hinaus sind geeignete Maßnahmen zu finden, damit niemand den gleichen Vorschlag mehrmals zur Aushandlung bringen kann. Außerdem ist über die Aushandlungsdialogbox sicherzustellen, daß A und B über die Reaktion des jeweils anderen informiert werden.

Beispiel zu Aushandelbarkeit

Ein Teilnehmer (A) beabsichtigt, künftig alle E-mails eines anderen (B) auszufiltern, deren Betreff-Einträge nicht in einer (begrenzten) Liste enthalten sind, die an B übermittelt wurde. Diese Absicht wird B über eine Dialogbox mitgeteilt. Falls B sein Einverständnis signalisiert, wird die Filterung aktiviert. B kann auch als Modifkation vorschlagen, daß die Liste um fünf Einträge erweitert wird. Bei Zustimmung durch A wird die Liste erweitert. A kann im Falle mehrschleifiger Aushandlung B's Vorschlag für fünf weitere Einträge nach Streichung von zwei Einträgen zurücksenden usw. Falls es zu keiner Einigung kommt, wird eine vorab festgelegte Entscheidung für den Konfliktfall realisiert: z.B., daß die Filterung nicht möglich ist oder nach einer Woche automatisch aufgehoben wird.

Die hier beispielhaft dargestellte Interaktionstechnik für Aushandelbarkeit beinhaltet ein wesentliches Prinzip: Die Aushandlung ist mit demselben Medium

und innerhalb derselben Anwendung durchzuführen, auf die sich der Konflikt
bezieht. Durch die so erreichbare Vermeidung von Medienbrüchen und durch
geeignete software-ergonomische Gestaltung muß es möglich werden, daß die
Aushandlung für den Betroffenen weniger Aufwand und Belastung bedeutet, als
wenn er sich mit einer für ihn nachteiligen Anpassung seitens eines anderen
Teilnehmers abfindet. Die Nutzung desselben Mediums darf jedoch nicht zum
Muß werden; es ist organisatorisch sicherzustellen, daß auch andere Wege -
etwa direkte Kommunikation - gefunden werden können, um sich zu einigen.

4   Ausblick: Mögliche Einflüsse von Aushandelbarkeit auf die Organisationsentwicklung

Anpaßbarkeit und Aushandelbarkeit sind software-ergonomische Grundsätze,
die eine individuell initiierte Veränderung software-technischer Systeme
ermöglichen, die kollektiv abgestimmt wird und kollektiv wirkt. Somit werden
Kooperations- und Kommunikationsmöglichkeiten beeinflußbar, wodurch
organisatorische Regelungen verfestigt, verändert oder verfeinert werden
können. Da sich Aushandelbarkeit noch nicht im Einsatz befindet, können
mögliche Formen ihrer Wirkung auf die Organisationsentwicklung nur prospek-
tiv abgeschätzt werden. Dabei sind zwei Tendenzen unterscheidbar: Zum einen
kann es sein, daß mit der Aushandlungsdialogbox meistens nur Zustimmung
oder Abbruch veranlaßt wird, ohne daß sie für eine Aushandlung im
eigentlichen Sinne genutzt wird (a); zum anderen kann Aushandlung regelmäßig zur Ablehnung oder Modifizierung von Anpassungsvorschlägen eingesetzt werden (b).

Ad a): In diesem Falle dient die Dialogbox zumindest dazu, daß Betroffene eine
Anpassung zur Kenntnis nehmen können. Die Nicht-Nutzung der Aushand-
lungsmöglichkeiten kann verschiedene Ursachen haben:

1. Für jeden Einzelfall wird die vorgeschlagene Veränderung als sinnvoll er-
    kannt und daher Einverständnis signalisiert. Bei dieser Konstellation kann
    das Angebot von Aushandelbarkeit die Akzeptanz für derartige Anpassun-
    gen der Systemeigenschaften erhöhen, da man weiß, daß man hätte wider-
    sprechen können.[14]

2. Eine hierarchieorientierte Verhaltensweise oder die (berechtigte) Sorge vor
    Sanktionen: Vorgesetzte könnten unter solchen Bedingungen dazu neigen,
    Aushandlung generell abzubrechen, während hierarchisch untergeordnete

Stelleninhaber generell zustimmten, wenn ein Anpassungsvorschlag von einer übergeordneten Stelle käme. Dies wäre dann ein Beispiel dafür, daß die den Einsatz von Groupware begleitenden organisatorischen Maßnahmen nicht so ausgelegt wurden, daß das Potential von Anpaßbarkeit und Aushandelbarkeit für die Organistionsentwicklung genutzt werden könnte.

3. Sofern Aushandlung ausbleibt, weil es mit Hinblick auf einzelne Systemeigenschaften nicht zu Anpassungvorschlägen kommt, kann dies als Anzeichen gewertet werden, daß sich Entscheidungen im nachhinein als angemessen erweisen, die im Verlauf der Konfigurierung auf noch unsicherer Grundlage getroffen werden mußten.

Ad b): Es kann sich zeigen, daß (1) zu Beginn einer Groupware-Nutzung sehr häufig Anpassungen vorgenommen und ausgehandelt werden und sich nach einiger Zeit ein stabiler Zustand einstellt, nachdem sukzessive organisatorische Regelungen verfeinert und auf spezifische Bedingungen einzelner Kooperationskonstellationen abgestimmt wurden. Dies kann als eine Form partizipativer Organisationsentwicklung für Detailregelungen angesehen werden. Es könnte sich jedoch auch ergeben, daß (2) ständig angepaßt und ausgehandelt wird, ohne daß ein stabiler Zustand eintritt oder die Anlässe für die Anpassung klar erkennbar wären. Dies müßte als Hinweis interpretiert werden, daß eine Veränderung der organisatorischen Strukturen und der Konfiguration erforderlich sein kann oder daß die Kooperation von Konflikten geprägt wäre. Letzteres würde insbesondere dann gelten, wenn Aushandlung einerseits häufig abgelehnt oder abgebrochen würde, aber andererseits ständig neue Anpassungsversuche aufträten. Es wäre auch möglich, daß (3) kein stabiler Zustand erreicht würde, weil via Anpassung und Aushandlung, aufgrund nachvollziehbarer Anlässe, ein Pendeln zwischen einer überschaubaren Zahl von Systemzuständen stattfände. Dieser Prozeß wäre als eine dynamische Organisationsanpassung an einen sich regelmäßig verändernden Kontext interpretierbar.

Die Möglichkeit des beschriebenen Einflusses von systembasierter Aushandlung verdeutlicht, daß Anpassung und Aushandelbarkeit nicht nur die Entwicklung menschengerechter Software, sondern auch menschengerechter Organisationsformen erlauben. Es wird mindestens potentiell die Chance eröffnet, daß sich alle Teilnehmer am Prozeß der Organisationsentwicklung beteiligen oder Erfahrungen sammeln, die eine solche Beteiligung ermöglichen. Aushandelbarkeit darf dabei jedoch nicht als isoliertes Konzept realisiert werden, sondern muß in geeignete Organisationsstrukturen integriert werden, die eine partizipative Orientierung bei der Koppelung organisatorischer und technischer Innovation erlauben.

5 Anmerkungen

1   Der hier dargestellte Ansatz basiert auf Forschungsarbeiten eines BMFT-geförderten Projektes (Programm Arbeit und Technik) zu Gestaltungsanforderungen bei vernetzten Systemen. Das Projekt ging von der Idee aus, daß es Probleme bei der Übertragung software-ergonomischer Grundsätze auf Groupware gibt [9] und daß sich dabei Anforderungen zur Bewahrung von Dispositionsspielräumen ergeben [10]. Die Ergebnisse des Projektes sind in [6] dargestellt.

2   Unter Software-Ergonomie wird hier ein interdisziplinäres Fachgebiet verstanden, das bei der Gestaltung interaktiver Systeme sowohl eine effektive als auch menschengerechte Benutzbarkeit anstrebt. *Menschengerecht* bedeutet in diesem Zusammenhang, daß die Arbeit an interaktiven Systemen einerseits belastungsoptimierend, (Vermeidung von Fehlbeanspruchungen durch Unter- und Überforderung) und andererseits persönlichkeitsförderlich ist (zu den Kriterien humaner Arbeitsgestaltung s. z.B. [20]).

3   Eine Erweiterung im Sinne von Groupware ist mit dem Konzept der *semistructured Messages* gegeben (vgl. [13]). Semi-structured Messages erlauben es, Teile einer zu übersendenden Nachricht so zu strukturieren, daß sie vom Empfänger leicht einsortiert oder gefiltert werden können. Für die arbeitsorientierte Gestaltung von E-mail sind insbesondere betriebliche Anwendungen von Interesse, da sie im Rahmen einer Organisationsentwicklung regelbar und konfigurierbar sind.

4   Einen Überblick zu verschiedenen Anwendungen geben zahlreiche Konferenzbände, u.a. das International Journal of Man-Machine Studies (Feb. und March 1991); im deutschsprachigen Raum z.B. [15].

5   Im folgenden werden mit der Bezeichnung 'Teilnehmer' alle diejenigen angesprochen, die Zugang zu einem bestimmten Groupware-System haben und es nutzen können. Diejenigen, die zu einem gegebenen Zeitpunkt aktuell an einem System arbeiten, werden als Nutzer bezeichnet. Wer eine Funktion aufruft wird als Aktivierender angesprochen und diejenigen, auf die die Funktion wirkt, als Betroffene.

6   *Globale Funktionen* sind solche, die in jedem Fall zu anderen Teilnehmern eine Verbindung aufbauen und/oder deren Handlungsmöglichkeiten beeinflussen. *Lokale Funktionen* (z.B. Wahl eines Zeichensatzes für ein Dokument) sind solche, die sich zunächst nur auf den Arbeitsbereich des Nutzers auswirken, der sie aktiviert und die nur dann auf andere Einfluß haben, wenn ihr Ergebnis von einer globalen Funktion genutzt wird (z.B. Weiterleitung des Dokumentes).

7   Unter *organisatorischen Strukturen* wird sowohl die Zuordnung von
    Zuständigkeiten, Rechten und Pflichten zu Abteilungen, Stellen und
    Personen verstanden als auch die Festlegung von Informationsflüssen, von
    Bearbeitungsreihenfolgen sowie die Arbeitsteilung zwischen betrieblichen
    Stellen bei der Durchführung von Arbeitsprozessen. Unter einem Arbeits-
    prozeß (z.b. Bearbeitung von Anträgen, Bestellungen, Ausarbeitung von
    Plänen oder Entwürfen etc.) wird hier die Abfolge von Aufgaben-
    bearbeitungen verstanden, die der Erreichung betrieblicher Ziele dienen
    (auch Vorgänge genannt). Im Unterschied hierzu faßt ein Aufgabentyp (z.b.
    Nachrichten versenden, Informationen vervollständigen, Eintragungen
    kontrollieren etc.) einander ähnliche Aufgaben zusammen, deren
    Gemeinsamkeit sich aus der Art der Tätigkeit ergibt.

8   Hierzu ein Beispiel: Ein Kundenbetreuer erkennt, daß nach Ablauf eines
    bestimmten Zeitraums die von ihm angebotenen vertraglichen Konditionen
    nicht mehr gültig sind. Er möchte die termingerechte Fertigstellung der
    Verträge kontrollieren, die mit einem Workflow-Management-System er-
    folgt. Deshalb paßt er das System für den betreffenden Zeitraum so an, daß
    ihm der Bearbeitungsfortschritt zu den einzelnen Verträgen täglich
    angezeigt wird.

9   Der Begriff Organisationsentwicklung wird hier intuitiv verwendet, ohne
    die dahinterstehenden Ansätze differenziert zu würdigen. Eine theoretische
    Vertiefung mit Hinblick auf Groupware findet sich bei [6].

10 Neuere Auseinandersetzungen mit der Künstlichen-Intelligenz-Forschung
    haben ergeben, daß die Organisation von Expertenarbeit nur durch eine
    enge Koppelung von geregeltem mit ungeregeltem Handeln erfolgreich sein
    kann [21], woraus man den Schluß ziehen kann, daß diesbzgl. Forma-
    lisierungen immer revisionsbedürftig sind und flexibel anpaßbar sein
    müssen. Dieses Ergebnis ist unseres Erachtens auch auf solche Sach-
    bearbeitungstätigkeiten übertragbar, im Rahmen derer Entscheidungen für
    Fälle getroffen werden müssen, die nicht in den Routinebetrieb einzuordnen
    sind.

11 [14] beschreibt für Groupware eine gelungene Differenzierung zwischen
    kollektiv vs. individuell initiierten und kollektiv vs. individuell wirkenden
    Anpassungen.

12 Die hier verwendete Differenzierung ist in Anlehnung an eine Systemati-
    sierung von software-ergonomischen Gestaltungsgrundsätzen bei Group-
    ware entstanden [11].

13 Ähnliche Aufteilungen, die die hier wiedergegebene Systematik inspirier-
    ten, finden sich bei [3] und [14].

14 Bei der Durchführung einer Befragung ließ sich signifikant zeigen, daß
    Szenarien zur Groupware-Nutzung und -Anpassung weniger divergent aus
    der Sicht unterschiedlicher Nutzungsrollen (Aktivierende vs. Betroffene)
    beurteilt werden, wenn Aushandlungsmöglichkeiten in den Szenarien
    enthalten sind (s. [19]).

6   Literatur

[1]   DIN 66234/8 Deutsches Institut für Normung e.V. (Hrsg.): DIN 66234
        Teil 8. Grundsätze ergonomischer Dialoggestaltung. Berlin 1988.

[2]   Friedrich, J.: Adaptivität und Adaptierbarkeit informationstechnischer
        Systeme in der Arbeitswelt - zur Sozialverträglichkeit zweier Paradig-
        men. In: Valk, R. (Hrsg.): GI - 18. Jahrestagung. Heidelberg u.a. 1991,
        S.178-191.

[3]   Arbeitskreis Software-Ergonomie Bremen: Eigenprogrammierung als
        Unterstützung individueller Systemanpassung. In: Ackermann, D.; Ulich,
        E. (Hrsg.): Software-Ergonomie '91. Stuttgart 1991, S.262-270.

[4]   Greenberg, S.: Personizable Groupware: Accomodating individual roles
        and group differences. In: Bannon, L.; Robinson, M.; Schmidt, K. (Eds.):
        Proceedings of the Second European Conference on Computer Supported
        Cooperativ Work. Amsterdam 1991, S.17-31.

[5]   Haaks, D.: Anpaßbare Informationssysteme. Auf dem Weg zu aufgaben-
        und benutzerorientierter Systemgestaltung und Funktionalität. Göttin-
        gen/Stuttgart 1992.

[6]   Hartmann, A.: Integrierte Organisations- und Technikentwicklung - ein
        Ansatz zur sach- und bedürfnisgerechten Gestaltung der Arbeitswelt. In:
        Hartmann, A.; Herrmann, Th.; Rohde, M.; Wulf, V. (Hrsg.):
        Menschengerechte Groupware. Software-ergonomische Gestaltung und
        partizipative Umsetzung. Stuttgart 1994, S. 300-329.

[7]   Hartmann, A.; Herrmann, Th.; Rohde, M.; Wulf, V. (Hrsg.):
        Menschengerechte Groupware. Software-ergonomische Gestaltung und
        partizipative Umsetzung. Stuttgart 1994.

[8]   Hasenkamp, U.; Syring, M.: Konzepte und Einsatzmöglichkeiten von
        Workflow-Management-Systemen. In: Kurbel, K. (Hrsg.) Wirtschafts-
        informatik. Heidelberg 1993.

[9]   Herrmann, Th.: Grenzen der Software-Ergonomie bei betrieblichen
        ISDN-Systemen. In: Valk, R. (Hrsg.): GI - 18. Jahrestagung. Heidelberg
        u.a. 1988, S. 521-532.

[10]   Herrmann, Th.: Dispositionsspielräume bei der Kooperation mit Hilfe
        vernetzter Systeme. In: Frese, M.; Kasten, Chr.; Skarpelis, C.; Zang-
        Scheucher, B. (Hrsg.): Software für die Arbeit von morgen. Berlin u.a.
        1991, S. 87-68.

[11]   Herrmann, Th.: Grundsätze ergonomischer Gestaltung von Groupware.
        In: Hartmann, A.; Herrmann, Th.; Rohde, M.; Wulf, V. (Hrsg.):
        Menschengerechte Groupware. Software-ergonomische Gestaltung und
        partizipative Umsetzung. Stuttgart 1994, S. 65-108.

[12]   ISO 9241: Ergonomic requirements for office work with visual display
        terminals (VDTs) Teil 10: Dialogue Principles. 1st DIS, Feb 2, 1993.

[13]   Malone, T. W.; Grant, K. R.; Lai, K.-Y.; Rao, R.; Rosenblitt, D.: Semi-
       structured Messages are Surprisingly Useful for Computer-Supported
       Coordination. In: Greif, I. (ed.): CSCW: A Book of Readings. Morgan-
       Kaufmann, San Mateo 1988, S. 311-334.

[14]   Oberquelle, H.: Situationsbedingte und benutzerorientierte Anpaßbarkeit
       von Groupware. In: Hartmann, A.; Herrmann, Th.; Rohde, M.; Wulf, V.
       (Hrsg.): Menschengerechte Groupware. Software-ergonomische Gestal-
       tung und partizipative Umsetzung. Stuttgart 1994, S. 31-50.

[15]   Oberquelle, H. (Hrsg.): Kooperative Arbeit und Computerunterstützung.
       Stand und Perspektiven. Göttingen, Stuttgart 1991.

[16]   Oppermann, R.: Ansätze zur individualisierten Systemnutzung durch ma-
       nuell und automatisch anpaßbare Software. In: Frese, M.; Kasten, Chr.;
       Skarpelis, C.; Zang-Scheucher, B. (Hrsg.): Software für die Arbeit von
       morgen. Berlin u.a 1991, S. 81-92.

[17]   Paetau, M.: Systemanpassung als Kooperationsproblem. In: Ackermann,
       D. Ulich, E. (Hrsg.): Software-Ergonomie '91. Stuttgart 1991, S. 281-290.

[18]   Rich, E.: Users are individuals: individualizing user models. In: IJMMS
       (1983) 18, S. 199-214.

[19]   Rohde, M.: Evaluationsstudie zum Konzept gestufter Metafunktionen. In:
       Hartmann, A.; Herrmann, Th.; Rohde, M.; Wulf, V. (Hrsg.): Menschen-
       gerechte Groupware. Software-ergonomische Gestaltung und partizipa-
       tive Umsetzung. Stuttgart 1994, S. 151-172.

[20]   Ulich, E.: Arbeitspsychologie. Stuttgart 1991.

[21]   Wehner, J.: Expertensysteme und die Organisierung von Expertenarbeit.
       In: Becker et al. (Hrsg.): Abschlußbericht des Verbundes "Veränderung-
       en der Wissensproduktion und -verteilung durch Expertensysteme".
       GMD 1994, S. 23-48.

[22]   Weltz, F.: Die Zeitbombe tickt - Konfliktpotentiale beim Einsatz neuer
       Bürotechnik. In: Technische Rundschau 38 (1987), S. 50-57.

TEIL IV

*Praktische Aspekte der Einführung
von CSCW-Systemen*

Birgit Jordan

Praxisbericht:
Einführung einer ganzheitlichen Kreditbearbeitung

Zusammenfassung

Durch den Einsatz einer elektronischen Vorgangssteuerung bei der Kreditbearbeitung können erhebliche Produktivitätssteigerungen erzielt werden. Im Rahmen der Einleitung wird die besondere Problematik der Kreditbearbeitung erläutert und anschließend im Projektumfeld beschrieben. Aufgrund der Komplexität einer ganzheitlichen Kreditbearbeitung muß ein Phasenplan zur Vorbereitung, Umsetzung und Einführung der Lösung entwickelt werden. Dieser Phasenplan und seine konkrete Umsetzung in einem Projekt bei der Volksbank Ludwigsburg e.G. werden im Hauptteil des Papiers vorgestellt. Dabei wird der Ablauf des Projekts von der Organisationsanalyse bis zum Produktiveinsatz beschrieben. Anschließend wird eine Bewertung des Projekts vorgenommen.

1 Einleitung

Die Kreditbearbeitung und -verwaltung gehört zu einem typischen Arbeitsfeld in einer Bank, welches unter Berücksichtigung der bestehenden Ineffizienzen von Informations- und Kommunikationsbeziehungen erhebliche Produktivitätspotentiale eröffnet, deren Ausschöpfung durch die Nutzung aktueller CSCW-Technologien möglich ist. Dafür sprechen insbesondere die bei der Abwicklung von Kreditengagements bestehenden Normierungsmöglichkeiten für die stets wiederkehrenden und damit leicht automatisierbaren Arbeitsabläufe. Der hohe Aufwand für die Abwicklung von Kreditengagements und die Ineffizienzen in der Sachbearbeitung kam auch in Untersuchungen der Deutschen Sparkassenorganisation zum Ausdruck, die für den Zeitraum zwischen der Neuakquisition eines Firmenkredites bis zu dessen Bewilligung Liegezeiten von bis zu 16 Arbeitstagen ermittelten, welche im Verhältnis zu einer effektiven Bewilligungszeit von zwei bis dreieinhalb Stunden pro Kreditengagement - ohne Einbezug von Liegezeiten - standen. Darüber hinaus deckten die Sparkassen erhebliche Mißverhältnisse bei der Aufgabenverteilung in den Kreditabteilungen auf, die ebenfalls Anstöße zu einer Modernisierung gaben.

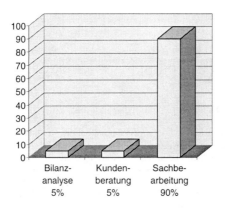

Abb.1: Aufgabenverteilung in der Kreditabteilung (Quelle: DSGV 1988, zitiert nach Kunze)

Inhaltlich setzt die Computerunterstützung in der Kreditsachbearbeitung bisher vor allem bei der Ausführung von Routinetätigkeiten in Form von Schreib-, Rechen-, Verwaltungs-, Informations- und Kommunikationsaufgaben an, die mit folgenden Schwachstellen verbunden sind:

- Mehrmalige Überarbeitung von Korrespondenzvorgängen
- Mehrfache Erfassung von Kunden- und Geschäftsangaben
- Aufwendige Archivierungsprozesse

- Mangelhafte Kontrolle von Limits und Terminen
- Zeitintensive Analyse und Informationssuche.

So kann z.b. die Abwicklung von Kreditengagements unterstützt werden, indem die Antragsbearbeitung weitgehend durch Fragekomplexe gestützt und der Kreditsachbearbeiter damit auf Bearbeitungsfehler aufmerksam gemacht wird. Durch den Einsatz einer automatisierten Vorgangssteuerung, die eine aufgaben- oder bedingungsabhängige Automatisierung bestimmter Arbeitsschritte in verschiedenen Phasen der Kreditbearbeitung einschließt, steht dem Bankmitarbeiter jederzeit ein Überblick über den aktuellen Stand der Bearbeitung von Kreditfällen zur Verfügung. Dazu gehört z.B. die automatische Wiedervorlage zu bestimmten Terminen.

2 Projektumfeld

Die Volksbank Ludwigsburg e.G. ist durch den Zusammenschluß zweier Institute hervorgegangen und damit zu einer der größten Genossenschaftsbanken in Baden-Württemberg mit vier Niederlassungen, 26 Filialen und 370 Mitarbeitern geworden.

Diese Fusion sowie die positive Entwicklung des Geschäftsverlaufs haben bei der Volksbank Ludwigsburg e.G. zu einer starken Ausweitung des Kreditvolumens sowie der Stückzahlen im Kreditgeschäft geführt. Um dieses Volumen kostengünstig und rationell bearbeiten und verwalten zu können, war eine ganzheitliche EDV-unterstützte Sachbearbeitung notwendig. Zudem war es das Ziel, die aus der seitherig dezentralen Kreditbearbeitung resultierenden unterschiedlichen Arbeitsabläufe zu vereinheitlichen, zu straffen und produktiver zu gestalten und dabei die Sicherheit im Kreditgeschäft zu erhöhen.

Außerdem wurde als wesentlicher Punkt die Schaffung einer ganzheitlichen Lösung betrachtet unter Einbeziehung bestehender lokaler und entfernten Daten sowie der Integration der bestehenden Einzelkomponenten. Dies schließt auch die zukünftige Erweiterung um neue Module ein, so daß die Kreditbearbeitung stets für eine offene und erweiterbare Lösung steht.

Das Projekt zur Einführung einer ganzheitlichen Kreditbearbeitung bei der Volksbank Ludwigsburg e.G. startete im Laufe des Jahres 1992 mit dem Ziel bis Mitte 1994 die Kreditbearbeitung der fusionierten Genossenschaftsbanken zu vereinheitlichen und neu zu organisieren.

Folgende kritischen Faktoren wurden als Rahmenbedingungen für die Realisierung der ganzheitlichen Kreditbearbeitung definiert:

Kritische Faktoren:

Ablaufautomatisierung
Bearbeitungszeit

Einheitlichkeit

Informationsverfügbarkeit

Rechtssicherheit
Vier-Augen-Prinzip
Kompetenzsystem

Dokumentation
Protokollierung

Flexibilität
Einfache Bedienbarkeit

Abb. 2: Kritische Faktoren des Projekts

3   Projektablauf

Analog zu anderen übergreifenden Organisationsmethoden und -tools kann
auch eine prozeßorientierte Vorgangssteuerung (z.b. eine ganzheitliche Kreditbearbeitung) nicht von heute auf morgen eingesetzt werden, sondern bedarf
einer stufenweisen Vorbereitung, Umsetzung und Einführung.

Für die erfolgreiche Einführung ist daher die Einhaltung eines Phasenplanes
(vgl. Abbildung 3) besonders wichtig.

Die organisatorische Betrachtung im Vorfeld eines Projektes ist entscheidend
für dessen späteren Erfolg. Zu Beginn ist eine Organisationsanalyse durchzu-
führen, die die Straffung der Ablauforganisation zum Ziel hat und dadurch die
Voraussetzungen für einen Technikeinsatz schaffen soll. Um die Produktivität
im Bürobereich zu steigern, ist primär nach organisatorischen Maßnahmen zur
Verbesserung der Prozeßabläufe zu suchen - wie beispielsweise dem Abbau von
Arbeitsschritten, einer Aufgabenanreicherung und einer Stellvertreterregelung.
In der Vergangenheit war ein häufiger Schwachpunkt bei Bürokonzepten die
Optimierung von Einzeltätigkeiten und Einzelarbeitsplätzen statt die Geschäfts-
prozesse im ganzen zu betrachten. Daraus folgte häufig eine reine

"Elektrifizierung" ineffizienter Abläufe und die erzielte Produktivitätssteigerung konnte die Erwartungen der Anwender nicht erfüllen.

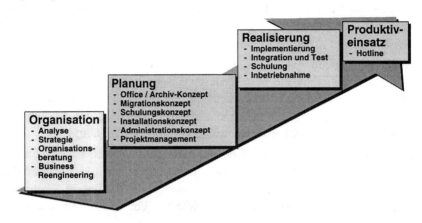

Abb.3: Phasenplan für die Einführung einer prozeßorientierten Vorgangssteuerung

Eines der Ergebnisse einer Organisationsanalyse ist die Auswahl derjenigen Geschäftsprozesse, deren Umsetzung in computerunterstützte Vorgangstypen für die Produktivität im Büro lohnend ist. Dazu eignen sich im allgemeinen alle teilstrukturierten Prozesse, die in mehrere Arbeitsschritte gegliedert sind, die sich über einen längeren Zeitraum verteilen können und die sich von mehreren Bearbeitern mit unterschiedlichen Kompetenzen ausführen lassen.

Beim ersten Einsatz einer elektronischen Vorgangssteuerung ist die Auswahl eines geeigneten Vorgangs für einen Piloteinsatz besonders wichtig, wobei der Umfang dieses Geschäftsprozesses möglichst überschaubar sein sollte und dieser für einen Pilotierungszeitraum nicht direkt an der Wertschöpfungskette des Unternehmens beteiligt sein sollte, um ohne Kosten- und Zeitdruck Erfahrungen mit der neuen Technik sammeln zu können.

Ausgehend von einer nahezu flächendeckenden Verfügbarkeit von Computer-Arbeitsplätzen - und damit einem Zugang zum unternehmensinternen Informationskreislauf - ist die technische Basis für die Beteiligung der Büromitarbeiter an computerunterstützten Geschäftsprozessen heute meist vorhanden. Nun gilt es die wachsende Informationsvielfalt auf das notwendige Maß zu konzentrieren und zu optimieren. Dazu muß der Informationsbedarf jedes Arbeitsplatzes in Bezug auf die Medien- und Informationskombination auf die spezifische Aufgabenstellung abgestimmt werden. Insbesondere bei Vorgängen mit

längerer Laufzeit und starker Arbeitsteilung wächst der Informationsbedarf über
den Verbleib des Vorgangs und den Status der Bearbeitung. Neben den Durchlaufzeiten spielt dabei auch die Teamorganisation eine wichtige Rolle bei der
Optimierung der Ergebnisse, um Koordinationsaufwendungen und redundante
Informations- und Kommunikationsrüstzeiten zu vermeiden.

Eine der elementaren Anforderungen an eine elektronische Vorgangssteuerung
ist deren Integration in die bestehende technische Infrastruktur eines Unternehmens. Dabei ist die Einbindbarkeit von individuellen Anwendungen eine
wesentliche Voraussetzung für eine Arbeitserleichterung hinsichtlich der
Vermeidung von Mehrfacherfassung und Informationsvervielfältigung.

Eine weitere Aufgabe zu Beginn eines Projektes ist die gemeinsame Definition
der verwendeten Begriffe, um von vornherein Mißverständnisse zwischen den
Projektmitarbeitern auszuschließen. Beispielsweise wird der Begriff "Protokoll"
im Rahmen der Kreditbearbeitung abweichend vom Vorgangsprotokoll als
Zusammenfassung aller Kundenkreditdaten definiert.

Eine prozeßorientierte Vorgangssteuerung ist nur dann in der Lage, einen Vorgang erfolgreich abzuwickeln und zu verwalten, wenn zuvor alle Bearbeitungsschritte in ihrer Reihenfolge festgelegt wurden. Diese Vernetzung der
Arbeitsabläufe ist jedoch mit erhöhtem Regelungsbedarf verbunden. Dabei
werden nicht nur schriftlich fixierte Organisationsregelungen, sondern auch
insbesondere Konventionen und stillschweigende Übereinkünfte aufgedeckt.
Ungenauigkeiten und Widersprüche, die bis dato nicht bekannt waren oder
hingenommen wurden, werden offengelegt und müssen vom Management
beseitigt werden. Daraus resultierende Unzufriedenheit der Mitarbeiter muß
daher frühzeitig vermieden werden, indem Beteiligte aus allen betroffenen
Bereichen von Anfang an in das Projekt integriert werden. Die Akzeptanz der
Anwender ist neben der Unterstützung des Managements ein entscheidender
Erfolgsfaktor für das Projekt. Hier muß nicht nur die Finanzierung sichergestellt
werden, sondern auch die Zustimmung für organisatorische Veränderungen
vorhanden sein. Auf diesem Weg kann ein Projekt zur Optimierung von
Arbeitsabläufen innerhalb einer vorgegebenen Zeit zum Erfolg führen.

3.1 Organisationsphase

Um eine objektive Analyse der aktuellen Situation zu ermöglichen, arbeitete die
Volksbank Ludwigsburg e.G. in der Organisationsphase des Projektes mit der
TfU (Team für Unternehmensberatung, Unternehmensberatung der Genossen-

schaftsbanken in Deutschland) zusammen, die sich durch perfekte Branchenkenntnisse und umfangreiche Erfahrungen auf dem Gebiet der Kreditsachbearbeitung auszeichnet.

Die Organisationsphase bestand aus folgenden Aufgaben:

- Aufnahme des Ist-Zustands
- Identifizierung von Geschäftsprozessen
- Stärken-/Schwächen-Analyse
- Ermittlung der kritischen Erfolgsfaktoren
- Entwicklung des Soll-Konzepts.

Die Identifizierung des Geschäftsprozesses "Kreditbearbeitung" konnte aufgrund der Kundenorientierung als die Bearbeitung zwischen Kreditantrag und Auszahlung des Geldes definiert werden.

Die Analyse erstreckte sich auf

- die am Prozeß beteiligten Personen
- die einzelnen Arbeitsschritte
- die Werkzeuge der einzelnen Arbeitsschritte
- die Aufteilung der Bearbeitungszeiten in Rüst-, Transport- und Liegezeiten
- die Informationsbeschaffung für die Ausführung der Bearbeitungsschritte.

Die Kunden sind das Maß, das den Erfolg der Lösung zur Kreditbearbeitung bestimmt. Daher wurden folgende kritische Erfolgsfaktoren bestimmt:

- Sicherheit im Kreditgeschäft
- Einheitlichkeit für Kreditbearbeitung und Bankidentität
- Verbesserung des Kundenservice und Bearbeitungsqualität
- Produktivitätssteigerung
- Einsparung von Kosten.

Bei der Entwicklung des Sollkonzepts (vgl. Abbildung 4) baute man auf diesen kritischen Erfolgsfaktoren auf:

- Durch einen zwingenden Bearbeiterwechsel wird die Erfüllung des Vier-Augen-Prinzips gewährleistet und eine Kreditrevision wird durch die Protokollierung des Ablaufs erleichtert.
- Alle nicht wertschöpfenden Tätigkeiten sollen automatisiert werden.
- Gleichartige Abläufe in der Bank sollen gleichartig behandelt werden. Dabei soll auch der gesamte Schriftverkehr vereinheitlicht und die Formularflut

reduziert werden. Formulare sollen nicht mehr auf Vordrucke erstellt, sondern direkt ausgedruckt werden.

- Durch eine aktuelle Informationsverteilung soll der Verwaltungsaufwand in der Kreditbeabeitung reduziert werden.

- Die Verteilung der aktiven Geschäftsvorfälle soll eine optimale Kapazitätsauslastung berücksichtigen, damit sich die Kreditsachbearbeiter auf ihre originären Aufgaben konzentrieren können. Eine sinnvolle Vertretungsregelung und ein sofortiger Zugriff auf die Kreditakten wird die Bearbeitung wesentlich beschleunigen.

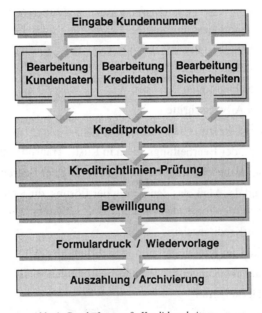

Abb. 4: Geschäftsprozeß: Kreditbearbeitung

3.2 Planungsphase

Nachdem das Sollkonzept, welches gemeinsam von Vertretern der Unternehmensberatung, der Organisationsabteilung, des Vorstands, der Niederlassungsleiter, den Kreditleitern und dem Betriebsrat entwickelt wurde, definiert worden war, mußte man in der Planungsphase prüfen, welche technische Unterstützung zur Realisierung der Lösung notwendig war und welche Produkte für diese Lösung am geeignetesten erschienen.

In dieser Phase wurde die Leistungsfähigkeit von

- Standardlösungen zur Kreditbearbeitung
- Vorgangssteuerungssystemen allgemein

an dem Sollkonzept gespiegelt.

Die Volksbank Ludwigsburg e.G. kam zu dem Schluß, daß zur produktiven Funktionsbereitschaft einer zentralen Kreditbearbeitung in breitem Umfang eine durchgängige Bürokommunikationslösung und ein effektives Vorgangsbearbeitungssystem eingesetzt werden muß.

Aus diesem Grund hat sich die Bank für die Entwicklung einer individuellen Lösung auf Basis von WorkParty® entschlossen. WorkParty ist ein Werkzeug der Siemens Nixdorf Informationssysteme AG zur Beschreibung der Aufbau- und Ablauforganisation, mit dem prozeßorientierte Anwendungen zur Vorgangssteuerung entwickelt werden können.

Die Lösung sollte sich den Bedürfnissen der Kreditsachbearbeiter anpassen, einfach zu warten und flexibel zu erweitern sein. Außerdem sollten Teile der Anwendung im Sinne eines Baukastensystems auch in anderen Bankbereichen eingesetzt werden. Langfristig sollten in der Bank alle Anwendungen gleichartig funktionieren. Die Oberfläche entsprach den aktuellen Anforderungen. Der Bediener sollte die Technik als individuelles Arbeitsgerät empfinden und den elektronischen Schreibtisch seinen Wünschen gemäß anpassen können und nicht umgekehrt.

Außerdem sollte die komplette Aufbau- und Ablauforganisation der Bank zentral definiert werden. Der ausschlaggebende Vorteil von WorkParty besteht darin, daß sich die Lösung an dem organisatorischen Umfeld der Bank orientiert und nicht umgekehrt. Das umfangreiche mehrstufige Kompetenzsystem mußte in der Vorgangsbearbeitung hinterlegt und gepflegt werden.

Entscheidend war außerdem, daß das System leicht auf veränderte Bedingungen angepaßt werden konnte. Die Aktualisierung des Ablaufs sollte schnell und einheitlich erfolgen.

Vor der Detailplanung der Anwendung wurde zunächst ein Prototyp der Anwendung entwickelt und auf einer Hausmesse frühzeitig vor Vorstand, Niederlassungsleitern, Kreditleitern, Firmenkundenberatern, Kreditsachbearbeitern und Betriebsrat präsentiert. Der Erfolg dieser Hausmesse (Präsentationsveranstaltung) war sehr bedeutend. Viele Kreditsachbearbeiter kamen zum erstenmal mit grafischen Oberflächen in Kontakt und bekamen einen ersten Eindruck über die zu erwartende Funktionalität der neuen Lösung. Durch diese Hausmesse wurde eine positive Erwartungshaltung gegenüber dem Projekt erzeugt.

Für die Systementwicklung wurde folgender Stufenplan entwickelt:

- Definition der unternehmensweiten Richtlinien zur Anwendungsentwicklung
- Definition der Aufbau- und Ablauforganisation
- Definition des Office- und Archivkonzepts
- Entwicklung eines Migrationskonzepts
- Entwicklung eines Installations- und Administrationskonzepts
- Definition eines Schulungskonzepts.

Bei der Konzeption der ganzheitlichen Kreditbearbeitung mußte die existierende EDV-Infrastruktur, welche im wesentlichen vom Verbandsrechenzentrum vorgegeben wurde, berücksichtigt werden. Das Verbandsrechenzentrum bestimmt die Nutzung der Großrechner (DV-Verfahren und Datenhaltung) sowie einzelne PC-Anwendungen im Anlagen-, Schalter- und Wertpapierbereich.

3.3 Realisierungsphase

Die Realisierung der Lösung erfolgte durch die Bank mit Unterstützung von Siemens Nixdorf Stuttgart. Die Entwicklung der Bearbeitungsschritte sollte mit PC-Werkzeugen auf Basis einer Makrosprache erfolgen.

Folgende Werkzeuge wurden für die Realisierung der Anwendung eingesetzt:

- ComfoTex® / ComfoForm® zur Text- und Formularbearbeitung
- ComfoMerge® zur Programmentwicklung
- Informix® als Datenbank
- 3270-Emulation zur Anwendung des Verbandsrechenzentrums.

Bevor mit der Entwicklung der Programme zur Implementierung einzelner Bearbeitungsschritte begonnen wurde, erfolgte eine intensive Diskussion über die Ablaufsteuerung der Kreditbearbeitung mit allen beteiligten Bereichen. Der Ablauf sollte so gestaltet sein, daß er entweder direkt in der Kundenberatung oder erst in der Kreditabteilung gestartet werden kann. Der Kreditsachbearbeiter sollte in einem gewissen Rahmen selbst die Reihenfolge der Arbeitsschritte nach seinen Gewohnheiten festlegen können. Außerdem mußte die Anwendung so flexibel gestaltet sein, daß an definierten Abschnitten eine Überarbeitung des Vorgangs möglich wäre, falls sich entscheidende Ausgangsbedingungen (betreffend den Kreditantrag des Kunden) änderten.

Mit dem Betriebsrat wurde schon frühzeitig eine Vereinbarung über die Verwendung der Protokollinformationen des Workflow-Managementsystems getroffen. Auswertungen dieser Daten sollten nur bezogen auf einen Vorgang oder hinsichtlich der Produktivität einer Kreditabteilung ermöglicht werden.

Nachdem dieser Ablauf gemeinsam mit der Definition der Kompetenzenregelung aus der Planungsphase vorlagen, war die eigentliche Erstellung der Anwendung nur noch Routine.

3.4 Produktiveinsatz

In der Kreditabteilung wurden zunächst alle Arbeitsplätze (soweit noch nicht vorhanden) mit PCs ausgestattet. Es wurden dann die technischen Voraussetzungen für den Einsatz von Bürokommunikation geschaffen. Die Anwender wurden in der Nutzung der lokalen Werkzeuge (z.b. Textverarbeitung, Kalkulation) anhand von praktischen Beispielen geschult. Über 60 standardisierte Briefe, welche teilweise auch in der Lösung zur ganzheitlichen Kreditbearbeitung verwendet werden, wurden vorab zur Nutzung zur Verfügung gestellt.

Im nächsten Schritt wurde eine Anwendung zur optischen Archivierung von Kreditakten eingeführt, welche das Papierarchiv ablösen sollte. Der Zugriff auf Inhalte archivierter Akten kann nun direkt von jedem Arbeitsplatz erfolgen.

Darauf aufbauend wurde die erste Stufe der ganzheitlichen Kreditbearbeitung eingeführt. Sie umfaßte die Zusammenfassung aller Daten des Kreditengagements, die automatische Formularerstellung und die automatische Vorgangssteuerung.

Die zweite Stufe der ganzheitlichen Kreditbearbeitung wird die Integration von Branchenapplikationen, eine Datenversorgung aus den Anwendungen des Verbandsrechenzentrums und zusätzliche Funktionen eines Management-Informations-Systems umfassen. Sie befindet sich zur Zeit in der Realisierung.

Begleitet wurde die Einführung des Systems durch kontinuierliche Schulungsmaßnahmen, die den Gesamtablauf als auch die eigentlichen Anwendungsmodule betrafen.

4   Bewertung

Die erfolgreiche Einführung und die Akzeptanz der ganzheitlichen Kreditbearbeitung wurde durch folgende Rahmenbedingungen bestimmt:

1. Die Fusion zweier Genossenschaftsbanken bildete, für alle Mitarbeiter ersichtlich, den Anlaß zu organisatorischen Veränderungen.

2. Eine umfangreiche Organisationsanalyse war die Grundlage für die Gestaltung der Lösung.

3. Alle beteiligten Bereiche wurden frühzeitig in das Projekt mit einbezogen und konnten ihre Erfahrungen in das Lösungskonzept einfließen lassen.

4. Durch die stufenweise Einführung der verschiedenen Lösungskomponenten wurden die Mitarbeiter nicht überfordert.

5. Die Flexibilität der Lösung unterstützt die Individualität des Instituts und des einzelnen Mitarbeiters.

Aus Sicht von Siemens Nixdorf hat sich der Phasenplan zur Einführung einer prozeßorientierten Vorgangssteuerung bewährt und soll auch mit individuellen Anpassungen in weiteren Projekten eingesetzt werden.

Aus Sicht der Bank wurden durch den Einsatz der individuellen Lösung folgende Vorteile erreicht:

- ganzheitliche Kreditsachbearbeitung ohne Medienbruch,

- Integration der Aufbau- und Ablauforganisation,

- die Software wird der Organisation angepaßt, nicht umgekehrt,

- Steigerung der Produktivität durch standardisierte Arbeitsabläufe, integrierte Vertretungsregelung,

- Verkürzung der Bearbeitungszeiten / verbesserte Kapazitätsauslastung,

- Vermeidung unproduktiver Liegezeiten,

- schnelle Informationsweitergabe,

- Verbesserungen bei der Bereitstellung von Informationen für Berater und Sachbearbeiter,

- Vermeidung von Fehlern durch nachvollziehbare Bearbeitungsschritte (Vorgangssteuerung),

- Kostensenkung durch Automatisierung von Routinetätigkeiten / Schriftverkehr,

- Verringerung der Lagerhaltung an Formularen durch elektronische Formularerstellung,

- Erhöhung der Sicherheit durch automatische Kompetenzprüfung und elektronische Genehmigung,

- Reduzierung der Archiv- und Transportkosten durch Einsatz optischer Archivierungsmedien,

- bessere Transparenz durch komfortable Auswertungsmöglichkeiten,

- hohe Flexibilität bei Änderungen im Arbeitsablauf / veränderte rechtliche Vorgaben,

- verbesserte Möglichkeiten im Risikomanagement,

- gleichbleibende, hohe Qualität in der Bearbeitung,

- Benutzerfreundlichkeit durch graphische Bedieneroberfläche ComfoDesk®.

Der Kundenservice konnte durch kürzere Bearbeitungszeiten und eine ständige Auskunftsbereitschaft erheblich verbessert werden.

Die Anwendung zur ganzheitlichen Kreditbearbeitung wurde so offen gestaltet, daß sie auch in Zukunft um zusätzliche Module erweitert oder an aktuelle Markterfordernisse angepaßt werden kann. Die fachliche Verantwortung liegt dabei in den Fachabteilungen während die technische Zuständigkeit der Organisationsabteilung zugeordnet wurde.

Die Bank möchte in Zukunft ihre Lösung auch an andere Institute vermarkten. Durch die Flexibilität der Kreditbearbeitung und dem Werkzeugcharakter des Workflow-Managementsystems kann leicht eine Anpassung an institutsspezifische Parameter erfolgen.

Mit der Realisierung der ganzheitlichen Kreditbearbeitung ist die Volksbank Ludwigsburg e.G. ihrer Konkurrenz einen Schritt voraus, denn die Erfahrungen, welche im Verlauf dieses Projekts hinsichtlich organisatorischer Veränderungen und technischem Wissensstand gewonnen wurden, können nun für weitere Anwendungsgebiete (z.B. Personalwesen) genutzt werden.

5 Anmerkung

WorkParty®, Comfodesk®, Comfotex®, ComfoForm® und ComfoMerge® sind eingetragene Warenzeichen der Siemens Nixdorf Informationssysteme AG. Informix® ist eingetragenes Warenzeichen der Informix Software Inc.

6 Literatur

Haferkorn, J.: Einsatz von Personal Computern in Kreditinstituten. Grundlagen und Fallstudien. Dissertation der Hochschule St. Gallen. Wiesbaden 1991.

Kunze, C.: Betriebswirtschaftliche Herausforderungen für das Kreditgeschäft. In: Betriebswirtschaftliche Blätter (1988) 6.

Mikeska: Workflow Management in der Praxis. In: Tagungsband DIS-Kongreß (Document and Imaging Systems). Utrecht 1994.

Rupietta, W.: Umsetzung organisatorischer Regeln in der Vorgangsbearbeitung mit WorkParty und ORM. In: Hasenkamp, U.; Kirn, S.; Syring, M. (Hrsg): CSCW - Computer Supported Cooperative Work. Bonn u.a. 1994.

Siemens Nixdorf Informationssysteme AG: WorkParty Produktbeschreibung. März 1994.

Widmer: Erfolgsanalyse und Zukunftsstrategien des Bankgeschäfts. Bühler; Kemler; Schuster; von Stein (Hrsg.). Wiesbaden 1989.

Ulrich Klotz

Business Reengineering
- Neukonstruktion statt Schlankheitskur -

Zusammenfassung

Der Begriff 'Business Reengineering' hat in letzter Zeit geradezu eine 'Reengineering'-Euphorie ausgelöst. Diese ungewöhnliche Wirkung ergibt sich aus den ungeahnten Perspektiven, die der Reenginee-
ring-Ansatz durch eine radikale Neuplanung aller betrieblichen Prozesse eröffnet - geradezu sensatio-
nelle Produktivitätssteigerungen verbunden mit einer höheren Motivation der Mitarbeiter.
In der vorliegenden Arbeit wird zunächst dargelegt, daß für eine organisatorische Weiterentwicklung,
im Sinne einer Neuplanung der betrieblichen Prozesse, weniger die formellen Gegebenheiten einer
Unternehmung, als vielmehr die informellen Abläufe und Strukturen eine Schlüsselfunktion einneh-
men. Reengineering setzt dort an, wo verkrustete Hierarchien aufgelöst und durch flexible Netzwerke
ersetzt werden. Ob und inwieweit zeitgemäße Informationstechniken, speziell 'Groupware'-Systeme
diese Art der Weiterentwicklung von Organisationen unterstützen, wird im Hauptteil der Ausführungen erörtert. Eine Betrachtung der Schwierigkeiten und Folgen der Implementierung eines Reenginee-
ring-Konzeptes bildet den Abschluß der Arbeit.

Wer verfolgt hat, wie in den vergangenen beiden Jahren der Begriff 'Lean Production' strapaziert wurde - mehr als 50 deutschsprachige Bücher sind allein
1992/93 zu diesem Thema erschienen -, der dürfte inzwischen bei jedem neuen
Schlagwort aus der US-Managementliteratur erst einmal skeptisch reagieren.
Zumal sich in der Praxis immer wieder herausstellt, daß die neuen Begriffe oft
falsch verstanden und von vielen 'Sparkommissaren' lediglich als willkommene,
weil modern klingende Worthülsen für Personalabbau mißbraucht werden. Ist
also der aktuelle Hit 'Business Reengineering' nicht auch bloß ein neues Etikett
für verkappte Rationalisierungsstrategien alten Stils? Inflationärer Gebrauch
deutet sich jedenfalls schon an: Seit die Apostel der neuen Lehre, MICHAEL
HAMMER und JAMES CHAMPY, mit ihrem Buch 'Reengineering the Corporation'
die Spitzenplätze der US-Bestsellerlisten eroberten, herrscht von der 'Financial
Times' bis zum 'Wall Street Journal' geradezu eine 'Reengineering'-Euphorie.
Kaum übersetzt, wurde die Managementfibel auch unter dem 'deutschen' Titel

'Business Reengineering - Die Radikalkur für das Unternehmen' zum Renner - was also sind die Gründe für dieses ungewöhnliche Echo?

Ausgangspunkt der Überlegungen von HAMMER, CHAMPY und Vorgängern ist die (nicht sonderlich überraschende) Prognose, daß die Zeit der 'Sanierer' über kurz oder lang zu Ende gehen wird - denn Kosten sparen und Personal entlassen bringt höchstens vorübergehende Linderung, aber keine nachhaltige Verbesserung für marode Unternehmen. Deshalb sollte man sich auch nicht durch den deutschen Untertitel 'Radikalkur' irreführen lassen. Beim Reengineering geht es eben nicht nur um eine Kur - mit der man Vorhandenes wieder fit macht, aber nichts grundlegend ändert -, sondern es geht um mehr.

So technisch der Begriff 'Reengineering' anmutet - HAMMER und CHAMPY sind keine Ingenieure, sondern erfolgreiche Consultants, die ihre Aufgabe nicht als technische Problemstellung begreifen. Ähnlich dem Reengineering von Software propagieren sie eine radikale Neuplanung aller betrieblichen Prozesse, wobei nichts oder möglichst wenig übernommen und vorgegeben werden soll. Im Originalton lautet die Botschaft: "Nimm ein leeres Blatt Papier und gestalte alle Prozesse im Unternehmen auf die bestmögliche Weise vollkommen neu ... Business Reengineering bedeutet, daß man sich folgende Frage stellt: 'Wenn ich dieses Unternehmen heute mit meinem jetzigen Wissen und beim gegenwärtigen Stand der Technik neu gründen müßte, wie würde es dann aussehen?' ... Beim Business Reengineering geht es nicht darum, die bestehenden Abläufe zu optimieren ... Die Frage lautet nicht *'Wie* können wir das schneller oder bei geringeren Kosten erledigen?' oder *'Wie* können wir das besser machen?', sondern *'Warum* machen wir das überhaupt?' ... Kennzeichen eines wirklich erfolgreichen Unternehmens ist die Bereitschaft, das aufzugeben, was in der Vergangenheit zum Erfolg geführt hat."

Nicht gerade unbescheiden stellen HAMMER und CHAMPY ihren Ansatz auf eine Stufe mit den epochalen Arbeiten von ADAM SMITH ('Wealth of Nations') und betonen, beim Business Reengineering gehe es um nicht mehr und nicht weniger als um eine Umkehr der industriellen Revolution, die gut zweihundert Jahre kapitalistischen Wirtschaftens durch so zentrale Merkmale wie Arbeitsteilung, Betriebsgrößenvorteile und hierarchische Kontrolle geprägt hat. Letztes Endes bedeutet Reengineering im Unternehmen, daß - so HAMMER und CHAMPY - "die Annahmen des industriellen Paradigmas von ADAM SMITH verworfen werden ... und die Arbeit, die ADAM SMITH und HENRY FORD vor so vielen Jahren in winzige Einzelschritte aufgegliedert haben, wieder zu einem Ganzen zusammengefügt wird."

Große Worte, aber so neu klingt das alles nicht - einige Ideen aus der 'Lean Production'-Diskussion lassen sich unschwer wiedererkennen. Entscheidend ist jedoch - und hierin liegt ein wertvoller Kern des Reengineering-Konzepts -, daß dabei die Unternehmen aus einem anderen Blickwinkel betrachtet werden, als es gemeinhin üblich ist. Nicht die betriebliche *Organisation*, sondern die betrieblichen *Prozesse*, vor allem die Verwaltungs- und Dienstleistungsprozesse, stehen im Mittelpunkt. Den dieser Betrachtungsweise zugrundeliegenden Kerngedanken des Reengineering erläutern HAMMER und CHAMPY so: "Die Probleme der Unternehmen ergeben sich nicht aus ihrer organisatorischen Struktur, sondern aus den Strukturen ihrer Unternehmensprozesse. Wer einen alten Prozeß mit einer neuen Organisation überlagert, gießt vergorenen Wein in neue Flaschen. Unternehmen, die sich allen Ernstes vorgenommen haben, Bürokratien zu zerschlagen, zäumen das Pferd am falschen Ende auf. Nicht die Bürokratie ist das Problem ... Das zugrundeliegende Problem, für das die Bürokratie eine Lösung war und bleibt, ist die Fragmentierung der Prozesse." Dahinter stehen zwei zentrale Erkenntnisse, auf denen der Business Reengineering-Ansatz fußt:

1. Für die Leistungs- und Wettbewerbsfähigkeit einer Organisation ist nicht entscheidend, daß die einzelnen Organisationseinheiten - etwa einzelne Abteilungen - optimal funktionieren. Ausschlaggebend ist allein, was auch Zweck der gemeinsamen Arbeit bzw. der Geschäftsprozesse sein sollte - die Gesamtleistung der Organisation, bzw. der Nutzen für den Kunden.

2. In vielen Fällen sind der Aufwand zur Abstimmung der an einem Geschäftsprozeß beteiligten Fachabteilungen und die bei Weitergabe über die Bereichsgrenzen hinweg entstehenden Reibungsverluste größer als die Ersparnisse durch Spezialisierung und Arbeitsteilung. Statt also einzelne Funktionen effizienter zu gestalten oder durch Technik zu automatisieren, oder statt Bürokratien bloß umzustrukturieren, gilt es, die Ursache für diese bürokratischen Strukturen zu erkennen und zu beseitigen: die Zerteilung von Arbeitsprozessen in eine Vielzahl einzelner, isolierter Aufgaben. Denn erst die damit verbundene Notwendigkeit, die zersplitterten Teilarbeiten zu koordinieren und anschließend alle Teilergebnisse wieder zusammenzufügen, brachte überhaupt die bürokratischen Wasserköpfe hervor.

Betrachtet man die Leistungen einer Organisation als Prozesse und nicht als
Ansammlung von Funktionen, wird einsichtig, weshalb insbesondere die Zer-
schlagung der klassischen Abteilungen zu den zentralen Maßnahmen des Business Reengineering zählt. Abteilungen wirken vielfach nur als künstliche Barrieren im Geschäftsprozeß, da sie ihn unnötig ab-teilen. Aufgrund ihrer Struk-
turbedingten Verluste führen funktionsorientiert gegliederte Organisationen
nach HAMMER, CHAMPY und anderen in eine Sackgasse; sie sehen das Unternehmen der Zukunft als einen Verbund autonom arbeitender Gruppen, die der
herkömmlichen Kontrolle nicht mehr bedürfen. Vor dem Hintergrund dieser
Perspektive wird zugleich klar: Reengineering setzt voraus, daß die Führungskräfte sämtliche Strukturen ihrer Unternehmen - und damit sich selbst - in Frage
stellen. JAMES CHAMPY: "Wenn Sie Prozesse reengineeren, managen sich die
Arbeiter hinterher weitgehend selbst. Die Aufgaben des Managements werden
neu verteilt. Viel Verantwortung wandert nach unten, die Überwachungsfunk-
tion tritt zurück, dafür wird Führung, Leadership, immer wichtiger. Manager
verlieren ihre Funktion als Informationsvermittler zwischen oben und unten,
weil nicht mehr so viele Daten gesammelt und weitergemeldet werden. Da zählen nur noch Ergebnisse."

Entsprechend der Weisheit, daß 'der Fisch vom Kopf her stinkt', wird bei konse-
quentem Reengineering keine Managementebene ausgespart - besonders betroffen ist jedoch die vielzitierte 'Lähmschicht', also die Ebene der mittleren Führungskräfte, Abteilungsleiter und Vorstandsreferenten, die als 'Schleusenwärter'
den Informationsfluß filtern und dadurch die Lernfähigkeit von Organisationen
auf vielfältige Weise lähmen. Die Informationsfilterung führt dazu, daß das
Feedback aus dem Markt weder umfassend noch im Originalton nach oben weitergegeben wird und so im Lauf der Zeit an der Hierarchiespitze ein Bild entsteht, daß mit der Wirklichkeit nur noch wenig gemein hat. Letztlich gehen hierarchische Organisationen stets daran zugrunde, daß die Spitze den Kontakt zur
Vielfalt der internen Entwicklungen verliert.

Ähnlich verhängnisvoll ist es, daß in der 'Lähmschicht' alle Arten von innovati-
ven Veränderungen auf Widerstand stoßen. Denn überall dort, wo Informationen als Machtmittel mißbraucht und als Herrschaftswissen gehortet werden -
und das ist in allen streng hierarchisch strukturierten Organisationen zu beobachten -, bestehen für innovative Impulse nur geringe Aussichten, den 'Dienst-
weg' zu überleben. Ideen und neue Erkenntnisse werden insbesondere im mittleren Management meist als Störung, mitunter sogar als Bedrohung und nur selten als Chance wahrgenommen. Denn jede Innovation, jedes neue Wissen hat

immer auch Veränderungen zur Folge, durch die zumindest Teile des alten Wissens entwertet werden. Weil aber die meisten Organisationen auf dem traditionellen Herrschaftsprinzip 'Wissen ist Macht' basieren, greifen Innovationen immer in bestehende Machtverhältnisse im Unternehmen ein und werden deshalb von denen unterdrückt, die befürchten, durch die Veränderung etwas verlieren zu können. Inzwischen belegen zahllose Beispiele aus der Industriepraxis, daß die überwiegende Anzahl nicht realisierter Innovationen auf hierarchiebedingte Blockaden zurückzuführen ist. Da man Innovationen nicht erzeugen, sondern nur Hindernisse aus dem Weg räumen kann, die üblicherweise Innovation unterdrücken, ist es nur folgerichtig, wenn beim Business Reengineering die radikale Beseitigung der mittleren Hierarchieebenen zu den vorrangigen Maßnahmen zählt.

In dieser Radikalität unterscheiden sich HAMMER und CHAMPY auch von japanischen Ratgebern, die so weit nicht gehen, sondern eher auf konstruktiven Ungehorsam und Einsichtsfähigkeit beim Management setzen. Beispielsweise mahnt AKIO MORITA, Präsident des Elektronikmultis Sony: "Jeder Fortschritt kommt dadurch zustande, daß Untergebene oder Jüngere einen Schritt über die Erkenntnisse der Vorgesetzten oder Älteren hinaus taten. Ich rate meine Mitarbeitern immer, nicht allzuviel auf die Worte ihrer Vorgesetzten zu geben. 'Warten Sie nicht erst auf Anweisungen' pflege ich zu sagen, 'machen Sie so weiter, wie Sie es für richtig halten.' Den leitenden Angestellten sage ich, daß man anders den Fähigkeiten und kreativen Kräften der Untergebenen wohl kaum zum Durchbruch verhelfen könne. Junge Menschen sind beweglich und kreativ; Vorgesetzte sollten ihnen keine fertigen Meinungen aufzuzwingen versuchen, man läuft sonst Gefahr, geistige Selbständigkeit noch vor ihrer vollen Entfaltung zu ersticken."

Zwar sind solche oder ähnliche Ratschläge inzwischen keine Seltenheit mehr, jedoch ist im betrieblichen Alltag davon wenig zu spüren. Im Gegenteil, besonders im Zuge von betrieblichen Sparmaßnahmen zeigt sich vielerorts, daß vor allem auf mittleren Hierarchieebenen 'Führung' immer häufiger mit 'Kontrolle' und 'Verwaltung' verwechselt wird. Durch die Betonung formaler Autorität wird aber bei eben denjenigen, die die eigentliche Arbeit leisten, genau das zerstört, was zu Recht als wichtigster Erfolgsfaktor einer jeden Organisation gilt: Motivation. MEINOLF DIERKES vom WZB hebt hervor: "Die ältere Generation hat die Organisations- und Entscheidungsmacht. In der jüngeren Generation ist aber das ganze moderne Know-how, die haben gute Ideen und wollen die Zukunft erobern, werden aber durch die Älteren demotiviert." In Anbetracht der zweifach schädlichen Funktion der 'Lähmschichten' - als Innovations- und Motivationskiller - wird erklärlich, weshalb in Bezug auf die Zukunft des mittleren Managements mittlerweile weitgehende Übereinstimmung in der Beraterzunft herrscht. TOM PETERS, einer der weltweit erfolgreichsten Unternehmensberater, formuliert es in der ihm eigenen, drastischen Art: "Die mittleren Führungsebenen sind schlimmer als nutzlos: Sie zerstören die Werte. ... Das Mittelmanagement großer Unternehmen wie BASF, Siemens und IBM schadet nur dem deutschen Bruttosozialprodukt. Viele Firmen können daher froh sein über jeden Tag, an dem ein Mittelmanager nicht zur Arbeit kommt."

JAMES CHAMPY meint ganz ähnlich, daß 35 bis 40 Prozent aller Manager schlicht überflüssig seien, denn "... sie schaffen keinen Mehrwert ... und sind meistens nur notdürftig verkleidete Controller." Allerdings: Wenn Hierarchien geschleift, Krawattensilos geschlossen, Titel abgeschafft und Funktionen außer Kraft gesetzt werden, dann - so CHAMPY weiter - "gibt es weniger klassische Aufstiegsmöglichkeiten, da müssen wir über Arbeitsinhalte, Lob und Gehalt motivieren." Und damit wird zugleich klar, daß nach einem Reengineering die verbleibenden Manager nicht so weitermachen können wie bisher - so sieht es auch Diebold-Berater GÜNTHER GRASSMANN: "Von Führungskräften wird zukünftig zunehmend die Fähigkeit gefordert, die ihnen Anvertrauten zu 'coachen': der Vorgesetzte als 'Diener' seiner MitarbeiterInnen. Erfolgreiche Unternehmen verwirklichen diese Philosophie bereits. Wer zu diesem grundlegenden Rollenwechsel von Mitarbeitern und Führungskräften nicht fähig ist, wird es künftig schwer haben, qualifizierte MitarbeiterInnen zu rekrutieren und zu halten. Er setzt damit unnötigerweise die gesamte Wettbewerbsfähigkeit aufs Spiel." Ganz ähnlich diagnostiziert der Management-Experte JOHN HORMANN: "Die Unternehmer müssen den Quantensprung im Bewußtsein schaffen, vom Herrschaftsdenken zum Partnerschaftsdenken ... ihre Überheblichkeit stützt sich nicht auf Leistung, sondern auf eine einmal erreichte Position ... sie müssen ihre 'Kontrollhysterie' aufgeben, die notwendigerweise zu immer mehr Bürokratie führt."

Bei solchen, auf tiefgreifende Verhaltensänderungen abzielenden Empfehlungen wird erkennbar, weshalb viele betriebliche Modernisierungsvorhaben, wie sie hierzulande etwa unter dem schillernden Sammelbegriff 'Organisationsentwicklung' praktiziert werden, zu kurz greifen. Denn in derartigen Reformprojekten wird allzuoft - und vielfach entgegen den Absichtserklärungen - nur auf einer bürokratisch-strukturellen Ebene agiert. Dabei wird übersehen, daß Organisationen aus Menschen bestehen und sich als vielschichtige Gebilde in gewisser Weise mit Eisbergen vergleichen lassen: sichtbar ist nur ein kleiner Teil, und zwar die 'formellen' Merkmale, wie Personalstruktur, Technik, Aufbau- und Ablauforganisation. Unsichtbar (aber für die Menschen durchaus zu spüren und zu erleben) ist alles Informelle, wie Machtstrukturen, zwischenmenschliche Beziehungen, die Einstellung der Menschen zur Arbeit, Erwartungen und Bedürfnisse der Beschäftigten. Herkömmliche Konzepte organisatorischer Weiterentwicklung bleiben oft auf der formellen Oberfläche, wenn etwa neue Organigramme, Türschilder und Telefonverzeichnisse bereits als Erfolgsbeweise gelten, ansonsten aber in punkto Führungsstil und Organisationskultur alles beim alten bleibt. Solche Art von Organisationsentwicklung - bei der man nur den sichtbaren Dingen Aufmerksamkeit widmet - gleicht dann eher dem Sortieren von Liegestühlen auf dem Deck der Titanic.

Angesichts der Tatsache, daß organisatorische Veränderungen vielerorts zu bloßen Machtspielen, zur Pöstchenschieberei, verkommen, ist es nicht verwunderlich, daß nach Schätzungen von Beratern drei von vier betrieblichen Veränderungsprojekten scheitern. Um in turbulentem Umfeld Organisationen wirksam vor dem Untergang zu bewahren, reichen Änderungen im Formellen nicht aus. Eine Revision der Strukturen ändert noch nicht die Denkweisen.

In komplex-dynamischen Umgebungen sind für die rechtzeitige Anpassung an Umfeldveränderungen in erster Linie leistungsfähige Informationsnetzwerke vonnöten, um äußere Faktoren rasch zu registrieren und richtig zu bewerten. Der Organisationsberater KLAUS DOPPLER formuliert es so: "Die Chance, zu überleben hängt von der Qualität der Kommunikation ab. Nur gelungene Kommunikation sichert die Weiterentwicklung, die zum Überleben nötig ist." Kommunikation als Lebensnerv einer jeden Organisation ist der Schlüsselfaktor der Unternehmensentwicklung. Organisationen werden nicht dadurch beweglicher, daß sie ('lean') ihren Gürtel enger schnallen oder einzelne Funktionen automatisieren, sondern nur dadurch, daß sie ihren internen Wissenstransfer verbessern. Viel wichtiger als Struktur und Technik sind also Informationspolitik, Informationsklima und Informationskultur eines Unternehmens. Da in Organisationen der Informationsfluß stets verhaltensbedingten Hindernissen ausgesetzt ist, kommt es in erster Linie darauf an, das Verhalten von Menschen bzw. die Unternehmenskultur weiterzuentwickeln - denn sie ist die Grundlage für die Haltung der Menschen gegenüber Veränderungen.

Allerdings ist Kommunikation nicht per se etwas Positives; das Spektrum betrieblichen Informationsaustausches besteht aus vielfältigen Formen, deren Einfluß auf die Entwicklung von Organisation und Verhalten durchaus unterschiedlich ist - es gibt nutzbringende wie störende, kreativitätsfördernde wie demotivierende, befreiende wie blockierende Formen der Kommunikation. Im betrieblichen Alltag erweisen sich vor allem die formellen, offiziellen und geregelten Formen der Kommunikation als oftmals wenig effektiv und nicht selten sogar hinderlich für eine wirksame Verständigung. Wohl jeder kennt die pflichtgetreue Anwesenheit bei bestimmten Veranstaltungen, regelmäßig stattfindenden Bürobesprechungen oder Abteilungsklausuren, wo die Widerstände fast mit Händen zu greifen sind. Nicht nur die Regelmäßigkeit solcher Veranstaltungen birgt die Gefahr der Ritualisierung und Sinnentleerung - vor allem die heimlichen Regeln der Hierarchie tragen dazu bei, daß offiziell nur selten wirklich offen kommuniziert wird. Der betriebliche Volksmund hat passende Bezeichnungen für solche Meetings - wie etwa Montagsandacht, Abnickrunde, Muppetshow -, in denen anstelle fruchtbarer Dialoge meist nur nach dem Prinzip des Opportunismus geredet und gehandelt wird. "In solchen Besprechungen geht es weniger darum, Probleme zu lösen, sondern immer nur die eigene Unschuld zu beweisen. Dazu muß dann auch das Protokoll herhalten ... das den Bedenkenträgern zur späteren Beweisführung dient" (DOPPLER). So ist es kein Wunder, wenn sich die Klagen über 'Meetingitis' häufen und Befragungen regelmäßig ergeben, daß Sitzungen - vor allem, wenn dabei auch Vorgesetzte zugegen sind - von der Mehrzahl der Teilnehmer als ineffizient oder gar als pure Zeitverschwendung empfunden werden.

Ganz anders sieht es hingegen bei allen Formen von ungezwungener, spontaner Kommunikation aus, wie sie sich in natürlichen Begegnungsstätten - etwa auf dem Flur, am Kopierer oder in der Teeküche - ereignet. Im Gegensatz zu den häufig verlogenen, energielosen Pflichtveranstaltungen erfüllen solche 'Schwätzchen' nicht selten überaus wichtige Funktionen des Wissenstransfers und der gemeinsamen Problemlösung, weil hierbei Sachebene und Beziehungsebene häufiger in Einklang stehen und andere, die Kommunikation störende Elemente in den Hintergrund rücken. Untersuchungen - wie sie etwa am Xerox PARC durchgeführt wurden - bestätigen den außerordentlich hohen Wert dieser informellen Kontakte für das Funktionieren und das Lernen von Organisationen. Dabei ist von zentraler Bedeutung, daß durch sogenanntes 'corporate storytelling', also durch Einbettung der Informationen in ihren sozialen Kontext, ergänzt durch nonverbale Kommunikation auch implizites, 'stilles' Wissen (tacit knowledge) weitergegeben werden kann und so erst die Kultur eines gemeinsamen Verständnisses - das Lebenselixier einer jeden Organisation - entsteht.

Tatsächlich sind in den meisten Organisationen die informellen Abläufe und Strukturen das eigentliche Nervensystem und die Kraftquellen, die Prozesse kollektiven Denken und Handelns vorantreiben, während die formelle Organisation nur noch das Knochengerüst bildet. Die formelle Struktur mit all ihren Organisationsplänen und Dienstwegen dient dazu, die normalen Abläufe zu unterstützen und vorhersehbare Aufgaben zu erfüllen. Doch sobald unerwartete Probleme auftauchen, kommen die informellen Netze ins Spiel, dann wird - meist unter Umgehung des Dienstwegs - improvisiert, wobei mit häufig verblüffender Anpassungsfähigkeit über Bereichsgrenzen hinweg innovative Lösungen entwickelt werden. Nebenbei zeigt das effiziente Funktionieren informeller Netze, welch große Bedeutung Vertrauen für das Gelingen von Kommunikation besitzt. Umgekehrt trägt das in den traditionell tayloristischen Verwaltungen vorherrschende Mißtrauen, wie es sich in den mannigfachen Formen bürokratischer Kontrolle widerspiegelt, maßgeblich zu deren sprichwörtlicher Lernschwäche bei - je mehr kontrolliert wird, desto seltener wird offen und ehrlich kommuniziert.

In dem Maße, in dem Organisationen immer häufiger mit Unvorhersehbarem konfrontiert werden - und das ist heutzutage praktisch überall der Fall - erhält die Fähigkeit zur informellen Improvisation wachsende Bedeutung. Damit einhergehend werden immer größere - und für eine innovative Weiterentwicklung besonders wertvolle - Teile der Arbeit von den hochgradig flexiblen Geflechten informeller Beziehungen übernommen, die im Lauf der Zeit beträchtlichen Einfluß gewinnen können - weit mehr als vielen Führungskräften bewußt ist. Die Zahl der Firmen wächst, in denen nicht die offiziellen Maßnahmen, sondern die informellen Aktivitäten eine Schlüsselfunktion für die Weiterexistenz des Unternehmens besitzen. Hier knüpft Business Reengineering an, wenn verkrustete Hierarchien aufgelöst und durch flexible Netzwerke ersetzt werden, in denen ohne störende Rangordnungen oder Abteilungsgrenzen jede Art von direkter Kommunikation möglich ist. An die Stelle starrer Dienstwege treten offene Märkte für Informationen und Ideen, denn ungehinderter Zugang zu Information wird überlebenswichtig, weil künftig nur die Firmen erfolgreich sein werden, in denen *alle* Arbeitnehmer über Produkte und Verfahren, Märkte und Konkurrenten gut informiert sind.

Im Grunde genommen sind die aktuellen Debatten über neue Managementkonzepte - unter welchen Schlagworten auch immer - letztlich allesamt Indiz dafür, daß man die im doppelten Sinne 'außerordentliche' Bedeutung informeller Strukturen und impliziten Wissens allmählich zu erkennen beginnt. Somit ist es auch naheliegend, daß im Verlauf dieses Prozesses auch der Einsatz von Technik, speziell von Informationstechnik, hinterfragt wird und deren Rolle im Spannungsverhältnis zwischen formellen und informellen Strukturen in ein neues Licht gerückt wird. JOHN SEELY BROWN, Leiter des Xerox-PARC, bringt das Problem auf den Punkt: "Weil die meisten Informationssysteme auf formellen Arbeitsabläufen beruhen und nicht auf den informellen Verfahren, die zur Erledigung der Arbeit notwendig sind, verschlechtern sie oft die Situation, statt sie zu verbessern. Letztendlich wird eine wichtige Quelle betrieblichen Lernens entweder ignoriert oder verschlossen." Weil die technisch erzwungene Schematisierung von kaum schematisierbaren Arbeitsabläufen unverkennbar negative Auswirkungen für die Qualität von Arbeit und Arbeitsergebnis nach sich zieht, gehen auch HAMMER und CHAMPY mit den vorherrschenden Formen des Technikeinsatzes hart ins Gericht: "Reengineering ist nicht mit Automatisierung gleichzusetzen. Die Automatisierung bestehender Prozesse mit Hilfe der Informationstechnik ähnelt dem Versuch, einen Trampelpfad zu asphaltieren. Die Automatisierung birgt die Gefahr, die falschen Dinge effizienter zu erledigen." Klar - es gibt eben nichts Unproduktiveres als Dinge effizient zu gestalten, die man am besten überhaupt nicht tun sollte. MICHAEL HAMMER sagt es drastisch: "Einen Saustall zu automatisieren, führt zu einem automatisierten Saustall."

Im falschen Einsatz der Informationstechnik jedenfalls sehen HAMMER und CHAMPY einen zentralen Grund für die Schwierigkeiten, in denen heute zahlreiche Unternehmen stecken: "Der falsche Einsatz der Technologie kann sogar Reengineering gänzlich verhindern, indem er alte Denkweisen und Verhaltensmuster verstärkt ... Beim Reengineering geht es - im Gegensatz zur Automatisierung - um Innovation." Es gilt also, der vorherrschenden, stumpfsinnigen Technisierung althergebrachter Arbeitsabläufe den Kampf anzusagen, denn die simple 'Elektrifizierung' des Ist-Zustands verstärkt nur, was in den Strukturen der Unternehmen und Organisationen kontraproduktiv wirkt. Stattdessen gilt es, wie beispielsweise HAMMER und CHAMPY, endlich die richtigen Fragen zu stellen: "Die Frage darf nicht lauten: 'Wie läßt sich die neue Technik in die vorhandene Produktion integrieren?', sondern: 'Welche neue Organisation erlaubt diese neue Technik?'" Die Informationstechnik nimmt beim Reengineering der Unternehmensprozesse eine Schlüsselrolle ein, denn die wahre Kraft eines kreativen Technologieeinsatzes besteht darin, daß damit überkommene Verfahren und Regeln durch völlig neue, integrierte Arbeitsweisen abgelöst werden können, für die die Technik eine Fülle von Gestaltungsoptionen eröffnet.

HAMMER/CHAMPY: "Ohne die Informationstechnik können Unternehmensprozesse nicht radikal neu gestaltet werden."

Durch Business Reengineering wird ein paradigmatischer Wechsel in der Betrachtung des Computers beschleunigt, dessen Verlauf, wie PAUL DAVID von der Stanford University aufzeigt, durchaus an die Einführung der Elektrizität erinnert. Anfänglich wurde diese nur dazu genutzt, um in den Fabriken die Dampfmaschinen oder Wasserkraftantriebe durch Elektromotoren zu ersetzen. Vom Standpunkt der betrieblichen Organisation änderte sich über Jahrzehnte hinweg wenig und so waren jahrzehntelang auch nur geringe Produktivitätseffekte (0,3 - 0,5%/a) zu verzeichnen. Erst in den 20er Jahren begann man das wahre Potential der Elektrizität zu erkennen und schuf auf dieser Basis vollkommen neu konzipierte Fabriken vor den Toren der Städte, in denen die Produktivität geradezu explodierte.

Ganz ähnlich verhält es sich mit dem Computer. Rund vier Jahrzehnte lang diente er lediglich dazu, einzelne Arbeitsschritte in den vorhandenen Strukturen zu automatisieren. Anfänglich wurden nur einzelne, lokale Teilfunktionen technisiert, heute werden Computer auch in funktionsübergreifende Prozesse integriert. Die funktionale Organisationsstruktur aber wurde und wird im einen wie im anderen Fall beibehalten. Darüber hinaus nutzten Manager den Computer vorzugsweise, um die etablierten hierarchischen, zentral kontrollierten Strukturen zu festigen. Durch diese Zementierung des Status quo werden Produktivitätspotentiale nicht entfaltet sondern stranguliert; die Produktivität stagniert, weshalb selbst führende Computer-Protagonisten, wie MICHAEL DERTOUZOS vom MIT, seit Jahren ein 'computer-productivity-paradox' beklagen.

Seit etwa Anfang der 90er Jahre - als Meilenstein gilt ein Artikel von MICHAEL HAMMER (Harvard Business Review, 1990) mit dem programmatischen Titel: "Reengineering Work: Don't Automate, Obliterate" - erkennen immer mehr Manager, daß sich mit Hilfe des Computers betriebliche Prozesse vollkommen neu konzipieren lassen, wenn man den Computer nicht mehr als eine programmierbare Maschine für irgendwelche Aufgaben betrachtet, sondern als ein Medium, mit dessen Hilfe Menschen zusammenwirken. Da sich außerdem allmählich herumspricht, "daß die formellen Büroabläufe nicht im mindesten dem entsprechen, was die Leute tatsächlich bei ihrer Arbeit tun" - wie es etwa die Anthropologin LUCY SUCHMAN vom PARC beobachtete - und daß mehr Dienst nach Vorschrift weniger Leistung bedeutet, wachsen ohnehin die Zweifel an den althergebrachten Technikkonzepten, bei denen EDV letztlich nur eine Fortsetzung des Taylorismus mit anderen Mitteln ist. Stattdessen tauchen bei der radikalen Neukonzeption von Geschäftsprozessen immer häufiger neuartige Fragestellungen auf, die den Rahmen der tradierten mechanistischen Rationalisierungsmuster sprengen.

Besonders spannend ist in diesem Zusammenhang der Fragenkomplex, ob und inwieweit der Computer genutzt werden kann, um neben den formellen auch informelle Vorgänge zu unterstützen, ob mit Hilfe des Computers auch implizites Wissen kommuniziert werden kann - oder ob durch verstärkten Technikeinsatz die fruchtbare 'Lebendigkeit' von informellen Prozessen gefährdet wird. Auf jeden Fall erscheinen herkömmliche Formen technischer Informationsverarbeitung für informelle Prozesse weitgehend ungeeignet, da bei ihnen Information auf das reduziert wird, was sich in Datenbanken, Tabellen u.ä. abspeichern läßt. Dadurch gehen oftmals wesentliche Aspekte verloren - etwa der soziale Kontext oder Wissen über den Entstehungszusammenhang der Information u.v.a.m. Dieses 'Beiwerk' ist (nicht nur) in sozialen Zusammenhängen wichtig, da neues Wissen nicht einfach aus der 'Verarbeitung' objektiver Informationen entsteht, sondern von den stillschweigenden, oft höchst subjektiven Einsichten, Eingebungen und Mutmaßungen des einzelnen abhängt. Es kommt deshalb nicht von ungefähr, daß - laut einigen US-Studien - auch heute noch Manager zwei Drittel ihrer Informationen durch Telefonkontakte und persönliche Gespräche erhalten und auch der Rest zum größten Teil aus Dokumenten außerhalb der traditionellen EDV-Systeme stammt. Damit wird klar, daß zeitgemäßes Informations-Management an der Frage ansetzen muß, wie Menschen Information, nicht wie sie Maschinen benutzen. In der bislang einseitigen Technikorientierung liegt ein Schlüssel auf die Frage, weshalb die Informationstechnik in vielen Fällen Enttäuschungen produziert. Es gilt also, den Fokus zu wechseln und vorrangig nach Wegen zu suchen, wie der Computer die tatsächlich praktizierten und wirksamen Formen der Wissensverbreitung in einer Organisation unterstützen kann.

Aus alledem erklärt sich das inzwischen enorme Interesse an 'Groupware' und 'Workgroup Computing' in der Managementpraxis - nachdem diese Themen über Jahre hinweg als Gegenstand akademischer Disziplinen ein Schattendasein fristeten. Ziel dieser Software-Gattung ist es ja, in vernetzten Organisationen die zwischenmenschliche Kommunikation und Kooperation auf eine möglichst 'natürliche' Weise zu unterstützen. Inzwischen zeichnen sich erste Erfolge ab, das durch den Einsatz von Groupware forcierte Reengineering von Prozessen trägt dazu bei, daß - wie es jüngst etwa Business Week und Fortune vermeldeten - zum ersten Mal seit vielen Jahren auch im Bürobereich bemerkenswerte Produktivitätszuwächse zu verzeichnen sind.

Allerdings ist das Spektrum dessen, was heute unter dem modischen Begriff 'Groupware' oder kryptischen Kürzeln wie CSCW zusammengefaßt wird, facettenreich und zeigt letztlich vor allem die Ambivalenz und Gestaltbarkeit der Technik. Auf der einen Seite stehen manche Arten von Workflow-Management-Systemen, die Vorgänge restriktiv modellieren und wie Verkehrspolizisten Dokumente lediglich innerhalb starrer Wege weiterleiten und dabei die ordnungsgemäße Einhaltung der jeweiligen 'Verkehrsregeln' überwachen. Da derartige Systeme eher dem Motto 'CIM im Büro' folgen und Arbeitsprozesse nur in ein neues Korsett festcodierter Vorgangsfolgen pressen, erscheinen sie für ein Business Reengineering im Sinne von 'Change-Management' weitgehend ungeeignet - im Grunde genommen handelt sich dabei um eine andere Form, die Organisation mit einer weiteren Bürokratie zu überziehen.

Weniger restriktiv wirken Workflow-Systeme, die zwar auch den Arbeitsfluß nach bestimmtem Regeln steuern, aber den Benutzern weiterhin Möglichkeiten bieten, den Arbeitsprozeß zu beeinflussen. Solche Systeme wirken eher als Lotsen oder als Assistenten. Nicht zuletzt aufgrund der Tatsache, daß sie bisweilen auch Simulationsmöglichkeiten bieten, kann mit ihrer Hilfe eine flexible Neukonzeption von Prozessen durchaus unterstützt werden. Besondere Bedeutung erhalten diese Systeme für die Unterstützung von sogenannten 'Case-Teams', die beim Business Reengineering an die Stelle der alten Abteilungen treten.

Am anderen Ende des Spektrums finden sich Groupware-Systeme, die sich durch ihre besondere Art der Kommunikationsunterstützung auch zur Verbreitung von implizitem Wissen eignen, weil sie Kontakte in einer Weise ermöglichen, die - etwa durch Einbeziehung von Mimik und Gestik - den gewohnten informell-ungezwungenen Formen durchaus nahekommen kann.

Im Hinblick auf die Weiterentwicklung von Organisationen und die Förderung innovativer Ansätze erscheinen vor allem die Groupware-Konzepte interessant, die völlig neuartige Formen der Kommunikation ermöglichen. Insbesondere Systeme für sogenanntes 'Electronic Brainstorming' erbringen nicht selten verblüffende Resultate. Mit ihrer Hilfe kann Sitzungszeit wesentlich produktiver genutzt werden, unter anderem, weil die parallelisierte Ideenfindung in größerem Maße Synergieeffekte hervorruft, als es in der herkömmlichen sequentiellen Gruppenkommunikation möglich ist. Vor allem aber zeigen diese Brainstormingsysteme, wie ungemein wichtig es ist, hierarchiebedingte Blockaden - die

'Schere im Kopf' - etwa durch Wahrung der Anonymität zu umgehen. Angesichts der Tatsache, daß solche Kommunikationsformen in der Praxis Kreativität in ungeahntem Ausmaß freisetzen und zugleich große Akzeptanz, ja oft Begeisterung unter den Benutzern/Teilnehmern wecken, ist zu wünschen, daß Manager deren großen Wert für das Unternehmen erkennen, hieraus die naheliegenden Schlußfolgerungen ziehen und zukünftig alle Formen von hierarchiefreier Kommunikation - also auch solche ohne technische Hilfsmittel - fördern statt behindern.

Anhand der durchaus unterschiedlichen Resultate mit den verschiedenen Verfahren, die heute unter dem Etikett 'Groupware' segeln, wird deutlich, daß Groupware vorrangig auf Lern- und Innovationsprozesse ausgerichtet sein sollte. Groupware sollte die Gruppe als solche unterstützen und nicht den Einzelnen im Zusammenhang mit gruppenbedingten Vorgängen gängeln oder kontrollieren. Auf keinen Fall sollte man mit Hilfe von Groupware historisch gewachsene Abläufe unreflektiert weiterführen und punktuell technisieren - daran ist die EDV schon gescheitert, als man sie noch nicht Groupware nannte. Dennoch vollzieht sich auch unter den neuen Etiketten oftmals genau das altbekannte bloße Überstülpen von Technik auf überalterte Organisationsformen; vielerorts begreift man Business Reengineering lediglich als Verfahren, um mit Hilfe der Informationstechnik Arbeitsplätze abbauen zu können. So ist es kein Wunder, wenn inzwischen selbst MICHAEL HAMMER beklagt, daß rund 70% aller Restrukturierungsvorhaben zu keinem Ergebnis führen, weil sie an der falschen Verwendung von Informationstechnik scheitern.

Auch ein weiteres altbekanntes Problem der EDV stellt sich im Zusammenhang mit Groupware in neuer Schärfe: Die Möglichkeiten zur Kontrolle von Verhalten mit Hilfe der Technik. Da Groupware prinzipiell weitreichende Monitoring-Möglichkeiten bietet, um soziale Interaktionen in nie gekanntem Ausmaß aufzuzeichnen, verdient das Risiko einer unzulässigen Verwendung dieser Informationen besondere Beachtung. Manche Kritiker sprechen in diesem Zusammenhang mittlerweile sogar schon warnend von 'Snoopware'. Es bedarf wohl keiner Erläuterung, weshalb eine Nutzung dieses Kontrollpotentials jedes auch noch so ernstgemeinte Reengineering-Vorhaben zum Scheitern bringen dürfte.

Je nach Art der Kommunikationsunterstützung und Ablaufsteuerung kann Groupware in organisatorischen Veränderungsprozessen durchaus als Katalysator wirken. Bedenkt man, daß alle Organisationen die Kommunikation durch Strukturen und Normen kontrollieren und daß Groupware Kommunikation unabhängig von Ort und Zeit ermöglicht, wird klar: mit Hilfe des Computers lassen sich Hierarchien, Kompetenzen, Verfahren und Normen durcheinanderwirbeln. JEFFREY HELD von der Beratungsfirma Ernst&Young formuliert es so: "Information is power, and groupware disperses it much more widely than before. People acquire power in an organization by knowing things that others don't. Unstructured information-sharing runs contrary to the culture of many organizations." Groupware, die dem Motto: 'everyone knows what anyone knows' folgt, die also auch Kommunikation quer zum etablierten Machtgefüge ermöglicht, untergräbt dieses zwangsläufig. Wenn tradierte zeitliche, räumliche und organisatorische Grenzen für den Austausch von Informationen mit Hilfe des Computers überwunden werden können, verlieren Hierarchien - die ja nur mit Information und deren Beherrschung zu tun haben - ihren Sinn und ihre Bedeutung. TOM PETERS bezeichnet deshalb kurz und bündig Hierarchien als "eine Sackgasse der Evolution." Ähnlich klar diagnostiziert HELLENE RUNTAGH, CEO von General Electric Information Services: "The worst of all worlds is clinging to hierarchical behaviour while bringing in network-based communications. You're in a decade of chaos, frustration and poor financial results. ... Communications in a network are absolutely incompatible with a strict, parochial hierarchy."

Im Zuge der radikalen Neugestaltung vieler Firmen schlägt die Networking-Euphorie inzwischen hohe Wellen. US-Wirtschaftsmagazine gehen in ihren Einschätzungen besonders weit: "Computer networking ... may be the most important development in the management of organizations ... since the invention of the modern corporation before World War II" (Fortune). Wer die grundlegend gewandelten Arbeitsweisen erfolgreicher Unternehmen wie Hewlett-Packard betrachtet, wo sogar die so oft postulierte Unvereinbarkeit von Größe und Flexibilität überwunden scheint, wo 97000 Beschäftigte inzwischen jeden Monat mehr als 20 Millionen Botschaften über elektronische Netze austauschen, der wird geneigt sein, solchen Einschätzungen zuzustimmen. Der vergleichsweise Mißerfolg von stärker autoritär geführten Unternehmen, wie IBM und DEC, deutet ebenfalls daraufhin, daß sich künftig wohl eine völlig neue Managementform durchsetzen wird, die man am ehesten mit dem Begriff 'Netzwerk-Management' umschreiben kann. Aufgrund ihrer internen Kommunikationsvielfalt gewährleisten netzwerkartige Strukturen besser als jede andere Organisationsform flexible Reaktionen auf Veränderungen im Umfeld. Nicht von ungefähr sind Netzwerk-Organisationen in der Natur, als Ergebnis von Millionen Jahren Evolution, besonders verbreitet. Demgegenüber sind hierarchischarbeitsteilige Organisationen nur für die Bewältigung stabiler, planbarer Situationen gut geeignet - sie sind damit also Auslaufmodelle.

Beim Management von Netzwerk-Organisationen wird der Einsatz von Groupware eine Schlüsselrolle spielen, da erst durch schnelle und vielfältige Kommunikation die Vorteile dieser Struktur wirksam zur Geltung kommen. Gleichwohl bleibt festzuhalten, daß Reengineering kein EDV-Problem ist; Hard- und Software ersetzen kein Verhalten und eine Auswechslung von informationstechnischen Systemen ändert noch lange nicht die Informationskultur. Völlig zu Recht weist THOMAS H. DAVENPORT (Ernst&Young) immer wieder auf die Naivität vieler Manager hin, die den unternehmensinternen Informationsaustausch als technisch zu lösende Schwierigkeit betrachten und verkennen, daß dieser als (mikro-) politischer Prozeß zu betrachten ist, in dem einzelne Abteilungen um den Erhalt ihrer Macht und ihres Einflusses bemüht sind. Tatsächlich sind Informationen in jeder Organisation eine Art Schlüsselwährung, die - vor allem in den vorherrschenden Mißtrauenskulturen - niemand freiwillig oder ohne Gegenleistung mit anderen teilt. "Gruppenarbeit (und damit auch Groupware, d.V.) wird solange scheitern, wie sich die Wahrnehmung und Anerkennung von Leistung nicht ändert" konstatiert PETER SCOTT-MORGAN von Arthur D. Little, denn "Führungskräfte setzen sich ja nicht freiwillig zusammen, wenn das System weiterhin Einzelkämpfertum und Ressortegoismus fördert." TOM PETERS ergänzt: "Am mangelnden Vertrauen wird der Erfolg von zukünftigen Organisationen eher scheitern als an der Schaffung einer richtig funktionierenden Informationstechnologie."

THOMAS DAVENPORT benennt Problem und Lösung in einem Satz: "Die Veränderung der Informationskultur eines Unternehmens ist der beste Weg Informationstechnik erfolgreich zu implementieren - es ist aber auch der schwierigste." Wie HAMMER und CHAMPY kann auch er mittlerweile auf eine Reihe erfolgreicher Beispiele verweisen, in denen eine gelungene Kombination von Business Reengineering und Informationstechnik-Einsatz ungeahnte Potentiale zur Entfaltung bringt. Selbst für erfahrene Fachleute ist es immer wieder erstaunlich, welche 'Wunder' sich vollziehen, wenn man Menschen endlich einmal selbstverantwortlich machen läßt, statt sie dauernd durch bürokratische Vorschriften, Vorgesetzte und all die anderen Zwänge zu gängeln, und wenn man ihnen endlich auch die Informationen gibt, die sie brauchen, um ihre Arbeit gut zu machen. Vielleicht aber ist es auch gar nicht so wundersam, denn wer kennt die Arbeit besser als diejenigen, die sie tun?

Vor allem anhand der Praxisbeispiele wird deutlich, weshalb der Reenginee-ring-Ansatz auf Manager wie auf Arbeitnehmer gleichermaßen elektrisierend wirkt: Für alle Beteiligten eröffnen sich ungeahnte Perspektiven - geradezu sen-sationelle Produktivitätssteigerungen gepaart mit einer neuen Einstellung zu einer wesentlich befriedigenderen Arbeit. Allerdings - so verlockend so man-ches auch erscheint - man muß sich darüber im klaren sein, daß das nur für die-jenigen gilt, die nach einem Reengineering ihren Job behalten - und möglicher-weise sind das nicht allzu viele. "Beim Reengineering sind Quantensprünge angesagt und nicht ein bißchen Lean Management hier und Lean Production dort. Preise und Kosten sollen nicht um ein paar Prozent, sondern um die Hälfte und mehr sinken - und das binnen ganz kurzer Zeit", kommentierte kürzlich das 'Handelsblatt'. In der Tat - hat man erst einmal erkannt, daß konsequentes Reen-gineering, also das 'Neu-Erfinden der Firma', nicht nur Verbesserungen von zehn oder zwanzig Prozent, sondern Sprünge in ganzen 'Größenordnungen' bringt, wird Lean Production schnell zum Schnee von gestern. Durchlaufzeit-verkürzungen bis hin zum Faktor 100 (!) sind keine Utopie, sondern werden auch aus großen Unternehmen berichtet.

Wer also meint, eine Neugestaltung von Abläufen habe es schon immer gege-ben und so neu sei das doch alles nicht: Das Neue beim Reengineering ist die Breite, die Tiefe, die Geschwindigkeit und die Dramatik der erzielten Verbesse-rungen bei Kosten, Qualität und Service. Die Kehrseite dessen benennt JAMES CHAMPY ebenfalls: "Im Schnitt ist mit einer Verkleinerung der Belegschaften um mindestens 30 Prozent zu rechnen." Welche Brisanz diese Aussage enthält, wird vor allem dann klar, wenn man sich vergegenwärtigt, daß die Mehrzahl der erfolgreichen Reengineering-Projekte im Dienstleistungssektor angesiedelt ist. Damit ist der Bereich tangiert, der sich im Zuge des weltweiten Strukturwandels in allen hochindustrialisierten Volkswirtschaften rasch zum beschäftigungspoli-tisch weitaus wichtigsten Sektor entwickelt. Nach Angaben des Bureau of Labor Statistics arbeiten in den USA bereits heute 80% aller Beschäftigten im Service-Sektor und erwirtschaften darin rund 74% des amerikanischen Brutto-sozialprodukts.

Zumindest an dieser Stelle bleiben viele Fragen offen, denn auch HAMMER und CHAMPY bieten dazu statt Antworten nur lapidare Feststellungen: "Business Reengineering bringt nicht jedem Vorteile ... Wo gehobelt wird, fallen Späne ... Nicht das Reengineering ist für den Personalabbau verantwortlich, sondern die Fehler, die in den Unternehmen in der Vergangenheit gemacht wurden." Solche Sätze, so richtig sie sein mögen, helfen den Betroffenen wenig. Aber vielleicht ist es etwas viel verlangt, wenn Unternehmensberater auch gleich noch die Versäumnisse der Politiker beheben sollten. Angesichts dieses Mankos ist es um so wichtiger, daß - insbesondere in den Gewerkschaften - rechtzeitig der Frage nachgegangen wird, welche gesellschaftlichen Wirkungen derart gravierende Produktivitätssteigerungen nach sich ziehen können und welche neuen Lösungswege sich eröffnen, um die Kluft zwischen Gewinnern und Verlierern jedenfalls nicht breiter werden zu lassen.

HAMMER und CHAMPY geben Arbeitnehmern aber noch weitere Nüsse zu knacken, etwa wenn sie betonen: "Grundsätzlich gilt, daß Business Reengineering nie und nimmer von unten nach oben erreicht werden kann ... Mitarbeiter und Manager der mittleren Führungsebene können kein erfolgreiches Reengineering-Projekt initiieren und implementieren, ganz gleich, wie notwendig es wäre und welche außerordentlichen Fähigkeiten sie besitzen." Sicherlich, ohne ein klares Bekenntnis der Unternehmensspitze werden die Widerstände (speziell auf den mittleren Führungsebenen) zu unüberwindlichen Hindernissen für jede Erneuerung. Dennoch wirft die einseitige Top-Down-Fixierung von HAMMER und CHAMPY einige Zweifel auf. Sollte Reengineering wirklich nur von 'oben' nach 'unten' funktionieren; sollte es wirklich so sein, daß nur 'die da oben' die Prozesse gestalten können? Das erinnert denn doch etwas zu sehr an FREDERICK TAYLOR, der als erster die Gestaltung der Arbeit von ihrer Ausführung trennte. Vermutlich liegt die Wahrheit eher in der Mitte - bei einem gemeinsam zwischen 'oben' und 'unten' gestalteten Prozeß. Denn, wie etwa MICHAEL BEER (Harvard Business School) nachgewiesen hat, ändern von der Spitze aus eingeführte Strukturen nicht notwendigerweise das Verhalten - im Gegenteil, sie lösen oft Ohnmachtserfahrungen aus, begründen Zynismus und können wirkliche Veränderungen für lange Zeit blockieren.

Doch ob Top-Down oder Bottum-Up, angesichts der verbreiteten Managementschwächen besteht in der Praxis wohl eher das Hauptproblem darin, daß sich die 'Lean Production'-Story wiederholen könnte und auch Reengineering nur als neues Wort für 'Entlassungen' zweckentfremdet wird. Um nochmals HAMMER und CHAMPY zu zitieren: "Der ungeheuerlichste Fehler, den man im Business Reengineering begehen kann, ist der, sich nicht auf eine wirkliche Radikalkur einzulassen, sondern an bestehenden Prozessen herumzubasteln und das dann Business Reengineering zu nennen." Dieser Gefahr einer neuerlichen Abmagerungskur nach bekanntem Strickmuster, die viele Unternehmen und Arbeitsplätze möglicherweise endgültig ruinieren würde, gilt es also vorzubeugen.

Fraglos werden globaler Wettbewerb, Reengineering-Konzepte und neue Anwendungen der Informatik die Arbeitswelt tiefgreifend und nachhaltig verändern. Grund genug für Funktionäre und Politiker, endlich aus der Vergangenheit zu lernen und aktuelle Herausforderungen anzunehmen, bevor in der Praxis die Weichen gestellt werden. Nicht zuletzt die Gewerkschaften sind durch das Thema Reengineering in mehrfacher Weise gefordert, denn bislang zogen sie einen wichtigen Teil ihrer Funktionen aus den Problemen, die Arbeitsteilung, Hierarchie und Unterdrückung mit sich brachten. Nun erzwingen veränderte ökonomische Rahmenbedingungen im Gefolge technologischer Umwälzungen in vielen Bereichen eine Abkehr von althergebrachten Denkmustern, Modellvorstellungen und Leitbildern. Radikal veränderte Produktionskonzepte und Arbeitsformen bedingen radikal veränderte Anforderungen an die Arbeitnehmerorganisationen. Zugleich eröffnen sich hierdurch neue Chancen, um von einer besseren Gestaltung von Arbeit, Umwelt und Technik nicht nur zu reden, sondern maßgeblich dabei mitzuwirken. Inwieweit es gelingen wird, diese Chancen zu ergreifen, entscheidet sich nicht zuletzt an der Frage, ob die Gewerkschaften zu einem tiefgreifenden Wandel ihrer inneren Strukturen fähig sind, die sich als zunehmend anachronistisch und existenzgefährdend erweisen. Ohne ein Reengineering bei sich selbst dürften auch Gewerkschaften auf Dauer kaum über die Runden kommen.

Für alle organisierten sozialen Systeme stellt der tiefgreifende Strukturwandel und der damit einhergehende Paradigmenwechsel eine existentielle Herausforderung dar. Organisationen, die sich dieser Herausforderung nicht stellen oder sich als zu schwerfällig erweisen, um den Wandel beizeiten zu bewältigen, werden ihre Bedeutung verlieren, wenn nicht gar untergehen. Was DON TAPSCOTT und ART CASTON im Vorwort ihres Buches über den Paradigmenwechsel in der Informationstechnik notierten, betrifft ausnahmslos alle Bereiche der Gesellschaft: "The paradigm shift encompasses fundamental change in just about everything regarding the technology itself and its application to business. ... the late 1980s and the 1990s are a transition period to the new paradigm. Organizations that do not make this transition will fail. They will become irrelevant or cease to exist."

Literatur

Davenport, T. H.: Process Innovation - Reengineering Work through Information Technology. Harvard Business School Press, Boston 1993.

Doppler, K.; Lauterburg, C.: Change Management. Frankfurt und New York 1994.

Hammer, M.; Champy, J.: Business Reengineering. Die Radikalkur für das Unternehmen. Frankfurt und New York 1994.

Peters, T.: Jenseits der Hierarchien - Liberation Management. Düsseldorf u.a. 1993.

Scott-Morgan, P.: The Unwritten Rules of the Game. McGraw-Hill, New York 1994.

Sproull, L.; Kiesler, S.: Connections - New Ways of Working in the Networked Organization. MIT-Press, Cambridge, Mass. 1991.

Tapscott, D.; Caston, A.: Paradigm Shift. The New Promise of Information Technology. McGraw-Hill, New York 1993.

TEIL V

Computerunterstützte
Gruppensitzungen

Henrik Lewe

Der Einfluß von Teamgröße und Computerunterstützung auf Sitzungen

Zusammenfassung

Dieser Beitrag vermittelt einen Einblick, welchen Wandel der Einsatz von Computern für Sitzungen mit sich bringt. Dazu wurde Datenmaterial einer Experimentreihe im Hohenheimer CATeam Raum mit 40 Sitzungen und 360 Teilnehmern hinsichtlich Veränderungen im Sitzungsprozeß und im Sitzungsergebnis vergleichend analysiert. In den Sitzungen wurde mit und ohne Computer gearbeitet. Die ohne Computer arbeitenden Teams gingen entweder moderiert vor oder sie waren sich selbst überlassen. Die beobachteten Teams bestanden aus 6 oder 12 Teilnehmern, so daß sich Effekte aus der Veränderung in der technologischen Unterstützungssituation und aus der Zahl der Sitzungsteilnehmer diskutieren lassen. Dabei zeigt sich, daß sich mehr am Sitzungsprozeß selbst als am erarbeiteten Sitzungsergebnis verändert und sich bereits für kleine Teams starke Verbesserungen in der Effizienz der Sitzungsarbeit ergeben. Für große Teams lassen sich die positiven Wirkungen in bestimmten Punkten weiter ausbauen. Dazu gehört vor allem die bessere Verwertung aller im Team verfügbaren Informationen durch eine gleichmäßigere Beteiligung aller Teilnehmer an der Sitzung. Für Aufgaben, bei denen es um die Mitwirkung möglichst vieler Beteiligter geht, ist daher eine Computerunterstützung für Teams (CATeam) in Sitzungen empfehlenswert.

1 Problemstellung

Manager sind der Auffassung, daß Sitzungen oft unproduktiv sind und ihnen viel Zeit darin verloren geht [28]. Mit Informations- und Kommunikationstechnologien läßt sich dies verbessern. Darauf zielt **Computer Aided Team**

(CATeam) ab ([18]; [20]; [22]). Noch gibt es sehr wenige 'elektronische Sitzungsräume', in denen Computerunterstützung zur Verwendung in Sitzungen bereitsteht. Die meisten Räume dieser Art stehen in Amerika zur Verfügung. Dort besteht auch die meiste Erfahrung mit der Untersuchung und Evaluation computerunterstützter Sitzungen ([5]; [12]; [13]; [20]; [22]; [33]), die im Bereich Computer Supported Cooperative Work (CSCW) ([10]; [19]; [20]; [32]) erörtert wird. Ein wichtiges Ergebnis der bisherigen empirischen Forschung ist die stärkere Verbesserung von Sitzungen durch Computerunter- stützung bei zunehmender Zahl an Sitzungsteilnehmern ([6]; [7]; [29]). Auf der Grundlage einer umfangreichen Erhebung in experimentellen Sitzungen kam es in einem neuen Kontext, dem Hohenheimer *"CATeam Raum"* ([23]; [25]), unter Verwendung von GroupSystems ([26]; [27]) zu einer Überprüfung dieses Ergebnisses [22]. Zur grundlegenden Problemstellung der Untersuchung gehörte die Frage, wie sich die Zahl der Sitzungsteilnehmer auf die Veränderun- gen aus dem Einsatz von CATeam in Sitzungen auswirkt. Es galt in diesem Zusammenhang die Hypothese zu überprüfen: *"Große Teams profitieren stärker vom CATeam Einsatz als kleine Teams"*.

2   Die Untersuchungsumgebung

Bestandteil der meisten elektronischen Sitzungsräume sind vernetzte Personal Computer für jeden Sitzungsteilnehmer und eine Großbildanzeige für Informa- tionen, die für alle Sitzungsteilnehmer gemeinsam relevant ist. Auf den Rech- nern werden sogenannte Groupware- oder Gruppenunterstützungssysteme (engl.: Group Support Systems, GSS) eingesetzt [24].

Der Hohenheimer CATeam Raum, in dem die Untersuchung stattfand, ist als elektronischer Sitzungsraum eingerichtet. Die räumliche Situation unterscheidet sich darin im Falle der Computernutzung kaum von einer Umgebung, in der keine Technologie benutzt wird. Dies verbessert die Vergleichbarkeit der Ergebnisse aus beiden Situationen. Die Sitzungsteilnehmer sitzen im CATeam Raum an einem runden Tisch (Abbildung 1). In computerunterstützten Sitzungen stehen zwölf miteinander vernetzte PC-Arbeitsplätze ohne Sicht- oder gar Kommunikationsbeeinträchtigung zwischen den Sitzungsteilnehmern zur Verfügung ([23]; [25]), an denen sich GroupSystems nutzen läßt.

Abb. 1: CATeam Raum an der Universität Hohenheim, Stuttgart
[Copyright Fotografie: Dollinger und Partner, Leonberg]

GroupSystems ist ein Groupware-Produkt bestehend aus flexibel kombinier-baren Werkzeugen zur Unterstützung typischer Sitzungsaktivitäten. Man kann beispielsweise die gemeinsame Ideenfindung, etwa mit einem 'Elektronischen Brainstorming', die gemeinsame Strukturierung der gefundenen Ideen und deren Bewertungen im Team sowie die Planung von Sitzungen unterstützen. Bei der Verwendung von GroupSystems begleitet ein Moderator mit Systembedie-nungsaufgaben (englischsprachig: Facilitator) die Gruppe in ihrer Sitzung ([26]; [27]).

3 Bisherige Ergebnisse

Die Untersuchungsmodelle empirischer Untersuchungen auf dem Gebiet der Computerunterstützung von Teams gehen oft von einem Zusammenhang zwischen 'Team, Aufgabe, Kontext und technologische Unterstützungssituation' als unabhängige Variablen und dem Ablauf (Prozeß) sowie den Resultaten (Ergebnissen) von Sitzungen aus ([22]; [26]). Veränderungen bei den abhängigen Variablen (-mengen), nämlich im Sitzungsprozeß und bei den Ergebnissen, beruhen auf einer Einflußnahme seitens der unabhängigen Variablen (Abbildung 2).

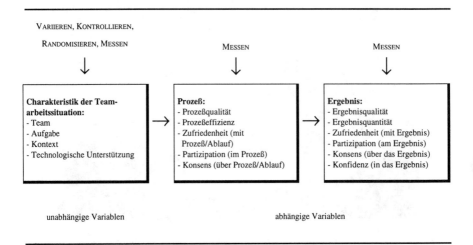

VARIIEREN, KONTROLLIEREN,

RANDOMISIEREN, MESSEN   MESSEN   MESSEN

| Charakteristik der Team-
arbeitssituation:
- Team
- Aufgabe
- Kontext
- Technologische Unterstützung | Prozeß:
- Prozeßqualität
- Prozeßeffizienz
- Zufriedenheit (mit
  Prozeß/Ablauf)
- Partizipation (im Prozeß)
- Konsens (über Prozeß/Ablauf) | Ergebnis:
- Ergebnisqualität
- Ergebnisquantität
- Zufriedenheit (mit Ergebnis)
- Partizipation (am Ergebnis)
- Konsens (über das Ergebnis)
- Konfidenz (in das Ergebnis) |

unabhängige Variablen   abhängige Variablen

Abb. 2: Vereinfachte Darstellung des Untersuchungsmodells ([5]; [22]; [26])

Als unabhängige Variable wird die technologische Unterstützungssituation bewußt variiert. Man kann sie auch mit anderen unabhängigen Variablen gemeinsam variieren. Außer dem Einfluß der Teamgröße ermittelten bisherige Experimente vor allem die Konsequenzen des Computereinsatzes in Verbindung mit einer unterschiedlichen Zusammenstellung der Teams, mit einer Vorgehensstrukturierung, mit unterschiedlichen Sitzungsmitwirkungs-möglichkeiten bei unterschiedlicher Wahrung der Anonymität sowie mit einem veränderten Gesprächsklima. Entsprechende experimenttechnische Vorkeh-rungen (zufällige Zuweisung zu Untersuchungsbedingungen [Randomisierung], kontrollierende Messungen) stellen für die sonstigen unabhängigen Variablen in den experimentellen Untersuchungen sicher, daß sie die Untersuchungsergeb-nisse nicht verzerren. Die interessierenden Veränderungen im Sitzungsprozeß und -ergebnis werden im Detail an qualitativen und quantitativen Merkmalen sowie an der Zufriedenheit, an der Beteiligung (Partizipation) seitens der Unter-suchungsteilnehmer und am Konsens innerhalb der Teams festgemacht.

Wegen der noch geringen Verbreitung elektronischer Sitzungsräume in Unter-nehmen und wegen der besseren Kontrollierbarkeit der Untersuchungsvariablen gibt es bisher mehr Laborexperimente als Feldstudien über computerunterstützte Sitzungen ([13]; [22]). Die bisherigen empirischen Ergebnisse beruhen auf Untersuchungen mit durchschnittlich 150 Versuchsteilnehmern. Meistens wurden recht kleine Teams mit etwa 5 Teilnehmern gebildet, die mit oder ohne Computerunterstützung eine bestimmte Aufgabe in einer Sitzung zu erledigen hatten. Über die Auswirkungen der Computerunterstützung in Sitzungen von größeren Teams (durchschnittlich 9 Teilnehmer) gibt es hauptsächlich Erfahrungen aus Sitzungen mit GroupSystems. Obwohl in empirischen Untersuchungen eher kleine Teams in ihren Sitzungen beobachtet wurden, zeigen die bisherigen Ergebnisse insgesamt deutlichere Effekte des Computereinsatzes bei großen Teams als bei kleinen Teams. Dies gilt vor allem für Auswirkungen auf die Zahl der generierten Lösungsideen zu der angegangenen Aufgabenstellung sowie der für die Aufgabenbearbeitung benötigten Zeit. Mit dem Computereinsatz verringern sich Prozeßverluste (z.B. aus Beteiligungshemmnissen während der Sitzung) und steigern sich mögliche Prozeßgewinne (z.B. aus einer höheren Motivation) [29]. Hinsichtlich der Qualität sowie der Zufriedenheit von Sitzungsprozeß und -ergebnis ergeben sich allerdings verschiedene, zum Teil auch widersprechende Befunde [33].

Die Unterschiede in den bisherigen empirischen Befunden beruhen zum Teil auf einer unterschiedlichen theoretischen Fundierung der Hypothesenentwicklung und Ergebnisinterpretation [35]. Die Untersuchungen unterscheiden sich aber auch in der Untersuchungsumgebung, in der gegebenen Aufgabenstellung, in den benutzten Maßen und in den vorgenommenen Messungen. Da in der vorliegenden Untersuchung in den computerunterstützten Sitzungen mit GroupSystems gearbeitet wurde, werden nachfolgend die bisherigen Ergebnisse in Laborexperimenten mit diesem System näher beleuchtet. Sie wurden meistens an der University of Arizona durchgeführt ([5]; [29]).

Die größten positiven Wirkungen des Einsatzes von GroupSystems wurden in Verbindung mit zunehmender Teamgröße ermittelt ([6]; [7]; [39]). Je größer die Teams waren, die mit GroupSystems arbeiteten, desto besser oder größer wurde ihre Ergebnisqualität, die Ergebnismenge und Ideenvielfalt sowie die Zufriedenheit mit dem Ergebnis. Es werden mehr unterschiedliche Ideen oder Lösungen mit Hilfe des Computers produziert. An der Beteiligung der Sitzungsteilnehmer änderte sich in dieser Untersuchung wenig, aber die Effizienz des Sitzungsprozesses verbesserte sich [7]. Keine Veränderungen außer einer abnehmenden Übereinstimmung beim erzielten Ergebnis, wurden dagegen im Vergleich großer und kleiner mit Computerunterstützung arbeitender Teams festgestellt.[40]

Sachbezogener werden Sitzungen durch die Gewährleistung von Anonymität bei den Sitzungsbeiträgen ([3]; [16]; [38]; [39]; [41]). In einigen Fällen verbesserte sich in Verbindung mit der Anonymität die Ergebnisqualität ([3]; [4]; [9]), in anderen Fällen die Ergebnismenge ([17]; [37]) oder, bei interessanterweise abnehmender Ergebniszufriedenheit, auch beides [39].

Keine signifikanten Effekte aus der Computerunterstützung ergeben sich nach ([4]; [11]) beim Vergleich der Leistungen von ad hoc zusammengestellten und etablierten Teams. Allerdings gab es in den Diskussionen bei etablierten Teams kritischere Äußerungen und es bestand ein größere Bereitschaft Konflikte offen auszutragen, so daß sich in der Partizipation durch den Computereinsatz etwas änderte.

Durch den Einsatz einer Moderation mit Prozeßstrukturierung und Anwendung einer Problemlösungsmethode, z.B. dem Brainstorming, und noch stärker beim Einsatz von GroupSystems in Kombination mit einer dieser Problemlösungsmethoden wurde eine höhere Effizienz und Zufriedenheit bei gleichmäßiger verteilter Partizipation festgestellt ([8]; [31]).

Zusammenfassend läßt sich feststellen, daß sich die meisten Verbesserungen in den Laborexperimenten hinsichtlich der Ergebnismenge, Ergebniszufriedenheit und mit Einschränkungen auch hinsichtlich der Ergebnisqualität beim Einsatz von GroupSystems ergaben. Der Sitzungsprozeß wurde nicht so intensiv untersucht.

4   Das Untersuchungsdesign

Das Untersuchungsdesign sollte sich zur Erhebung des Einflusses der Computerunterstützung in Sitzungen durch einen Vergleich von computerunterstützten und nicht-computerstützten Sitzungen, seien sie moderiert oder nicht moderiert, im Rahmen eines Laborexperiments eignen. Dabei war zu berücksichtigen, daß nach den bisherigen Ergebnissen in erster Linie die Teamgröße bei der Nutzung von GroupSystems eine Rolle spielte.

Es wurden deshalb Sitzungen mit sechs und mit zwölf Sitzungsteilnehmern untersucht, die entweder 'mit Computer', 'mit Struktur' oder 'ohne Vorgabe' arbeiteten. Die Versuchspersonen waren dementsprechend einem von sechs möglichen Treatments ausgesetzt (Abbildung 3). Die computerunterstützten Teams hatten GroupSystems mit einem Facilitator zur Verfügung. Die Teams, die 'mit Struktur' arbeiteten, bekamen manuelle Hilfsmittel (Papier und Bleistift) und einen Moderator gestellt, der den Sitzungsprozeß strukturierte. Teams 'ohne Vorgabe' bestimmten ihre Vorgehensweise in der Sitzung selbst und führten eine verbale Diskussion ohne Hilfsmittel durch. Sämtliche Teams waren in den Experimenten mit drei für Sitzungen typische Aufgaben, der Ideenfindung, der Ideenorganisation und Abstimmung konfrontiert. Die eingesetzten GroupSystems Softwarekomponenten sind für die Unterstützung dieser Tätigkeiten ausgerichtet. Zur Ideenfindung wurde in den computerunterstützten Sitzungen das Werkzeug 'Elektronisches Brainstorming', zur Sortierung und Zusammenfassung der Ideen das Werkzeug 'Ideen Organisation' und zur Entscheidung über eine Rangfolge der erarbeiteten möglichen Lösungsansätze das Werkzeug 'Auswahl' eingesetzt.

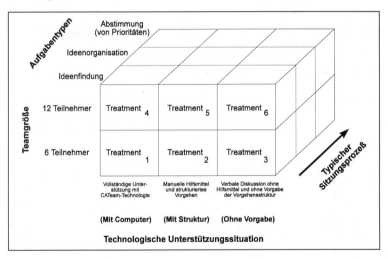

Abb. 3: Experiment-Design [22]

Alle Experimentalteams bekamen als Aufgabe in ihrer einstündigen Sitzung die Lösung einer umweltpolitischen Fragestellung vorgegeben. Die Teilnehmer sollten gemeinsam im Team eine nach Wirksamkeit geordnete Liste aller Lösungsansätze zur Behebung des Abfallproblems erarbeiten. Die Teilnahme am Experiment war freiwillig. Als Teilnehmer der Sitzungen wurden Studenten der Universität Hohenheim angeworben. Aus der Analyse der über die Versuchsteilnehmer erhobenen Merkmale ergaben sich keine Anhaltspunkte, daß eine einseitige, resultatsverzerrende Zuweisung zu den Sitzungen vorlag [22].

Grundgesamtheiten der Stichprobe je Treatment

Teamgröße	Technologische Unterstützungssituation			
	Mit Computer	Mit Struktur	Ohne Vorgabe	Insgesamt
6 Teilnehmer	8 Teams	6 Teams	6 Teams	20 Teams (50%)
12 Teilnehmer	8 Teams	6 Teams	6 Teams	20 Teams (50%)
Insgesamt	16 Teams (40%)	12 Teams (30%)	12 Teams (30%)	40 Teams (100%)

Zahl der untersuchten Teams

Teamgröße	Technologische Unterstützungssituation			
	Mit Computer	Mit Struktur	Ohne Vorgabe	Insgesamt
6 Teilnehmer	48 Teilnehmer	36 Teilnehmer	36 Teilnehmer	120 Teilnehmer (33%)
12 Teilnehmer	96 Teilnehmer	72 Teilnehmer	72 Teilnehmer	240 Teilnehmer (66%)
Insgesamt	144 Teilnehmer (40%)	108 Teilnehmer (30%)	108 Teilnehmer (30%)	360 Teilnehmer (100%)

Zahl der untersuchten Sitzungsteilnehmer in den Teams

Tab. 1: Stichprobe

Insgesamt wurden für die vorliegende Untersuchung 40 Experimentalsitzungen mit 360 Teilnehmern durchgeführt. Aufgrund dieses Stichprobenumfangs waren aussagekräftige Daten zu erwarten. Die Datenerhebung erfolgte in Form schriftlicher Befragungen sowie, im Falle von computerunterstützten Sitzungen, mit einem Systemmonitoring für die Bereitstellung von Statistiken über die Computernutzung. In den Fragebogen sollten die Sitzungsteilnehmer ihr Urteil über den Sitzungsverlauf, das Sitzungsergebnis, über das Teamverhalten, sowie über 'GroupSystems' angeben. Die Teilnehmer konnten ihre Meinung in der Regel auf einer fünfstufigen Likert-Skala zu konkreten Behauptungen (statements) äußern. Die Skala hatte die Ausprägungen 'stimmt' (5), 'stimmt weitgehend' (4), 'stimmt vielleicht/teilweise' (3), 'stimmt eher nicht' (2) und 'stimmt nicht' (1). Außerdem wurden die Sitzungen über Video aufgezeichnet und die Interaktion der Teilnehmer über GroupSystems vom System protokolliert. Allein die aus den Fragebogen resultierende Rohdatenbasis weist über 100 Einzelvariablen aus.

Die Auswertung der Daten erfolgte nach verschiedenen statistischen Verfahren. Die nachfolgenden Ergebnisse beruhen auf einer Varianzanalyse der erhobenen Fragebogen-Daten und weisen eine Irrtumswahrscheinlichkeit von 5% auf. Sie zeigen in Abhängigkeit von der Teamgröße, bei welchen Merkmalen von Sitzungen im vorliegenden Experiment signifikante Unterschiede in Verbindung mit der spezifischen Untersuchungssituation feststellbar waren. Der Umfang des Unterschieds läßt sich anhand der Effektgröße 'd' erkennen, die den Unterschied zwischen den Mittelwerten der jeweils gegenübergestellten Treatments und ihren Standardabweichungen berücksichtigt. Sie errechnet sich aus d = $(m_1-m_2)/\sigma$, wobei m_i jeweils den Mittelwert aus einer der beiden hinsichtlich des Effektes zu vergleichenden Treatmentpopulationen darstellt. σ ist die Standardabweichung der Gesamtpopulation der verglichenen Treatments. Große Effekte liegen ab einem Betrag von etwa d > 0,8 vor. Es sind positive und negative Effektgrößen feststellbar ([1]; [2]). Die Versuchsreihe ist abgeschlossen. Die vollständigen Ergebnisse sind in [22] dokumentiert.

5   Ergebnisse

In Abhängigkeit von den feststellbaren signifikanten Unterschieden zwischen den verschiedenen Treatments lassen sich verschiedene Wirkungsmuster des Computereinsatzes in Sitzungen unterscheiden [22]. Hier soll vor allem auf diejenigen Unterschiede eingegangen werden, die nicht allein auf den Computereinsatz, allein auf die strukturierende Intervention durch einen Facilitator oder allein auf die Teamgröße, sondern auf eine bestimmte Kombination der gewährten technologischen Unterstützung und der gegebenen Teamgröße zurückzuführen sind. Das bedeutet, daß für diese Merkmale signifikante Unterschiede zwischen allen verschiedenen Treatments in dieser Untersuchung bestehen. Tabelle 2 gibt eine Übersicht über die festgestellten signifikanten

Änderungen, die sich bei computerunterstützt arbeitenden Teams für beide untersuchten Teamgrößen feststellen ließen. Ein '+' vor dem Merkmal bedeutet eine deutliche (Skalenwert-) Zunahme des entsprechenden Merkmals für den computerunterstützten Fall bei zumindest einer der beiden untersuchten Teamgrößen. Ein '-' vor dem Merkmal bedeutet eine Abnahme. Dahinter sind in Abhängigkeit von der Teamgröße die Mittelwerte und Standardabweichungen sowie die Werte der Effektgröße aufgeführt. Die Tabelle zeigt, welche Aspekte von Sitzungen der Computereinsatz und die Teamgröße wesentlich beeinflußten und in welche Wirkungsrichtung die Einflußnahme ging.

Es wurden hier also diejenigen Merkmale von Sitzungen herausgesucht, bei denen ein signifikanter Unterschied zu erkennen war. Für die hier nicht aufgeführten Merkmale von Sitzungen, die dem Untersuchungsmodell zufolge erhoben wurden, ließen sich entweder gar keine signifikanten Unterschiede zwischen den einzelnen Treatments feststellen oder die untersuchte Kombination der technologischen Unterstützung in der Sitzung und Teamgröße war dafür nicht ausschlaggebend. Signifikante Unterschiede lagen ab einer Effektgröße $|d| \geq 0{,}75$ bei zumindest einer der beiden Teamgrößen vor.

6 Interpretation und Diskussion der Befunde

Der Computereinsatz führt nach Meinung der Untersuchungsteilnehmer zu besonders starken Veränderungen bei der Schnelligkeit des Sitzungsprozesses ($d = 3{,}64$ bei kleinen bzw. $d = 3{,}05$ bei großen Teams). Computerunterstützte Teams profitierten von einer erhöhten Sitzungsgeschwindkeit. Dies bestätigt die Meinung der Untersuchungsteilnehmer über dessen Effizienz. Kleine Teams profitierten davon ihrer Meinung nach mehr ($d = 2{,}02$) als große Teams ($d = 1{,}25$). Es ist möglicherweise etwas schwieriger für große Teams, den potentiellen Beschleunigungseffekt tatsächlich zu nutzen.

Teamgröße	6 Teilnehmer					12 Teilnehmer				
Sitzungsbedingung	Computer-unterstützt		Ohne Unter-stützung		Effekt-größe	Computer-unterstützt		Ohne Unter-stützung		Effekt-größe
Sitzungsaspekt (Variable)										
Sitzungsprozeßbezogene Effekte:	μ	σ	μ	σ	d	μ	σ	μ	σ	d
+ Effektivität des Sitzungsprozesses	3,71	0,59	3,31	0,41	**0,79**	3,53	0,63	3,04	0,68	**0,75**
+ Effektivität der Ideenorganisation	3,52	0,56	2,92	0,66	**0,99**	2,82	0,84	2,82	0,67	**0,00**
+ Effektivität der Abstimmung	3,91	0,44	2,86	0,71	**1,77**	3,62	0,49	2,71	0,78	**1,40**
+ Effizienz des Sitzungsprozesses	3,69	0,44	2,89	0,34	**2,02**	3,56	0,62	2,74	0,70	**1,25**
+ Sitzung war schneller als zu erwarten war	3,58	0,56	1,86	0,37	**3,64**	3,33	0,51	1,82	0,48	**3,05**
+ Vollständigkeit der Informationsauswertung	3,49	0,37	3,44	0,58	**0,09**	3,68	0,39	2,99	0,51	**1,52**
+ Zufriedenheit mit dem Sitzungsablauf	4,03	0,55	3,50	0,37	**1,13**	3,69	0,41	3,15	0,766	**0,97**
+ Gleichmäßigkeit in der Partizipation	3,73	0,64	3,24	0,48	**0,87**	3,53	0,67	2,62	0,59	**1,45**
- Herausbildung eines informalen Führers	1,93	0,44	3,11	0,51	**-2,48**	2,09	0,83	3,26	0,74	**-1,49**
+ Anonymität wird als erforderlich gesehen	3,82	0,61	2,87	0,43	**1,80**	3,71	0,34	2,75	0,28	**3,10**
- Zuordnungsmöglichkeit von Beiträgen zu Personen	1,94	0,31	3,11	0,50	**- 2,82**	1,70	0,28	2,99	0,31	**- 4,40**
- Schwierigkeit als Team Lösungen zu erzielen	2,19	0,49	3,19	0,41	**- 2,22**	2,57	0,63	3,10	0,72	**- 0,78**
- Konflikte innerhalb des Teams	1,86	0,40	1,83	0,42	**0,08**	1,84	0,36	2,66	0,67	**- 1,51**
Ergebnisbezogene Effekte:										
+ Ideenmenge (Zahl der Äußerungen mit Ideen)	102,50	20,88	77,67	25,52	**1,06**	111,25	31,25	89,00	13,49	**0,92**
+ Ideenmenge (Teilnehmerurteil)	3,77	0,53	3,69	0,60	**0,13**	4,29	0,20	3,29	0,42	**2,99**
+ Ideenvielfalt	3,90	0,28	3,72	0,40	**0,50**	3,85	0,26	3,29	0,55	**1,28**

Erläuterung: + Effekt führte zur Zunahme
                − Effekt führte zur Abnahme
Aus den grau unterlegten Spalten geht die Größe der Effekte beim Vergleich der computerunterstützten mit nicht-unterstützten Teams für die jeweilige Teamgröße hervor.

Tab. 2: Signifikante und ihre Effektgröße [22]

Da nach dem Untersuchungsdesign die Sitzungsdauer für alle Treatments fest vorgegeben war und ein Untersuchungteilnehmer nur an einem bestimmten Treatment teilnahm, ließ sich weder für die Untersuchungsteilnehmer noch für den Experimentator im direkten Vergleich der Sitzungsdauer feststellen, ob die Sitzungen mit Computer schneller als ohne Computer waren. Darum bedarf es im Zusammenhang mit der Schlußfolgerung, computerunterstützte Sitzungen seien schneller und effizienter, einer Erklärung, wie die Probanden zu dieser

Meinung gelangten. Die Teilnehmer konnten dies nur indirekt beurteilen, indem sie selbst aufgrund einer Prognose der für die zu erledigende Aufgabe normalerweise benötigten Zeit, eine relative Einschätzung über die Geschwindigkeit und Effizienz ihrer Sitzung gaben. Die entsprechenden Statements im Fragebogen, die die Probanden auf der fünfstufigen Likert-Skala befürworten oder ablehnen konnten, lauteten für die Geschwindigkeit "Die Sitzung hat viel weniger Zeit gekostet, als zu erwarten war." und für die Effizienz "Die Sitzung verlief sehr effizient." Da ein offenes Ende von Sitzungen bzw. direkte Sitzungsdauervergleiche in empirischen Untersuchungen nicht immer realisierbar sind, beruhen die bisherigen Ergebnisse in Bezug auf die Sitzungseffizienz und -geschwindigkeit oft auf diesen indirekten Erhebungen mit Einschätzungen und Zeitbedarfsprognosen der Sitzungs- oder Projektteilnehmer (vgl. z.B. [30]; [31]; [34]). Es ist nicht auszuschließen, daß man bei Messungen der tatsächlichen Sitzungsdauer bei einem offenen Ende der Sitzung zu einem anderen, möglicherweise sogar gegenteiligen Ergebnis zur subjektiven Wahrnehmung kommt (z.B. [36]). Die meisten bisherigen Befunde stimmen jedoch mit dem hier vorliegenden Ergebnis in der Wirkungsrichtung und im hohen Rang des Effektes überein ([3]; [17];][30]; [34]; [38]; [39]). Dies bestätigt sich ebenfalls, wenn man berücksichtigt, daß sich die Effizienz in anderen Untersuchungen auch aus der in der gegebenen Zeit produzierten Ergebnismenge (siehe weiter unten) oder, falls es mehrere Sitzungen gibt, an der benötigten Gesamtzahl der Sitzungen beurteilen läßt [38].

Eine besonders starke Veränderung weist weiterhin die Zuordnungsmöglichkeit von Beiträgen während der Sitzung zu bestimmten Personen auf (d = -2,82 bei kleinen bzw. d = -4,40 bei großen Teams). Dies deutet auf eine tatsächlich gewährleistete Anonymisierung des Meinungsaustausches über den Computer hin, die bei großen Teams im Anonymitätsgrad steigt. Somit bestätigt sich eine entsprechende Vermutung von ([38], S. 224), die sie aus zunehmenden Effekten der Anonymität bei großen Teams ableiten [30]. Aufgrund der vorliegenden Untersuchung zeigt sich darüber hinausgehend, daß Teams mit zunehmender Größe aus dem Effekt des höheren Anonymitätsgrads mehr Vorteile ziehen als kleine, denn große Teams (d = 3,10) sahen im Vergleich zu kleinen Teams (d = 1,80) die Anonymität eher erforderlich zur Bewältigung ihrer Aufgabe an. Nur mit Computerunterstützung fühlten sich die Sitzungsteilnehmer in der Lage, auch Äußerungen loszuwerden, die sie sonst nicht gemacht hätten oder nicht hätten machen können.

Insgesamt war die Möglichkeit zur Beteiligung als Folge der Computerunterstützung gleichmäßiger verteilt (d = 0,87 bei kleinen Teams und d = 1,45 bei großen Teams) und die Sitzung war weniger von einer dominanten Person oder einem informalen Führer bestimmt (d = -2,48 bei kleinen Teams und d = -1,49 bei großen Teams). Je größer das untersuchte Team war, desto eher muß sich doch noch eine Führungsperson hervorgetan haben, ohne damit die bessere Beteiligungsmöglichkeit jedes Einzelnen beeinträchtigen zu können oder eine Meinungsführerschaft zu übernehmen. Möglicherweise hoben sich diese Personen in großen Teams hervor, um ihr Team insgesamt voranzubringen und damit die potentiellen Beschleunigungseffekte besser freizusetzen. Der Eindruck aus den Sitzungen selbst bekräftigt diese Erklärung. Naheliegend ist, daß die Facilitatoren diese Aufgabe annehmen. Da mehrere bisherige empirische Befunde eine signifikant stärkere Zunahme der Gleichmäßigkeit in der Partizipation bei zunehmender Teamgröße und Computereinsatz nicht nachweisen konnten ([8]; [39]; Ausnahme: [11]), ist das Ergebnis der hier vorliegenden Untersuchung etwas überraschend. Die unterschiedlichen Befunde lassen sich dadurch erklären, daß zwei gegenläufig wirkende Ursachen für Veränderungen der Partizipation aufeinandertreffen. Während der Computereinsatz bei konstanter Teamgröße zu mehr Gleichmäßigkeit in der Partizipation führt, sinkt mit zunehmender Teamgröße diese Gleichmäßigkeit. Im vorliegenden Fall war die Verbesserung in der Gleichmäßigkeit aus dem Computereinsatz somit stärker als die Verschlechterung aus der zunehmenden Teamgröße. Die kreisförmige Sitzanordnung im CATeam Raum und das Design vom CATeam-Tisch könnte diese gegenüber den anderen Untersuchungen zusätzliche Verbesserung in der Gleichmäßigkeit der Partizipation herbeigeführt haben. In den anderen Untersuchungen vermochte der Computereinsatz die Verschlechterung gerade aufzuheben (vgl. z.B. [9]; [7]).

Signifikant änderte sich nach Meinung der Untersuchungsteilnehmer weiterhin die Effektivität des Sitzungsprozesses (d = 0,79 für kleine Teams und d = 0,75 für große Teams) und zwar insbesondere in der Phase der gemeinsamen Abstimmung oder Bewertung (d = 1,77 für kleine Teams und d = 1,40 bei großen Teams). Bei der allgemein schwierigen Ideenorganisation konnten immerhin noch kleine Teams signifikante Verbesserungen vom Computer erfahren (d = 0,79). Bei großen Teams gab es keinen Unterschied mehr. Die in großen Teams produzierte Ideenmenge zur Lösung der angegangenen Aufgabe wird so groß, daß Ihnen der Computer bei der Ideenorganisation keinen Vorteil bietet (d = 0). An der Effektivität der Ideenfindung mit der Brainstorming-

methode ändert sich durch den Computereinsatz in Verbindung mit unterschiedlichen Teamgrößen nichts. Insgesamt war man mit Computerunterstützung mit
dem Sitzungsablauf etwas zufriedener als ohne (d = 1,13 bei kleinen Teams und
d = 0,97 bei großen Teams). Die Zunahme der Effektivität und Zufriedenheit
entspricht den Beobachtungen bisheriger Untersuchungen ([8]; [39]). Es zeigt
sich in dieser Untersuchung diesbezüglich allerdings eine geringere, wenn auch
immer noch signifikante Bedeutung der Teamgröße.

Die Computerunterstützung war außerdem in der Lage, Schwierigkeiten zu
beseitigen, die eine Lösung des vorliegenden Problems im Team verhinderten,
vor allem bei kleinen Teams (d = -2,22 bei kleinen Teams und d = -0,78 bei
großen Teams). Konflikte innerhalb von Teams ließen sich verhindern und zwar
mit deutlicherem Effekt bei den großen Teams (d = -0,08 für kleine Teams und
d = -1,51 bei großen Teams). Kleine Teams waren hier von sich aus konflikt-
freier. Die wenigen vergleichbaren Befunde ließen eher nicht erwarten, daß
Computerunterstützung von sich aus zur Konfliktlösung in größeren Teams
beiträgt ([4]; [11]. Es ist zu vermuten, daß sich die in dieser Untersuchung mit
zunehmender Teamgröße festgestellte zunehmende Verbesserung von
Sitzungen im Hinblick auf Konflikte durch den Einsatz von CATeam nicht auf
beliebig große Teamgrößen ausdehnen läßt, auch nicht mit Moderator bzw.
Facilitator. Mit zunehmender Teamgröße ist stärker mit der Bildung von Koali-
tionen bzw. Untergruppen zu rechnen, was die Chancen für Konflikte im Team
wieder erhöht [8].

In Bezug auf das Sitzungsergebnis entstand beim Computereinsatz in großen
Teams der Eindruck, daß mit Hilfe des Computers signifikant mehr Ideen
entstehen und sich die Ideenvielfalt verbessert (d = 2,99 bzw. d = 1,28). Bei
kleinen Teams war dieser Eindruck nicht so deutlich (d = 0,13 bzw. d = 0,50).
Diese Meinung der Sitzungsteilnehmer bestätigt die im direkten Vergleich
tatsächlich gemessene höhere Ergebnismenge der computerunterstützten Teams
gegenüber den ganz ohne Vorgabe arbeitenden Teams (gemessen anhand der
Zahl der Äußerungen mit Ideen d = 1,06 bei kleinen Teams und d = 0,92 bei
großen Teams). Dies ist auf die wesentlich bessere Möglichkeit der Auswertung
der im Team verfügbaren Informationen im Sitzungsprozeß zurückzuführen,
wenn der Computer zu Hilfe genommen wird. Große Teams sahen dies so (d =
1,52), kleine Teams weniger (d = 0,09). In kleinen Teams sind die verfügbaren
Informationen demnach grundsätzlich besser zugänglich. Weitere signifikante
ergebnisbezogene Effekte lassen sich nicht auf das Vorliegen einer spezifischen
Kombination im gewährten technologischen Unterstützungsumfang und einer

bestimmten Teamgröße zurückführen. Damit bestätigen sich bisherige Ergebnisse hinsichtlich der Ergebnismenge im Gegensatz zu den bisherigen Befunden hinsichtlich der Ergebnisqualität [8]. Die Qualität des Sitzungsergebnisses verbesserte sich in der vorliegenden Untersuchung nämlich nicht in Verbindung mit einer bestimmten Unterstützungsumfang/Teamgrößen-Kombination. Vielmehr ergibt sich, daß man mit Computerunterstützung zu qualitativ ähnlichen Ergebnissen wie in herkömmlichen Sitzungen kommt. Dies bestätigen die Bewertungen der Ergebnisqualität durch Experten [22]. Die Ergebnisse werden jedoch wesentlich schneller und in vollständigerem Umfang produziert.

7 Schlußfolgerungen

In der vorliegenden Untersuchung ließen sich in Verbindung mit dem technologischen Unterstützungsumfang und der untersuchten Teamgröße am ehesten Veränderungen bei Aspekten des Sitzungsprozesses feststellen. Am Sitzungsergebnis läßt sich demnach nicht soviel ändern, wenn man von der produzierten Ergebnismenge absieht. Die weitere experimentelle Erforschung des Computereinsatzes in Sitzungen sollte die Betrachtung des Sitzungsprozesses gegenüber der Betrachtung der Sitzungsergebnisse nicht vernachlässigen (dies fordert auch z.B. [33]).

Zu den Sitzungsaspekten, die sich besonders deutlich verändern, wenn man Teamsitzungen mit CATeam-Unterstützung versieht und zugleich die Zahl der teilnehmenden Personen erhöht, gehören die Anonymität in der Sitzungssituation, die Geschwindigkeit der Sitzung und deren Effizienz, das Auftreten dominanter Personen, die Effektivität speziell in Abstimmungsprozessen sowie die Ergebnismenge (vor allem nach Teilnehmerurteil) der Ideen. Bei sieben der erhobenen Sitzungsmerkmale nahm die Effektgröße bei zunehmender Teamgröße im Betrag zu. Dazu gehörten die Vollständigkeit der Informationsauswertung, die Gleichmäßigkeit in der Partizipation, der Anonymitätsgrad und das Anonymitätserfordernis, die Verbesserung der Konfliktsituation im Team sowie die Ideenmenge (nach Teilnehmerurteil) und die Ideenvielfalt. In diesen Fällen profitierten große Teams stärker vom CATeam Einsatz als kleine Teams. Dies wären Gründe, die Teamgröße in Sitzungen mit CATeam-Unterstützung möglichst groß werden zu lassen, da dann noch größere Vorteile zu erwarten sind. In neun Fällen war die Effektgröße jedoch bei kleinen Teams größer als in großen Teams, so daß diesbezüglich zunehmende Teamgrößen in Verbindung mit dem CATeam-Einsatz zwar möglicherweise noch Verbesserungen bringen, aber

CATeam-Einsatz zwar möglicherweise noch Verbesserungen bringen, aber nicht in zunehmendem Umfang. Dazu gehörten die Effektivität des Sitzungsprozesses allgemein und die Effektivität in Bezug auf die Ideenorganisation und Abstimmung im speziellen. Weiterhin ließen sich die Effizienz und Schnelligkeit von Sitzungen, die Zufriedenheit mit dem Sitzungsablauf, die Schwierigkeit als Team eine Lösung zu erzielen und die tatsächlich meßbare Ergebnismenge (Zahl der Äußerungen mit Ideen) bei größeren Teams in Verbindung mit der CATeam Nutzung nicht stärker steigern. Die Hypothese "Große Teams profitieren stärker als kleine Teams vom CATeam Einsatz" erwies sich nur in sieben von 16 der erfaßten und signifikant unterschiedlichen Merkmalen als annehmbar. Für kleine Teams ergaben sich hier mehr stärkere positive Effekte aus dem CATeam Einsatz. Es lohnt sich also nicht in jedem Fall, mehr Teilnehmer zu Sitzungen einzuladen, wenn sie mit CATeam durchgeführt wird. Es kommt darauf an, was und in welchem Umfang man mit dem CATeam Einsatz in Sitzungen verbessern möchte und welche Variablen damit relevant sind. Weil aber die Gleichmäßigkeit in der Partizipation zunimmt, empfiehlt sich für Aufgaben, bei denen es um die Mitwirkung möglichst vieler Beteiligter geht, die Verwendung von CATeam in Sitzungen.

Im Vergleich mit bisherigen empirischen Ergebnissen überrascht besonders die geringere Bedeutung der Effektivitätsverbesserung und die stärkere Bedeutung gleichmäßigerer Partizipation infolge des CATeam Einsatzes mit steigender Teamgröße ([7]; [39]). Darin äußert sich, daß auch viele andere Merkmale von Sitzungen neben der Teamgröße in Verbindung mit der Computerunterstützung ausschlaggebend für Veränderungen in Sitzungen sein können. Die spezielle räumliche Situation im CATeam Raum, das jeweils verwendete Computersystem, die Nutzung des Systems durch studentische Probanden, Lerneffekte, etc. sind Beispiele für solche Einflußfaktoren (siehe auch Abbildung 1). Sie konnten in dieser Erhebung in ihrer Wirkung nicht untersucht werden. Im Gegenteil, sie wurden weitgehend konstant gehalten (gleicher Raum; gleiches System; gleicher Probanden-Pool; keine Lerneffekte, da nur einmalige Nutzung), damit sie nicht die Quelle der signifikanten Veränderungen innerhalb dieser Untersuchung sein konnten. Auf die mögliche Bedeutung der räumlichen Anordnung der Arbeitsplätze und die Gestaltung des Tisches im CATeam Raum als Erklärung für die gleichmäßigere Partizipation in den großen Teams wurde bereits hingewiesen. Der positive Gesamteindruck aus den Befunden ist möglicherweise auf die Verwendung von GroupSystems zurückzuführen, denn Untersuchungen mit anderen Systemen zeigen andere, zum Teil auch gegenteilige Ergebnisse. Hier besteht noch eine Lücke direkter empirischer Vergleiche verschiedener Systeme zur Sitzungsunterstützung ([14] als ein Beispiel für einen solchen Vergleich). Wegen der Verwendung studentischer Probanden können die Ergebnisse im Hinblick auf den Einsatz dieser Technologie in Unternehmen weniger aussagekräftig sein. Ob dies der Fall ist, läßt sich erst beurteilen, wenn die Technologie in Unternehmen stärker eingesetzt wird. Bisher läßt sich lediglich erkennen, daß die mit Studenten gewonnenen Ergebnisse vergleichsweise zurückhaltende Befunde über Veränderungen ergeben und immer dann aussagekräftig sind, wenn die Untersuchungssituation realitätsnah gestaltet ist ([15]; [28]). Weiterhin können im Laufe längerer und häufigerer Benutzung positive Lerneffekte auftreten. Hierüber gibt es noch wenige Untersuchungen ([5]; [12]; [33]). Im Zusammenhang mit der vorliegenden Untersuchung ergab sich als spezieller Lerneffekt bereits mit der ersten Sitzung mit CATeam, daß man die Bedeutung der Anonymität in gemeinsamer Sitzungsarbeit zu schätzen lernte [22].

Um das Verständnis für computerunterstützte Teamarbeit weiter zu verbessern, sind deshalb Untersuchungen über Sitzungen sinnvoll, die andere Randbedingungen als bisher variieren und auch Systemvergleiche anstellen. Insbesondere sind die gewonnenen Erfahrungen im Feld zu überprüfen. Auch wenn sich die Randbedingungen im Feld schwieriger kontrollieren lassen und ergänzende Erhebungsverfahren anzuwenden sind, ist es erforderlich, die Erfahrungen im Feld einzubeziehen ([21]; [27]).

8   Literatur

[1]   Bortz, J.: Lehrbuch der empirischen Forschung für Sozialwissenschaftler. Berlin, Heidelberg und New York 1984.

[2]   Cohen, J.: Statistical Power Analysis for the Behavioral Sciences. 2. Aufl. Lawrence Erlbaum, New York 1988.

[3]   Connolly, T.; Jessup, L. M.; Valacich, J. S.: Effects of Anonymity and Evaluative Tone on Idea Generation in Computer-Mediated Groups. In: Management Science 36 (1990) 6, S. 689-703.

[4]   Dennis, A. R.; Easton, A. C.; Easton, G. K.; George, J. F.; Nunamaker, J. F.: Ad hoc versus Established Groups in an Electronic Meeting System Environment. In: Proceedings of the 23. Hawaii International Conference on Systems Sciences (HICSS-23). Vol. 3. Kailua-Kona, Hawaii 1990, S. 23-29.

[5]   Dennis, A.; George, J.; Jessup, L.; Nunamaker, J.; Vogel, D.: Information
       Technology to Support Electronic Meetings. In: MIS Quarterly 12 (1988)
       4, S. 591-624.

[6]   Dennis, A. R.; Valacich, J. S.; Nunamaker, J. F.: Productivity Loss and
       Gain in Brainstorming Groups: More Evidence on an Old Riddle.
       Arbeitspapier CMI WPS 90-67. MIS Department, University of Arizona,
       Tucson 1990.

[7]   Dennis, A. R.; Valacich, J. S.; Nunamaker, J. F.: An Experimental Inve-
       stigation of Effects of Group Size in an Electronic Meeting Environment.
       In: IEEE Transactions on Systems, Man, and Cybernetics 20 (1990) 5, S.
       1049-1057.

[8]   Dennis, A. R.; Valacich, J. S.; Nunamaker, J. F.: Group, Sub-group and
       Nominal Group Idea Generation in an Electronic Meeting Environment.
       In: Proceedings of the 24. Hawaii International Conference on Systems
       Sciences (HICSS-24). Vol. 3. Kauai, Hawaii 1991, S. 573-579.

[9]   Easton, A. C.; Vogel, D. R.; Nunamaker, J. F.: Stakeholder Identification
       and Assumption Surfacing in Small Groups: An Experimental Study. In:
       Proceedings of the 22. Hawaii International Conference on Systems
       Sciences (HICSS-22). Vol. 3. Kauai, Hawaii 1989, S. 344-352.

[10]   Gappmaier, M.; Heinrich, L. J.: Computerunterstützung kooperativen
       Arbeitens (CSCW). Das aktuelle Schlagwort. In: Wirtschaftsinformatik
       34 (1992) 3, S. 340-343.

[11]   George, J. F.; Easton, G. K.; Nunamaker, J. F.; Northcraft, G. B.: A Study
       of Collaborative Group Work With and Without Computer-Based
       Support. In: Information Systems Research 1 (1990) 4, S. 394-415.

[12]   Gray, P.; Vogel, D.; Beauclair, R.: Assessing GDSS Empirical Research.
       In: European Journal of Operational Research (1990) 46, S. 162-176.

[13]   Gräslund, K.; Lewe, H.; Krcmar, H.: Neue Ergebnisse der empirischen
       Forschung auf dem Gebiet der computerunterstützten Gruppenarbeit -
       Group Support Systems (GSS). Arbeitspapier Nr. 43 des Lehrstuhls für
       Wirtschaftsinformatik der Universität Hohenheim. Hohenheim 1993.

[14]   Hitchcock; R.; Lewis, F. L.; Keleman, K.: Building a Business Around
       GroupSupport Technology. In: Proceedings of the 27. Hawaii Inter-
       national Conference on System Sciences (HICSS-27). Vol. 4. Wailea,
       Hawaii 1994, S. 63-72.

[15]   Hughes, C. T.; Gibson, M. L.: Students as Surrogates for Managers in a
       Decision-making Environment: An Experimental Study. In: Journal of
       Management Information Systems 8 (1991) 2, S. 153-166.

[16]   Jessup, L. M.; Connolly, T.; Galegher, J.: The Effects of Anonymity on
       GDSS Group Process With an Idea-Generating Task. In: MIS Quarterly
       14 (1990) 3, S. 313-321.

[17]   Jessup, L. M.; Tansik, D. A.: Decision Making in an Automated Environ-
        ment: The Effects of Anonymity and Proximity with a Group Decision
        Support System. In: Decision Sciences 22 (1991), S. 266-279.

[18]   Krcmar, H.: Considerations for a Framework for CATeam Research. In:
        Proceedings of the First European Conference on Computer Supported
        Co-operative Work (EC-CSCW '89). London 1989, S. 421-435.

[19]   Krcmar, H.: Computer Supported Cooperative Work - State of the Art.
        In: Bullinger, H.-J. (Hrsg.): Human Aspects in Computing: Design and
        Use of Interactive Systems and Information Management. Elsevier
        Science Publishers B.V. 1991, S. 1113-1117.

[20]   Krcmar, H.: Computer Supported Cooperative Work - State of the Art -
        Forschung. In: Wirtschaftsinformatik 34 (1992) 4, S. 425-437.

[21]   Krcmar, H.; Lewe, H.; Schwabe, G.: Empirical CATeam Research of
        Meetings. In: Proceedings of the 27. Hawaii International Conference on
        System Sciences (HICSS-27). Vol. 4. Wailea, Hawaii 1994, S. 31-40.

[22]   Lewe, H.: Die Auswirkung des CATeam-Einsatzes auf die Produktivität.
        Dissertation. Lehrstuhl für Wirtschaftsinformatik der Universität Hohen-
        heim 1994.

[23]   Lewe, H.; Krcmar, H.: Die CATeam Raum Umgebung als Mensch-
        Computer Schnittstelle. In: Friedrich, J.; Rödiger, K.-H. (Hrsg.): Com-
        putergestützte Gruppenarbeit (CSCW). Stuttgart 1991, S. 171-182.

[24]   Lewe, H.; Krcmar, H.: Das aktuelle Stichwort: Groupware. In: Informatik
        Spektrum 14 (1991) 6, S. 345-348.

[25]   Lewe, H.; Krcmar, H.: The Design Process for a Computer-Supported
        Cooperative Work Research Laboratory: The Hohenheim CATeam
        Room. In: Journal of Management Information Systems 8 (1991-92) 3,
        S. 69-85.

[26]   Lewe, H.; Krcmar, H.: Groupsystems: Aufbau und Auswirkungen. In:
        Information Management 7 (1992) 1, S. 2-11.

[27]   Lewe, H.; Krcmar, H.: Computer Aided Team mit GroupSystems: Er-
        fahrungen aus dem praktischen Einsatz. In: Wirtschaftsinformatik 35
        (1993) 2, S. 111-119.

[28]   Müller-Böling, D.; Ramme, I.: Informations- und Kommunikationstech-
        niken für Führungskräfte. Top-Manager zwischen Technikeuphorie und
        Tastaturphobie. München und Wien 1990.

[29]   Nunamaker, J.; Dennis, A.; Valacich, J.; Vogel, D.; George, J.: Electronic
        Meeting Systems to Support Group Work. In: Communications of the
        ACM 34 (1991) 7, S. 40-61.

[30]   Nunamaker, J. F.; Vogel, D. R.; Heminger, A.; Martz, B.; Grohowski, R.;
        McGoff, C.: Experiences at IBM with Group Support Systems: A Field
        Study. In: Decision Support Systems (1989) 5, S. 183-196.

[31] Nunamaker, J. F.; Vogel, D. R.; Konsynski, B. R.: Interaction of Task and Technology to Support Large Groups. In: Decision Support Systems (DSS) 5 (1989) 2, S. 139-152.

[32] Oberquelle, H. (Hrsg.): Kooperative Arbeit und Computerunterstützung. Stand und Perspektiven. Göttingen und Stuttgart 1991.

[33] Pinsonneault, A.; Kraemer, K.: The effects of electronic meetings on group process and outcomes: An assessment of the empirical research. In: European Journal of Operational Research 46 (1990), S. 143-161.

[34] Post, B. Q.: Building the Business Case for Group Support Technology. In: Proceedings IV of the 25th Annual Hawaii International Conference on System Sciences (HICSS-25). Kailua-Kona, Hawaii 1992, S. 34-45.

[35] Rao, S. V.; Jarvenpaa, S. L.: Computer Support of Groups: Theory-Based Models for GDSS Research. In: Management Science 37 (1991) 10, S. 1347-1362.

[36] Siegel, J.; Dubrovsky, V.; Kiesler, S.; McGuire, T. W.: Group Processes in Computer-Mediated Communication. In: Organizational Behavior and Human Decision Processes (1986) 37, S. 157-187.

[37] Valacich, J. S.; Dennis, A. R.; Connolly, T.; George, J. F.; Nunamaker, J. F.: Idea Generation in Computer-Based Groups: A New Ending to An Old Story. Arbeitspapier CMI WPS 91-28. MIS Department, University of Arizona, Tucson 1991.

[38] Valacich, J. S.; Jessup, L. M.; Dennis, A. R.; Nunamaker, J. F.: A Conceptual Framework of Anonymity in Group Support Systems. In: Group Decision and Negotiation 1 (1992) 3, S. 219-241.

[39] Valacich, J. S.; Dennis, A. R.; Nunamaker, J. F.: Group Size and Anonymity Effects on Computer-Mediated Idea Generation. In: Small Group Research 23 (1992) 1, S. 49-73.

[40] Winniford, M.: Issues in Automated Voting. In: Proceedings of the 24. Hawaii International Conference on System Sciences (HICSS-24). Vol. 3. Kauai, Hawaii 1991, S. 621-630.

[41] Wynne, B. E.; Chidambaran, L.; Bostrom R.: A longitudinal Study of the Impact of Group Decision Support Systems on Group Development. In: Journal of Management Information Systems 7 (1990-1991) 3, S. 7-25.

Börries Ludwig, Helmut Krcmar

Verteiltes Problemlösen in Gruppen mit CONSUL

Zusammenfassung

Bei der Lösung eines Problems stellen Kommunikations- und Koordinationsschwierigkeiten häufig Hindernisse zur Erreichung des gewünschten Ziels dar. Mit CONSUL (CONversation Structuring UtiLity) soll durch Strukturierung der Konversation eine möglichst herrschaftsfreie Problemlösung in einer Gruppe realisiert werden. Dabei liegt der Schwerpunkt auf der Selbstkoordination der Gruppenmitglieder durch sprachliche Äußerungen. Die Durchführung der Konversationsstrukturierung und des Problemlösungsprozesses in CONSUL basieren auf der Argumentationstheorie nach RITTEL und der Theorie der Sprechakte. Ein wesentlicher Vorteil von CONSUL ist die Editier- und Veränderbarkeit des Problemlösungsprozesses, der Sprechakte und der Sprechaktsequenzen. Die dafür erforderlichen Werkzeuge des Systems werden innerhalb des Beitrags beschrieben. Das Beispiel eines Problemlösungsprozesses veranschaulicht abschließend die Wirkungsweise von CONSUL.

1 Einführung

Probleme gibt es in jedem Lebensbereich. Das ist nichts Neues und es ist auch nicht neu, daß viele dieser Probleme durch mehrere Personen gelöst werden müssen, sei es weil das Problem zu komplex oder zu umfangreich ist, weil das

Wissen, das zur Problemlösung dient, auf verschiedene Köpfe verteilt ist oder weil unterschiedliche Interessen und Meinungen zu berücksichtigen sind. Die Zusammenarbeit der am Problemlösungsprozeß Beteiligten bringt weitere Probleme mit sich. So kommt in herkömmlichen Verhandlungen nur einer zu Wort, einer will schon eine Entscheidung treffen, während ein anderer noch diskutieren will oder Meinungsführer unterdrücken Wortmeldungen anderer. Bei dieser Auswahl der vielen möglichen Probleme in der Gruppenarbeit ist bezeichnend, daß nur Kommunikationsprobleme genannt wurden. Solche Kommunikations- bzw. Koordinationsprobleme sollen durch den Einsatz des Werkzeugs CONSUL überwunden werden.

CONSUL (**CON**versation Structuring UtiLity) ist ein Werkzeug, das die Problemlösung in Gruppen unterstützt, indem es die dabei stattfindende Konversation strukturiert.[1] Es sorgt für die Verteilung der Problemlösung einer Aufgabe in einer Gruppe bzw. dient als Diskussionsforum. Der Problem-lösungsprozeß wird so unterstützt, daß kein (menschlicher oder künstlicher) Mediator involviert wird. Der Schwerpunkt liegt auf der Selbstkoordination der Gruppenmitglieder durch sprachliche Äußerungen. Das bedeutet auch, daß jedes Gruppenmitglied dieselben Rechte erhalten soll, sich zu äußern und damit auch den Problemlösungsprozeß voranzutreiben (herrschaftsfreier Diskurs im Sinne von HABERMAS, d.h. die Chancen, Sprechakte zu tätigen sind durch die Möglichkeit, sich anonym und parallel zu den anderen Gruppenmitgliedern zu äußern, symmetrisch verteilt).[2] Macht kann nur durch einen Wissensvorsprung ausgeübt werden, nicht durch Hierarchie oder sonstige besonderen Rechte. CONSUL soll weder in den Problemlösungsprozeß eingreifen können oder Präferenzkurven bzw. Nutzenfunktionen errechnen.

Damit die Gruppenmitglieder nicht unendlich lange diskutieren, werden in den Problemlösungsprozeß Mechanismen eingebaut, mit denen die Gruppe ihren Problemlösungsprozeß selber vorantreiben kann.[3] Bestimmte Problemlösungs-schritte und Sprechaktsequenzen sind in CONSUL als Protokolle bereits implementiert; jedoch können die Nutzer auf Basis dieser Protokolle neue Protokolle, die für sie am geeignetsten erscheinen, erstellen.

CONSUL wird im Rahmen des DFG-Schwerpunktprogramms "Verteilte DV-Systeme in der Betriebswirtschaft" gefördert. Das Werkzeug ist eines von drei Werkzeugen, die im Projekt "CUVIMA"[4] erstellt wurden. Die anderen beiden Werkzeuge sind ein Geschäftsprozeßplanungswerkzeug (Proplan) [11] und ein Informationssystemplanungswerkzeug (ISplan) [34]. CONSUL soll für diese Werkzeuge als Unterbau dienen, um die Kommunikation unter verschiedenen

Planern zu ermöglichen, die zusammen die Aufgaben Geschäftsprozeß- bzw. Informationssystemplanung lösen. Die Konzeption von CONSUL ist bereits zum Großteil in Objectworks/Smalltalk 4.1 und in GemStone 3.2 als zentraler Datenbasis realisiert worden.

In Kap. 2 werden zunächst die Grundlagen der Konversationsstrukturierung in CONSUL erläutert. Dabei wird einerseits auf die Argumentationstheorie von RITTEL zurückgegriffen, andererseits auf die Sprechakttheorie. In Kap. 3 wird die Konzeption von CONSUL vorgestellt, die in Kap. 4 anhand eines Beispiels verdeutlicht wird.

2 Grundlagen der Konversationsstrukturierung in CONSUL

2.1 Argumentationstheorie nach RITTEL

Bei der Suche nach Äußerungen, die in Problemlösungen vorkommen, bietet die Rittelsche Argumentationstheorie wesentliche Elemente (siehe Abbildung 1). Die Argumentationstheorie nach RITTEL basiert auf der Vorstellung der Problemlösung als einem argumentativen Prozeß. Der Problemlösungsprozeß wird initiiert, indem ein Gruppenmitglied ein Problem (topic) aufwirft. Dieses Problem kann in Unterprobleme (subtopics) untergliedert werden und diese wiederum in Unterprobleme (Strukturierung des Problems). Über ein (Unter-) Problem führen die daran Interessierten und Beteiligten einen Diskurs durch.

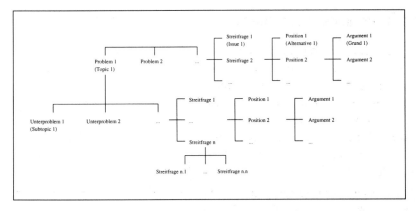

Abb. 1: Die Elemente der Argumentationstheorie nach RITTEL (Quelle: In Anlehnung an ([21], S. 1 - 6; [33], S. 4)[5]

Das Problem wird mit Issues (Streitfragen, controversial statements) erschlossen. Das sind Aspekte eines Problems, die debattiert werden sollen ([33], S. 6; vgl. auch [19], S. 78]). Zur Lösung des Problems können nun Positionen bezogen werden, die durch Argumente gestützt oder angegriffen werden ([33], S. 4).[6]

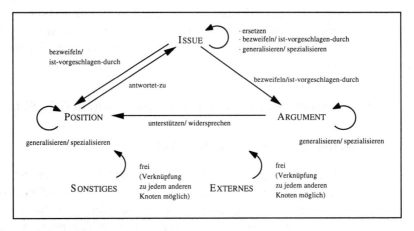

Abb. 2: Knoten und Links in IBIS (Quelle: etwas abgeänderte Darstellung von ([7], S. 305), unter Berücksichtigung von [30])

Nach ([7]; [30]) können zwischen den Issues, Positionen und Argumenten neun verschiedene Beziehungen existieren, die in Abbildung 2 dargestellt sind.

2.2 Theorie der Sprechakte

In jeder Kooperation findet Kommunikation statt, sei sie verbaler (vK) oder nonverbaler Art (nvK). Durch diese Kommunikation koordinieren sich die Handelnden. Eine Kooperation muß unterschieden werden in praktische (pT) und kommunikative Tätigkeiten (vgl. Abbildung 3).

Dies soll an einem Beispiel verdeutlicht werden: Person A will Person B ein Geschenk überreichen. Person A hält es

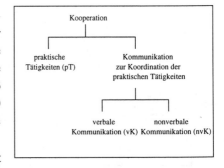

Abb. 3: Kooperation (eigene Darstellung)

Person B hin (pT) und fordert so Person B zur Annahme des Geschenks auf. Person B blickt (möglicherweise) Person A fragend an (nvK) und erkennt durch dessen strahlendes Lächeln (nvK), daß er das ihm hingereichte Etwas in seine Hände nehmen (pT) und auspacken soll (pT). Er vermutet, daß es ein Geschenk sein könnte und fragt sicherheitshalber noch einmal nach: "Ist das für mich ?" (vK). Person A nickt (nvK) und erkennt in Person B's Gesichtsausdruck (nvK) und seiner Äußerung "Danke" (vK), daß die Überraschung gelungen ist.

Das Beispiel verdeutlicht, daß A und B ihre Handlungen durch Kommunikation koordinieren. Durch einen Blick in A's Gesicht erkennt B, daß er das ihm Hingereichte annehmen und auspacken soll. Durch "Ist das für mich ?", Person A's Nicken und B's "Danke" kommt der Prozeß der Geschenkübergabe zu einem Abschluß. Mit dieser Koordination durch Sprache befaßt sich die Sprechakttheorie ([2]; [35]).

Jeder Sprechakt hat einen performativen (illokutionäre) Teil und einen propositionalen (lokutionären) Teil, wobei der illokutionäre Satzteil den Verwendungssinn des propositionalen Teils festlegt.[7] Der illokutionäre Teil bewirkt, daß aus dem grammatikalischen Satz eine Äußerung bzw. ein Sprechakt wird, indem er eine spezifische Beziehung zwischen den Kommunikationspartnern herstellt. Auf dieser Ebene der Intersubjektivität (Beziehungsebene) gehen Sprecher und Hörer eine Bindung ein. Somit besitzt er eine handlungskoordinierende Kraft ([12], S. 104 - 110). Dieser Teil des Sprechakts ist es auch, durch den jeder Sprechakt eindeutig beschrieben wird und anhand dessen die Sprechaktsequenzen für CONSUL gebildet werden. Wenn der Nutzer dann in CONSUL einen Sprechakt auswählt, legt er damit den illokutionären Teil fest und muß nur noch die Proposition äußern. Durch den automatisch ergänzten illokutionären Teil wird die Bedeutung der Proposition verdeutlicht.

Ein noch weitgehend unerforschtes Gebiet in der Sprechakttheorie sind die Glückensbedingungen eines Sprechaktes, d.h. welche Bedingungen er erfüllen muß, damit ein Hörer die Äußerung so versteht, wie sie vom Sprecher gemeint ist. Ebenso wichtig wäre es für den Sprecher zu wissen, daß der Hörer seine Äußerung verstanden hat, z.B. dadurch daß der Hörer einer Aufforderung des Sprechers wirklich nachkommt.[8]

3   Konzeption für CONSUL

3.1 Sprechaktsequenzen zur Unterstützung des Diskurses

Die Elemente Problem, Issue, Position und Argument kommen in jeder Diskussion vor und scheinen die wesentlichen Elemente zu sein. ([7]; [30]) haben diese Sicht verfeinert (vgl. Abbildung 2). Da dieses Schema jedoch weder theoriebasiert noch sehr ausdifferenziert ist, sollen auf der Basis der Sprechakttheorie ganze Sprechaktsequenzen zusammengestellt werden, die dann dadurch einer sprachtheoretischen Fundierung unterliegen.

Der Begriff Argument wird durch Argumentation im Sinne einer Argumentationssequenz ersetzt, in der die Sprechakte "Position verteidigen" (bzw. "Argument abgeben") und "Position angreifen" (bzw. "Argument widersprechen") nur zwei Sprechakte unter vielen sind. Fragen, die Unverständnis bzgl. einer Äußerung ausdrücken oder nach einer Präzisierung verlangen, sollen auf die Vielfältigkeit der in einer Argumentation vorkommenden Sprechakte hinweisen. Argumentation findet sowohl im Zusammenhang mit Positionsäußerungen als auch mit Problem- oder Issueäußerungen, wie z.B. eine Unklarheitensequenz, statt (vgl. Abbildung 4).

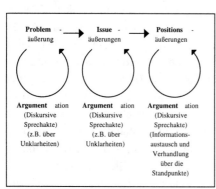

Abb. 4: *Verfeinerung der Argumentationstheorie nach RITTEL (Quelle: eigene Darstellung)*

CONSUL sieht vor, daß die Gruppenmitglieder die Sprechakte, Sprechaktsequenzen und die Schritte des Problemlösungsprozesses selber erstellen können. Dennoch wurde CONSUL bereits mit Sprechakten und Sprechsequenzen gefüllt. Einerseits ist es für den Laien nicht einfach, Sprechakte zu finden, zu beschreiben und zu einer Sequenz zusammenzustellen. Andererseits müssen den Nutzern Sprechaktprotokolle zur Verfügung gestellt werden, um auf deren Basis über neue Sprechakte, -protokolle und Problemlösungsschritte verhandeln zu können.

3.2 Problemlösungsprozeß

Aufbauend auf der Argumentationstheorie nach RITTEL wurde ein Problemlösungsprozeß entwickelt, der immer wieder auf die Elemente dieser Argumentationstheorie zurückgreift. Jeder Prozeßschritt faßt also Sprechakte zusammen. Der Problemlösungsprozeß wird in 6 teilweise parallele Phasen unterteilt (Abbildung 5):

- Konstituierung des Problems (Phase I),
- Erarbeiten von Problemlösungsalternativen (Phase II),
- Ranking der Problemlösungsalternativen (Phase III),
- Ranking dieses Rankings (Phase IV), dessen Auswertung die Einigung ergibt, sowie parallel,
- Debatte über die Beendigung der Phasen I - IV (Phase V), über dessen Alternativen (z.B. vertagen, aufhören, weitermachen) abgestimmt wird (Phase VI).[11]

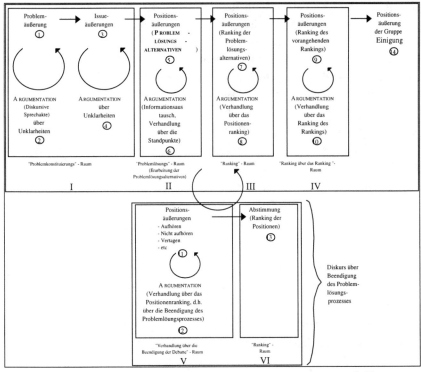

Abb. 5: Verhandlungs- und Einigungsprozeß (Quelle: eigene Darstellung[9, 10])

Diese verschiedenen Phasen werden als Bearbeitungsräume in CONSUL bereitgestellt. Es werden insgesamt 14 Schritte innerhalb der 6 Phasen unterschieden.
Jedes der Gruppenmitglieder kann, falls erforderlich, selbständig die jeweilige
nächste Phase eröffnen.[12] D.h. aber nicht, daß nun endgültig in eine neue Phase
gewechselt wird. Vielmehr kann zwischen den geöffneten Phasen hin- und
hergesprungen werden.

3.3 Veränderbarkeit des Problemlösungsprozesses, der Sprechakte und der Sprechaktsequenzen

Die Editier- und Veränderbarkeit des Problemlösungsprozesses, der Sprechakte
und der Sprechaktsequenzen stellen einen wesentlichen Vorteil von CONSUL
dar. Durch die in CONSUL vorgefertigten Sprechakte, Sprechaktsequenzen und
Problemlösungsprozeßschritte ist die Gruppe eingeschränkt. Es besteht somit
eine gewisse Herrschaft des Systems, das der Gruppe ein bestimmtes
(praktisches und verbales) Verhalten auferlegt. Es ist deshalb sinnvoll und
erforderlich, der Gruppe, die ein Konversationsunterstützungswerkzeug
benutzen soll, einen Problemlösungsprozeßschritte - Editor und einen Sprech-
akteditor zur Verfügung zu stellen, mit deren Hilfe sie ihren eigenen Problemlösungsprozeß und ihre eigenen Sprechaktsequenzen modellieren können. Zur
Erarbeitung der neuen Problemlösungs- und Sprechaktprotokolle und zur
Diskussion darüber kann sie sich desselben Werkzeugs bedienen, dann
allerdings mit den bereits vorgefertigten Protokollen.

Die für die Editierung des Problemlösungsprozesses bzw. der Sprechakte und
Sprechaktsequenzen zur Verfügung stehenden Werkzeuge

• Zuordnungs - Editor (dient zur Zuordnung der Sprechaktprotokolle zu den
  Prozeßschritten und des Problemlösungsprotokolls zu CONSUL)

• Prozeß - Schritte - Editor (dient zur Bearbeitung der Prozeßschritte)

• Sprechaktsequenz - Editor (dient zur Bearbeitung der Sprechaktprotokolle)

• Sprechakt - Editor (dient zur Auswahl der Sprechaktprotokolle bzw. der
  Sprechakte, die an einem Sprechakt nachfolgen sollen) und

• Sprechakthierachie - Editor (dient zur Darstellung und Veränderung der
  Klassenhierachie der Sprechakte)

werden im folgenden beschrieben.

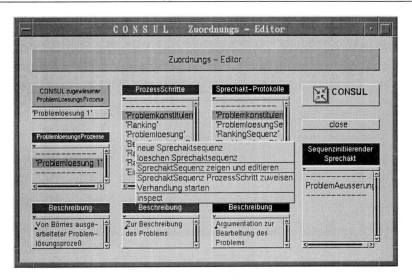

Abb. 6: Zuordnungs-Editor in CONSUL

Der Zuordnungs - Editor zeigt in der linken Spalte die Problemlösungsprozesse, die zur Verfügung stehen. Aus dieser Liste kann ein Protokoll ausgewählt und CONSUL zur Benutzung zugewiesen werden. In der zweiten Spalte sind die Problemlösungsschritte des in der ersten Spalte angeklickten Problemlösungsprozesses aufgelistet. In der dritten Spalte werden die Sprechaktprotokolle angezeigt, die durch "Sprechaktsequenz Prozessschritt zuweisen" den Problemlösungsschritten zugeordnet werden können.

Wird während der Bearbeitung eines Problems ein Bearbeitungsraum geöffnet, so greift dieser auf das ihm zugewiesene Protokoll zu. In der rechten Spalte oben stehen die sequenzinitiierenden Akte des angeklickten Sprechaktprotokolls (erste Sprechakte des Sprechaktprotokolls). Wählt der Nutzer "Sprechaktsequenz zeigen und editieren", so erscheint die Sprechaktsequenzdarstellung als Baum[13] (vgl. Abbildung 8). Dieselbe Möglichkeit gibt es für die Liste der Problemlösungsprozesse ("Problemloesungsprozess zeigen und editieren") (vgl. Abbildung 7).

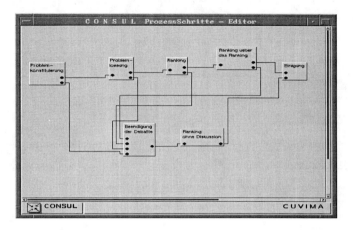

Abb. 7: Prozeßschritt - Editor in CONSUL

Mit dem Prozeßschritt - Editor (Abbildung 7) können die Prozeßschritte in ihrer
Abfolge erstellt und verändert werden (der für CONSUL vorgegebene Problemlösungsprozeß orientiert sich an Abbildung 5).

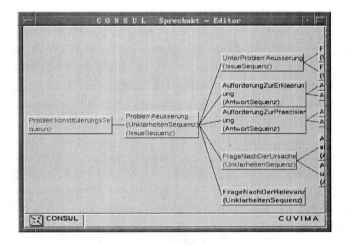

Abb. 8: Sprechaktsequenz in CONSUL

Im Sprechaktsequenz - Editor (vgl. Abbildung 8) können den einzelnen Knoten
Sprechakte oder ganze vorgefertigte Sprechaktsequenzen hinzugefügt werden.
Dadurch ist es möglich, eine Sprechaktsequenz aus mehreren Teilsequenzen

zusammenzusetzen. Die Namen der einem Knoten (Sprechakt) hinzugefügten Teilsequenzen werden in dem Knoten in Klammern dargestellt. Die Auswahl des gewünschten Sprechakts bzw. der Sprechaktsequenz, erfolgt im Sprechakt - Editor.

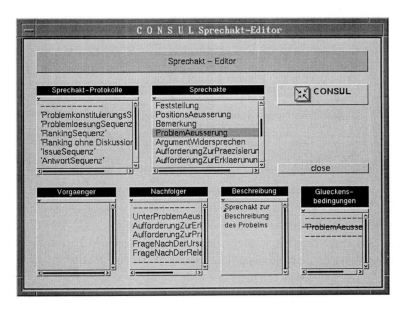

Abb. 9: Sprechakt-Editor in CONSUL

Im Sprechakt - Editor (vgl. Abbildung 9) werden in der linken Spalte die Namen der bereits erstellten Sprechaktsequenzen dargestellt, in der mittleren Spalte die Sprechakte. Aus diesen beiden Spalten muß entweder eine Sequenz oder ein Sprechakt ausgewählt werden, um den ausgewählten Knoten im Sprechaktsequenz - Editor zu ergänzen. Die Entscheidung, welcher Sprechakt bzw. welche Sequenz ausgewählt werden könnte, soll erleichtert werden, indem in der unteren Hälfte der Darstellung die Vorgänger (Sprechakte, auf die der angeklickte Sprechakt folgt), Nachfolger und die Glückensbedingungen des ausgewählten Sprechakts dargestellt werden. Ist eine Sequenz angeklickt, werden die sequenzinitiierenden Akte in der Darstellung "Nachfolger" aufgelistet.

Durch den Menüpunkt "Neuer Sprechakt" kann eine neue Sprechakt-Klasse erstellt und gleich an der gewünschten Stelle in der Klassenhierarchie plaziert werden.

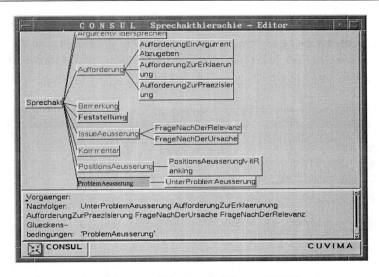

Abb. 10: Sprechakt - Hierarchie - Editor in CONSUL

Diese Klassenhierarchie kann in einem separaten Editor (vgl. Abbildung 10) visualisiert und verändert werden. Dazu muß im Sprechakt-Hierarchie-Editor der gewünschte Knoten, der eine Klasse darstellt, ausgewählt und mit der Maus auf die Klasse gezogen werden, dessen Unterklasse sie werden soll.

4   Beispiel

CONSUL stellt für die im CUVIMA-Projekt entwickelten Werkzeuge Proplan und ISplan ein Verhandlungsforum bereit. Es dient als Unterbau, um die Kommunikation unter verschiedenen Planern zu ermöglichen, die zusammen die Aufgaben Geschäftsprozeß- bzw. Informationssystemplanung lösen. Aber auch andere Werkzeuge können durch geringe Anpassungsmaßnahmen CONSUL Verhandlungsobjekte zur Diskussion übergeben. Ebenso ist CONSUL für sich allein zur Unterstützung des Diskurses in Gruppen nutzbar (vgl. das Beispiel in [24]).

Soll CONSUL von einem Werkzeug aus aufgerufen werden, so ist dieses als Werkzeug zu sehen, das den Sinnzusammenhang von Objekten visualisiert (z.B. bestimmt sich die Darstellung eines Informationssystems in einem Anwendungsportfolio durch seine Koordinaten). Ist sich ein Anwendungssystemplaner bei der Erstellung des Portfolios bspw. über den Wert einer Dimension unsicher, so ruft er CONSUL auf, um eine Diskussion anzustoßen. Da während der Diskussion über diesen Wert verschiedene Meinungen geäußert werden, stellt CONSUL den Diskurszusammenhang[14] dar. Das diskutierte Verhandlungsobjekt kann wieder zurückgegeben und in dem aufrufenden Werkzeug - z.b. in der Portfolio-Darstellung - visualisiert werden.

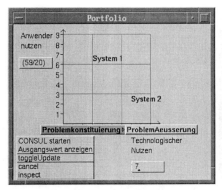
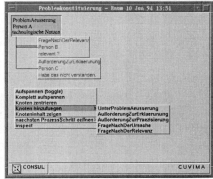

Abb. 11: Beispielportfolio   *Abb. 12: Problemkonstituierungsraum mit Auswahlmenü*

Hat ein Informationssystem-Planer z.b. ein Portfolio der Informationssysteme erstellt (vgl. Abbildung 11), ist sich aber nicht sicher, ob der Wert des technologischen Nutzens des PPS auch wirklich 7 ist, so startet er CONSUL und beginnt eine Diskussion über diesen Wert.

Dazu muß Person A zuerst einen Prozeßschritt und dann einen sequenzinitiierenden Akt auswählen. Wie aus Abbildung 7 ersichtlich, fängt der vorgegebene Problemlösungsprozeß mit der Problemkonstituierung an. Im Zuordnungs-Editor (vgl. Abbildung 6) wurde diesem Problemlösungsschritt die Sprechaktsequenz "ProblemkonstituierungsSequenz" zugewiesen, die nur einen sequenzinitiierenden Sprechakt ("ProblemAeusserung") besitzt.

Nun wird das Eingabefenster dieses Sprechaktes geöffnet (ähnlich dem von Abbildung 14). Schließt Person A das Fenster, so wird der Sprechakt als Knoten im Problemkonstituierungsraum visualisiert (vgl. Abbildung 12). In diesem Raum können A und die anderen Gruppenmitglieder das Problem beschreiben und sich Klarheit darüber verschaffen. Die Äußerungsmöglichkeiten auf eine Problemäußerung werden in einem Pop-Up-Menü aufgelistet (Menüpunkt "Knoten hinzufügen").

Im ersten Knoten des Bearbeitungsraums zeigt das Pop-Up-Menü die Prozeß-
schritte an (vgl. Abbildung 12), die dem Prozeßschritt, in dem sich dieser
Knoten befindet, folgen (im vordefinierten Fall die "Problemlösung" und
"Beendigung der Debatte", vgl. Abbildung 7). Von hieraus kann in die nächste
Phase (Bearbeitungsraum) gewechselt werden. Hierzu wird der ausgewählte
Knoten in diesen Bearbeitungsraum kopiert.

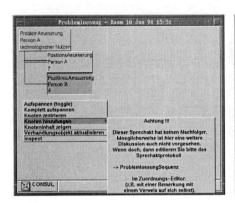

Abb. 13: Problemlösungsraum mit Auswahlmenü

Abb. 14: Eingabemaske des Sprechakts"Positionsäußerung mit Ranking"

Zu diesem Knoten können nun Positionsäußerungen (Problemlösungsalternativen, Schritt 5, vgl. Abbildung 5) erarbeitet werden. Wurde CONSUL von einem
anderen Werkzeug aus aufgerufen, so kann die Visualisierung, die ja auf den in
CONSUL diskutierten Daten aufbaut, aktualisiert werden (Menüpunkt
"Verhandlungsobjekt aktualisieren" in Abbildung 13).

Im Problemlösungsraum kann der Ranking-Raum (Phase III) geöffnet werden,
in dem Diskussion erlaubt ist. Auch hier wird der Anfangsknoten wieder in den
neuen Raum kopiert. In der in CONSUL vordefinierten Sprechaktsequenz ist
ein Sprechakt "Positionsäußerung mit Ranking" enthalten (vgl. Abbildung 14).
Durch diese Äußerung kann der Nutzer die im Problemlösungsraum erarbeiteten Problemlösungsalternativen in eine Rangordnung bringen. Dies ist wieder
eine neue Position (Schritt 7 in Abbildung 5).

Dieses Ranking kann im nächsten Problemlösungsschritt ebenfalls wieder in
eine Rangfolge (Phase IV, Schritt 9) gebracht werden.

5 Schlußbemerkungen

Es sollte gezeigt werden, wie eine herrschaftsfreie Problemlösung in Gruppen unterstützt werden kann. Dadurch, daß die Gruppenmitglieder sich bei Ihren Äußerungen nicht gegenseitig behindern können, daß sich jedes Gruppenmitglied in dem Prozeßschritt aufhalten darf, der ihm beliebt und daß die Systemumgebung geändert werden kann, wird dies ermöglicht. Hinzu kommt, daß Äußerungen anonym getätigt werden können. Außerdem wird den Gruppenmitgliedern nur ein Verhalten auferlegt, auf daß sie sich selbst geeinigt haben. Auf sonstige Vorteile der Konversationsstrukturierung und deren Computerunterstützung wie Dokumentation des Diskussionsprozesses, leichtere Nachvollziehbarkeit, Explizierung von in implizit in Äußerungen vorhandenen Informationen kann hier nicht eingegangen werden.

CONSUL kann durch entsprechende Anpassungsmaßnahmen in andere in Objectworks/Smalltalk programmierte Werkzeuge eingebunden werden. Ebenso kann es für sich allein als Diskussionsforum in Gruppen genutzt werden. Dabei ist es in allen vier Situationen räumlicher und zeitlicher Verteilung der Gruppenarbeit einsetzbar.

Für CONSUL sind erste Sprechakte und Sprechaktsequenzen erarbeitet und implementiert worden. Dabei wurde auf einschlägige Literatur über Argumentationstheorien ([14]; [31]; [39]) und der Sprechakttheorie ([2]; [35]; [40]) zurückgegriffen. Die weitere Erarbeitung der Sprechakte, ihrer Klassenhierarchie, ihrer Beziehungen untereinander sowie der detaillierten Glückensbedingungen ist jedoch erforderlich.

Ebenso soll die Verhandlungsmöglichkeit über die Problemlösungsprozesse und Sprechakte (deren Eingabemasken, Glückensbedingungen, Einbindung in Sprechaktsequenzen) erleichtert bzw. ermöglicht werden, zumal es ohne sprechakttheoretische Vorkenntnisse schwierig sein dürfte, die Veränderung der Sprechakte den Nutzern zu überlassen. Im Rahmen der weiteren Implementierung sollen auch die Eingabemasken der Sprechakte editierbar werden und Äußerungen nur an bestimmte Gruppenmitglieder gerichtet werden können.

6 Anmerkungen

1   Vgl. dazu auch andere Konversationsstrukturierungssysteme wie Argnoter [37]; CHAOS [8]; ConceptBase [15]; CONTRACT [28]; Conversation-Builder [18]; Coordinator [1]; COSMOS ([5]; [41]), gIBIS [7]; Information LENS ([25]; [26]), MONSTR [6]; Object LENS [22]; OVAL [27]; rIBIS [32]; SAMPO [3]; SEPIA ([16]; [38]), SIBYL [23]; Spider [4] und Strudel [36]. Die Unterschiede dieser Systeme können im Rahmen dieser Veröffentlichung nicht behandelt werden.

2   Vgl. zu "herrschaftsfreien Diskurs" und "ideale Sprechsituation" ([12], S. 140; [14], S. 180; [13], S. 177 -179).

3   Z.B. die Möglichkeit, über die Beendigung der Diskussion zu verhandeln.

4   ComputerUnterstützung Verteilter InformationsManagement-Aufgaben ([10]; [20]).

5   Die Begriffe (Problemlösungs-) "Alternative" und "Grund" wurden durch die Verfasser hinzugefügt. [33] schlagen zudem für "Position" auch den Begriff "Aspekt" vor.

6   Auf die Darstellung der Verweise auf externe Informationsquellen wurde verzichtet.

7   Sagt z.B. Person A zu Person B "Morgen komme ich.", so kann es sich z.B. um eine Drohung handeln, wenn B A Geld schuldet, oder um ein Versprechen von A, B beim Tapezieren zu helfen, nachdem dieser ihn um Hilfe gebeten hat. Durch explizite Äußerung des illokutionären Teils "Hiermit drohe ich Dir, morgen komme ich" oder "Ich verspreche, ..." wird die Bedeutung der Proposition "morgen komme ich" klar.

8   Dadurch ist auch der perlokutionäre Akt angesprochen, der durch die Äußerung eines Sprechakts vollzogen wird. Der perlokutionäre Akt benennt die Konsequenzen der Aussage, d.h. welche Wirkung die Äußerung beim Hörer auf dessen Gefühle, Gedanken oder Handlungen hat (z.B. durch Argumentieren überreden oder überzeugen, durch Warnen erschrecken oder alarmieren, etc.) ([2]; [35]).

9   Vgl. auch das zweidimensionale Modell von [17], die den Verhandlungsprozeß in Problemlösungsprozeß (Problemerkennung, Erarbeiten von Problemlösungsalternativen, Auswahl der besten Alternative) und Gruppenprozesse (Sammeln und Evaluation von Informationen, Wissen mit den anderen Gruppenmitglieder teilen, Verhandeln) untergliedern. Vgl. auch den nominalen Gruppenprozeß bei ([9], S. 8) die die Gruppenentscheidung ebenfalls durch Ranking ermitteln.

10 Auf die Darstellung, daß vor den Positionen in den Schritten 4, 6, 8, 10 und 12 jeweils eine Streitfrage (Issue) aufgekommen ist, wurde verzichtet, weil sie nur implizit entsteht und nicht geäußert werden muß.

11 Um nicht endlos zu diskutierten, kann keine Diskussion über die Beendigung der Diskussion über den Schluß der Debatte erfolgen. Stimmt die Gruppe in Schritt 12 mehrheitlich (Was Mehrheit ist, darüber besteht ebenfalls Einigungsbedarf. In CONSUL wird eine 2/3-Mehrheit vorgegeben) für eine Beendigung des Problemlösungsprozesses, so sorgt das System dafür, daß der Problemlösungsprozeß so schnell wie möglich beendet wird. Deshalb soll jedem Gruppenmitglied angezeigt werden, daß sich die Gruppe mehrheitlich auf eine Beendigung eines bestimmten Problemlösungsprozesses geeinigt hat und das Gruppenmitglied nun unter bestimmten Zeitrestriktionen (Diese ist ebenfalls verhandelbar. Die Vorgabe richtet sich nach der räumlichen und zeitlichen Verteilung der Gruppe) Gelegenheit hat, seine Äußerungen zu tätigen. Ist die Zeit abgelaufen, so wird das Ranking in Schritt 8 ausgewertet.

12 Falls sie überhaupt benötigt wird.

13 Die Datenstruktur ist ein Netz, jedoch würde die Darstellung dafür zu unübersichtlich werden. Deshalb wird das Netz als Baum dargestellt.

14 Verschiedene Meinungen über einen Wert von verschiedenen Personen zu verschiedenen Zeitpunkten werden in ihrer Entwicklung visualisiert.

7 Literatur

[1]   Action Technologies: Coordinator II. Handbuch für die Benutzung und Installation. In deutscher Übersetzung von Compu Shack. 1. Aufl. Version 2.0, 1990.

[2]   Austin, J. L.: How To Do Things With Words. Harvard University Press, Cambridge (Ma.) 1962.

[3]   Auramäki, E.; Lehtinen, E.; Lyytinen, K.: A Speech-Act-Based Office Modeling Approach. In: ACM Transactions on Office Information Systems, 6 (1988) 2, S. 126 - 152.

[4]   Boland, R.J. et al.: Sharing Perspectives in Distributed Decision Making. In: CSCW'92 - Proceedings of the Conference on Computer-Supported Cooperative Work, Toronto 1992. Hrsg.: Turner, J.; Krauts, R. ACM Press, New York 1992, S. 306 - 313.

[5]   Bowers, J.; Churcher, J.: Local and Global Structuring of Computer Mediated Communication: Developing Linguistic Perspectives on CSCW in Cosmos. In: CSCW'88 Proceedings of the Conference on Computer-Supported Cooperative Work, Portland, Oregon 1988. ACM Press, S. 125-139.

[6]   Cashman P.; Holt, A.W.: A Communication Oriented Approach to Structuring the Software Maintenance Environment, ACM SIGSOFT, Software Engineering Notes, 5:1, Januar 1980, S. 4 - 17.

[7]   Conklin, J.; Begeman, M. L.: gIBIS: A Hypertext Tool for Exploratory
        Policy Discussion. In: ACM Transactions on Office Information Systems
        8 (1988) 4, S. 303 - 331.

[8]   De Cindio, F. et al.: Chaos As A Coordination Technology. Proceedings
        of the Conference on Computer-Supported Cooperative Work. Austin,
        Tx. 1986, S. 325 - 342.

[9]   Delbecq, A.; Van de Ven, A.; Gustafson, D.: Group Techniques For Pro-
        gram Planning. Scott, Foresman & Co. 1975.

[10]   Elgass, P.; Krcmar, H.; Ludwig, B.; Schönwälder, W.: Issues Of Integra-
        tion And Distribution In The Object Model Of The Two-Layered
        CUVIMA Tool-Set. Arbeitspapier, Universität Hohenheim, Lehrstuhl für
        Wirtschaftsinformatik. Hohenheim 1994.

[11]   Elgass, P.; Krcmar, H.: Proplan - Konzeption eines Tools zur Geschäfts-
        prozeßplanung. Arbeitspapier, Universität Hohenheim, Lehrstuhl für
        Wirtschaftsinformatik. Hohenheim 1994.

[12]   Habermas, J.: Vorbereitende Bemerkungen zu einer Theorie der
        kommunikativen Kompetenz. In: Habermas, J.; Luhmann, N.: Theorie
        der Gesellschaft oder Sozialtechnologie, Frankfurt/M. 1971, S. 101 - 141.

[13]   Habermas, J.: Was heißt Universalpragmatik? In: Habermas, J.: Vorstu-
        dien und Ergänzungen zur Theorie des kommunikativen Handelns. 3.
        Auflage. Frankfurt/M. 1989, S. 353 - 440 (auch erschienen in: Apel, K.-
        O. (Hrsg.): Sprachpragmatik und Philosophie. Frankfurt/ M. 1976, S. 174
        - 272).

[14]   Habermas, J.: Wahrheitstheorien. In: Habermas, J.: Vorstudien und
        Ergänzungen zur Theorie des kommunikativen Handelns. 3. Aufl.
        Frankfurt am Main 1989, S. 127 - 183 (auch erschienen in: Wirklichkeit
        und Reflexion. Pfullingen 1973, S. 211 - 265).

[15]   Hahn, U.: Dialogstrukturen in Gruppendiskussionen - Ein Modell für
        argumentative Verhandlungen mehrerer Agenten. Universität Passau,
        Fakultät für Mathematik und Informatik, MIP-8821. Passau 1989. Veröf-
        fentlicht in: Proceedings of the 13th German Workshop on Artificial
        Intelligence. Berlin 1989, S. 408 - 421.

[16]   Haake, J.M.; Wilson, B.: Supporting Collaborative Writing of Hyper-
        document in SEPIA. In: CSCW'92- Proceedings of the Conference on
        Computer-Supported Cooperative Work, Toronto 1992. Hrsg.: Turner, J.;
        Krauts, R. ACM Press, New York 1992, S. 138 - 146.

[17]   Jarke, M.; Jelassi, M. T.: View Integration In Negotiation Support Sy-
        stems. In: Transactions of the Sixth International Conference on Decision
        Support Systems 1986, Nr. 3. Washington, D. C. 1986, S. 180 - 188.

[18]   Kaplan, S.M. et al.: Flexible, Active Support for Collaborative Work with ConversationBuilder. In: CSCW'92 - Proceedings of the Conference on Computer-Supported Cooperative Work, Toronto 1992. Hrsg.: Turner, J.; Krauts, R. ACM Press, New York 1992, S. 378 - 385.

[19]   Kaplan, S. M.; Caroll, A. M.; MacGregor, K. J.: Supporting Collaborative Processes With ConversationBuilder. In: Jong, P. de (Hrsg.): Conference On Organizational Computing Systems. In: SIGOIS Bulletin 12 (1991) 2/3, S. 69 - 79.

[20]   Krcmar, H.; Elgass, P.; Ludwig, B.; Schönwälder, S.: CUVIMA (Computerunterstützung verteilter Informationsmanagement-Aufgaben). Arbeitsbericht, Universität Hohenheim, Lehrstuhl für Wirtschaftsinformatik. Hohenheim 1993.

[21]   Kunz, W., Rittel, H. W.J.: Issues as Elements of Information Systems. Arbeitspapier S-78-2 am Institut für Grundlagen der Planung, Universität Stuttgart. Berkeley 1970, S. 1 - 7.

[22]   Lai, K.-Y.; Malone, T.W.: Object Lens: A "Spreadsheet" for Cooperative Work. In: CSCW´88 - Proceedings of the Conference on Computer-Supported Cooperative Work. ACM Press, Portland, Oregon 1988, S. 115 - 124.

[23]   Lee, J.: SIBYL: A Tool for Managing Group Design Rationale. In: CSCW´90 - Proceedings of the Conference on Computer-Supported Cooperative Work. ACM Press, Los Angeles, California 1990, S. 79 - 92.

[24]   Ludwig, B.; Schwarzer, B.; Krcmar, H.: Anwendung von CONSUL am Beispiel einer Rechnerbeschaffung. Arbeitspapier, Universität Hohenheim, Lehrstuhl für Wirtschaftsinformatik. Hohenheim1994.

[25]   Malone, T.W. et al.: Semi-Structured Messages are Surprisingly Useful for Computer-Supported Cooperation. In: Peterson, D. (Hrsg.): CSCW'86 - Proceedings of the Conference on Computer-Supported Cooperative Work. MCC Software Technology Program. Austin, Texas 1986, S. 102 - 114.

[26]   Malone, T.W. et al.: Intelligent Information Sharing Systems. In: Communications of the ACM 30 (1987) 5, S. 390 - 402.

[27]   Malone, T.W.; Lai K.-Y.; Fry, C.: Experiments with Oval: A Radically Tailorable Tool for Cooperative Work. In: Turner, J.; Krauts, R. (Hrsg.): CSCW'92 - Proceedings of the Conference on Computer-Supported Cooperative Work, Toronto 1992. ACM Press, New York 1992, S. 289 - 297.

[28]   Marca, D.A.: Specifying Coordinators: Guidelines For Groupware Developers. 5th International Workshop on Software Specification and Design. Pittsburgh, Pennsylvania 1989, S. 235 - 237.

[29]   Norman, D. A.; Draper, S. W. (Hrsg.): User Centered System Design. Lawrence Erlbaum Associates, Hillsdale, N. J. 1986.

[30] Noble, D.; Rittel, H. W. J.: Issue-Based Information Systems For Design. Arbeitspapier am Departement of Architecture der Universität Kalifornien und am Institut für Grundlagen der Planung der Universität Stuttgart, Juni 1988.

[31] Perelman, Ch.; Olbrechts-Tyteca, L.: La Nouvelle Rhéthorique. Traité de L' Argumentation. 1. und 2. Band (Paris 1958), 2. Aufl. Presses Universitaires De France, Brüssel 1970.

[32] Rein, G.L.; Ellis, C.A.: rIBIS: A Real-Time Group Hypertext System. In: International Journal for Man-Machine Studies 34 (1991), S. 349 - 367.

[33] Reuter, W.; Werner, H.: Thesen und Empfehlungen zur Anwendung von Argumentativen Informationssystemen, Heidelberg und Stuttgart 1983.

[34] Schönwälder, S.; Krcmar, H.: ISplan - Konzeption eines Tools zur Informationssystemplanung. Arbeitspapier, Universität Hohenheim, Lehrstuhl für Wirtschaftsinformatik. Hohenheim 1994.

[35] Searle, J. R.: Speech Acts - An Essay in the Philosophy of Language. Cambridge University Press, Cambridge 1969.

[36] Shepherd, A.; Mayer, N.; Kuchinsky, A.: Strudel - An Extensible Electronic Conversation Toolkit. In: CSCW'90 - Proceedings of the Conference on Computer-Supported Cooperative Work, Los Angeles, California 1990. ACM Press, S. 93 - 104.

[37] Stefik, M. et al.: Beyond the Chalkboard: Computer Support for Collaboration and Problem Solving in Meetings. In: Computer-Supported Cooperative Work: A Book of Readings. Greif, I. (Hrsg.) Morgan Kaufman Publishers, San Mateo, Kalifornien 1988, S. 335 - 366.

[38] Streitz, N.A.; Hannemann, J.; Thüring, M.: From Ideas and Arguments to Hyperdocuments: Travelling through Activity Spaces. In: Proceedings of the 1989 Conference on Hypertext. ACM Press 1989, S. 343 - 364.

[39] Toulmin, S.: The Uses of Argument. Cambridge University Press, Cambridge 1964.

[40] Van Eemeren, F. H.; Grootendorst, R.: Speech Acts In Argumentative Discussion - A Theoretical Model For The Analysis Of Discussions Directed Towards Solving Conflicts Of Opinion. Foris Publications, Dodrecht, NL and Cinnaminson, USA 1983.

[41] Wilson, P.: A Review of Computer Supported Cooperative Work Research and its relationship to the Cosmos Projekt. Arbeitspapier der Computer Sciences Company Ltd. Slough, UK 1988.

Teil VI

Workshop, Tutorials und
Diskussionsforen

Helmut Krcmar, Volker Barent

Greg O'Hare, Rainer Unland

Unterstützung der Gruppenarbeit durch kooperative Mensch-Computer-Systeme

Workshop

1   Vorbemerkung

Der Workshop untergliedert sich in einen Vortragsblock und einen "praktischen" Block. Der Vortragsteil stimmt über zwei bis drei fundierte Vorträge gezielt auf das Thema des Workshops ein. Im praktischen Teil soll anhand zweier konkreter Groupwaresysteme, *GroupSystems* und *TeamWare*, demonstriert werden, wie sich Teamarbeit jetzt darstellt und in Zukunft aussehen könnte. Nach einer kurzen Einführung in die Konzepte der jeweiligen Systeme folgt jeweils eine Sitzung mit jedem der beiden Systeme. Dabei können alle Teilnehmer anhand einer konkreten Aufgabenstellung die Dynamik der Systeme live mitgestalten und miterleben. GroupSystems arbeitet mit einem festen Moderator, TeamWare verteilt diese Rolle. Durch die direkte Gegenüberstellung dieser beiden Ansätze können deren Vor- und Nachteile hautnah erlebt und direkt nachvollzogen werden.

2   Vortragsblock

Globalisierung des Wettbewerbs, Dynamik der Märkte, zunehmende Komplexität ökonomischer wie politischer Entscheidungstatbestände und -prozesse stellen an die Flexibilität und Reaktionsschnelligkeit heutiger Unternehmen ganz erhebliche Anforderungen. Inzwischen hat sich die Erkenntnis durchgesetzt, daß die am Markt erforderliche Flexibilität (insbesondere in Großunternehmen) immer weniger durch "zentrale Vorgaben" realisiert werden kann. Statt dessen kennzeichnen Vorschläge wie Konzentration auf Kernaufgaben, Delegation von Entscheidungen, Erweiterung der Bereichsautonomie, Bildung abgeschlossener Aufgabenkomplexe, Erhöhung der Marktnähe und Förderung der unmittelbaren Kommunikation durchgängig die empfohlene Reorganisation von Unternehmen.

Die dabei zu erwartenden Herausforderungen an Unternehmensführung, interne wie externe Koordination und Organisationsgestaltung werden nur unter extensivem Einsatz der Informationstechnologie bewältigt werden können. Die dazu erforderlichen technischen Voraussetzungen, wie leistungsfähige und erschwingliche Arbeitsplatzrechner, die über schnelle und zuverlässige Netze miteinander verbunden sind und Standards, z.B. für den elektronischen Dokumentenaustausch, stehen inzwischen weitgehend zur Verfügung.

Für eine effiziente informationstechnische Unterstützung betrieblicher Aufgaben reicht das jedoch gerade in auf Dezentralisation und Kooperation ausgerichteten Unternehmensstrukturen bei weitem nicht aus. Überraschenderweise war und ist teilweise immer noch zu beobachten, daß weder die Informatik noch die Wirtschaftsinformatik mit hinreichender Nachdrücklichkeit die Frage stellen, in welchem Umfang moderne Softwarearchitekturen dazu beitragen können, unter Beachtung des Kriteriums der organisatorischen Stabilität die Flexibilität und Anpaßbarkeit organisatorischer Strukturen zu verbessern. Zwei Beispiele seien als Beleg für diese These angeführt: Die auf das Reengineering von Software-Altlasten gerichteten Anstrengungen führen zwar zur Anpassung von Softwaresystemen an neuere Konzepte wie das Client-Server-Computing, organisationsbezogene Forderungen wie die Flexibilisierung von Ablaufstrukturen finden dabei jedoch praktisch keine Berücksichtigung. Ähnliches läßt sich im Bereich des Workflow Management beobachten: Dort wird zwar sehr viel Arbeit investiert, um die Abwicklung wohlverstandener und detailliert strukturierbarer Geschäftsvorgänge effizient zu unterstützen. Es wird jedoch häufig übersehen, durch entsprechend flexible Vorgangsmodellierungs-

und -steuerungswerkzeuge auch den Forderungen Rechnung zu tragen, die sich unmittelbar aus der Prozeßorientierung neuerer organisationstheoretischer Ansätze ergeben. In beiden Fällen werden betriebliche Strukturen vermutlich eher zementiert als flexibilisiert.

Flexible Strukturen lassen sich aber nur dann erfolgversprechend einführen, wenn es gelingt,

- hierarchisch organisiertes Arbeiten durch teamorientiertes Arbeiten zu ersetzen und dabei gleichzeitig intellektuelle menschliche Arbeit durch problemadäquate und situationsgerechte maschinelle Informationsverarbeitung zu unterstützen und

- die Architektur von Informationssystemen so weit zu flexibilisieren, daß sie einfach und schnell an organisatorische Veränderungen (Projektorganisation) angepaßt werden kann (*föderative IS-Architekturen*).

In diesem Zusammenhang kommt zwei Aspekten eine stetig wachsende Bedeutung zu:

1. Effektive informationstechnische Unterstützung menschlicher Experten setzt individuell konfigurierbare "elektronische Assistenten" voraus.

2. Teamorientierte menschliche Arbeit impliziert verteilt-kooperative Ansätze auch auf der Ebene der maschinellen Informationsverarbeitung.

Beide Aspekte ergänzen sich dann in natürlicher Weise, wenn "elektronische Assistenten" fallbezogen und situationsabhängig zusammenarbeiten, um sowohl die individuelle als auch die kooperative Arbeit ihrer Benutzer "informiert" zu unterstützen. Diese Verbindung menschlicher mit maschineller Problembearbeitung führt zu dem Begriff der **(integrierten) Mensch-Computer-Systeme.** Organisation und Informationstechnik stehen dabei in enger Wechselwirkung: Informationstechnische Konzepte müssen organisatorischen Anforderungen genügen, gleichzeitig determinieren sie jedoch auch die Rahmenbedingungen organisatorischer Gestaltung.

Im Zentrum des Workshops stehen damit Fragestellungen wie

- welche organisationalen Lösungen lassen sich mit informatorischen Konzepten auf der Basis moderner Kommunikationstechnologie realisieren,

- welche organisationalen Probleme neue informatorische Plattformdienste und Entwicklungskonzepte für die Unterstützung kooperativen Arbeitens benötigen und welche Anforderungen an kooperative Mensch-Computer-Systeme sich aus dieser betriebswirtschaftlichen Sicht ergeben,

- inwieweit sich die dabei entwickelten Konzepte auch dazu eignen, als Basis für die Integration (teil-)autonomer Anwendungssysteme zu dienen und

- wie die Koordination, Kontrolle und Kommunikation in solchen kooperativen Mensch-Computer-Systemen auszusehen hat.

Als Einstimmung auf den praktischen Teil erläutert einer der Vorträge auf der Basis detaillierter Fallstudien realer computerunterstützter Sitzungen, wie heute mit Computern Gruppenarbeit unterstützt wird. Ausgangspunkt für ein Verständnis computerunterstützter Sitzungen ist hier der Facilitator (Moderator für computerunterstützte Sitzungen), dem Informationstechnologie neue Gestaltungsmöglichkeiten für Sitzungen eröffnet. Informationstechnologie erleichtert die Strukturierung des Sitzungsablaufs, die Strukturierung des Sitzungsergebnisses, den Einsatz von Problemlösungtechniken und Arbeitsformen wie anonymes oder paralleles Arbeiten.

Software in sogenannten Electronic Meeting Systems hat einen Werkzeugcharakter. Mit den Werkzeugen bearbeitet die Gruppe gemeinsam Material wie Gliederungen oder Texte. Da das Material mit dem Computer bearbeitbar ist, ist es flexibler und steht der Gruppe während und nach einer Sitzung als Gruppengedächtnis zur Verfügung.

Ausgewählte Fragestellungen werden anhand eines praktischen Fallbeispiels mit den folgenden Systemen behandelt.

3   Systeme

3.1 GroupSystems - Software für erfolgreiche CATeam Sitzungen

Sitzungen verlaufen häufig nicht effizient. Typische Probleme ergeben sich beispielsweise aus einer schlechten Vorbereitung, aus der Dominanz einzelner Teilnehmer, fehlenden Möglichkeiten der Meinungsäußerung, durch Abgleiten vom Thema, usw. Computerunterstützte Sitzungen sollen in dieser Hinsicht Verbesserungen schaffen. Die Qualität von Entscheidungen soll sich erhöhen, Sitzungen sollen sich beschleunigen, in ihrer Dauer verkürzen und jeder Teilnehmer soll sich aktiv beteiligen können.

Computer Aided Team (CATeam) versucht, die Probleme von Sitzungen zu verringern und das positive Potential der Zusammenarbeit in Sitzungen besser auszuschöpfen, so daß sich insgesamt durch den Einsatz von Informations- und Kommunikationstechnologien eine höhere Produktivität erzielen läßt.

Können Sie sich vorstellen, wie eine computerunterstützte Sitzung verläuft, was daran das besondere ist und ob der Computer in dieser Situation überhaupt zweckmäßig ist? Dies sollen Sie als Teilnehmer am *Workshop* selbst erfahren können, in dem Sie an einer computerunterstützten Sitzung mit GroupSystems mitmachen können. Den Einsatz von Computern und GroupSystems in Sitzungen muß man "erleben", damit man ein persönliches Urteil treffen kann, ob sich Sitzungen mit dem Einsatz von Computern verbessern lassen.

GroupSystems von der Ventana Corporation (USA) ist das derzeit am weitesten verbreitete, kommerziell verfügbare Groupware-Produkt zur Unterstützung von Sitzungen. Im CATeam Raum der Universität Hohenheim wird es in deutscher Übersetzung intensiv zu Forschungszwecken und in praktischen Sitzungen eingesetzt. Verfügbar sind die DOS-Version GroupSystems 5.1 und, gerade auf den Markt gekommen, eine Windows-basierte Version. Die bisherige Erfahrung aus der Nutzung des Systems ist positiv.

GroupSystems hebt sich aus den sonstigen Systemen durch seine umfassende Unterstützung der Sitzungsdurchführung hervor, einschließlich der Vor- und Nachbereitung. Es besteht die Möglichkeit der Integration von Informationen zwischen Sitzungen. GroupSystems setzt bei den gängigen Sitzungsaktivitäten an, wie z.B. dem Sammeln von Ideen und Lösungen für die Aufgabenstellungen, deren Strukturierung, dem Abwägen von Alternativen und dem Treffen von Entscheidungen. Ein Facilitator setzt GroupSystems als Koordinator der Sitzungsaktivitäten zweckmäßig ein und moderiert.

GroupSystems besteht aus flexibel kombinierbaren Werkzeugen für typische Sitzungsaktivitäten. Die Werkzeuge eignen sich vor allem für die Ideenfindung, die Organisation der gefundenen Ideen und Abstimmungen in Gruppen mit unterschiedlichen Wahlverfahren. Außerdem wird die Sitzungsplanung unterstützt. Die Abbildung 1 gibt einen Überblick über die wichtigsten Group-Sytems-Werkzeuge.

Es ist vor jeder Sitzung zu bestimmen, welche Werkzeuge für die zu erledigenden Aufgaben genutzt werden sollen. Dazu sollte man zunächst Klarheit über das Ziel der Sitzung und die notwendigen Aufgaben erlangen. Danach ist die Bestimmung des passenden GroupSystems-Werkzeuges einfacher. Über die Vorgabe von Zielen und der Planung des Sitzungsablaufs erfolgt die sitzungsstrategische Koordination aller Aktivitäten.

Sitzungsaktivität	GroupSystems-Werkzeuge
Sitzungsplanung	Sitzungsmanager mit
	– Tagesordnung
	– Teilnehmererfassung
	– Sitzungsverwaltung
	– Texteditor
Ideenfindung	Elektronisches Brainstorming
	Themenkommentator
Ideen Organisation	Ideen Organisation
	Leitlinien-Aufstellung
Auswahl	Abstimmung
	Alternativbewertung
Analyse einzelner Aspekte	Gruppen-Gliederungsentwurf
und Ergebnisse	Gruppen-Matrix
	Fragebogen
	Umfrage
	Interessenvertreter-Identifikation
	Gruppen-Textverarbeitung
	Gruppen-Lexikon
	Dateien-Anzeiger
	Notizblock
	Clipboard
	Taschenrechner
	Stimmungs-Barometer
	Schnell-Abstimmung

Abb. 1: Übersicht der GroupSystems Werkzeuge

3.2 TeamWare

'TeamWare' ist ein Softwarewerkzeug zur Unterstützung von Gruppenarbeit, das am Lehrstuhl für Wirtschaftsinformatik der Universität Hohenheim entstand. Es eignet sich insbesondere zur Unterstützung von Teams, die keinen externen Moderator zur Verfügung haben (oder haben wollen). In herkömmlichen, elektronisch unterstützten Sitzungen steuert üblicherweise eine solche Person den Ablauf, startet und beendet einzelne Werkzeuge, hilft bei Problemen und berät eine Gruppe und ihren Leiter bei der Auswahl der geeigneten Unterstützungswerkzeuge. TeamWare verteilt diese Aufgabe auf die einzelnen

Sitzungsteilnehmer. Dazu werden Rollen eingeführt, die die wesentlichen Aspekte der Arbeit eines (technischen) Moderators ausmachen (z.B. Tagesordnungen erstellen, Drucken, Werkzeuge aktivieren). Dadurch ist eine Gruppe jetzt in der Lage, elektronische Sitzungen in eigener Regie zu beliebigen Zeiten durchzuführen.

TeamWare bildet das Fundament, auf dem aufbauend Sitzungsunterstützungswerkzeuge ihre Funktionalität entfalten können. Es verwaltet die teilnehmenden Personen und ermöglicht die Generierung von Arbeitsgruppen. Sitzungsphasen wie Brainstormingsitzungen können dadurch auf einen gewünschten Teilnehmerkreis beschränkt werden. Mehrere Gruppen können parallel und unabhängig voneinander mit TeamWare arbeiten. Zur Verwaltung lokaler Gruppen existiert für jede Gruppe ein Gruppenleiter, der die Rollen- und damit die Aufgabenverteilung übernimmt. Die Sitzungsteilnehmer können gleichzeitig Mitglied in mehreren Gruppen sein und zwischen Gruppen wechseln. Innerhalb einer Gruppe können Rollen für die Aufgaben Tagesordnungerstellung, Drucken, Protokollieren, Sitzungen verwalten, Werkzeugmoderation, Sitzungsteilnahme und Sitzungszeitüberwachung existieren.

Diese Rollen können von einem Gruppenleiter beliebig auf die Sitzungsteilnehmer verteilt werden. Bei Zuteilung einer solchen Rolle, beispielsweise einem Protokollanten, erscheint auf dem Bildschirm der betreffenden Person das zu dieser Rolle gehörende Werkzeug mit allen erforderlichen Daten. Dadurch hat diese Person die Aufgabe, die Sitzungen zu protokollieren. Sie kann die Rolle aber auch wieder an den Gruppenleiter zurückgeben, der sie zusammen mit neuen Informationen an eine andere Person weiterleitet. Sie kann aber auch weitere Rollen anfordern, um neben der Protokollierung zum Beispiel noch die Tagesordnung geänderten Bedingungen anzupassen. Zur besseren Interaktion mit den anderen Sitzungsteilnehmern kann von jeder Rolle aus der aktuelle Stand an einen Großbildschirm oder die Teilnehmer geschickt werden. Dadurch können auftretende Probleme, z.B. Zeitrückstand im Verlauf einer Sitzung, schnell diskutiert werden.

Die Verbindung zu den eigentlichen Sitzungsunterstützungswerkzeugen erfolgt über den Sitzungsverwalter. Dieser kann zur Zeit aus drei Werkzeugen auswählen: *TeamCards, TeamVote* und *TeamGraphics* (von Ventana Corp.). Nach der Auswahl eines Sitzungsunterstützungssystems kann er eine bereits vorhandene Sitzung freigeben oder neue anlegen und zur Verfügung stellen. Der Sitzungsmanager kann Sitzungen verschlüsseln, kopieren, ändern, löschen und Groupsystems-Daten importieren bzw. exportieren. Durch die Freigabe erhalten

je nach Werkzeugtyp die Teilnehmer und der Moderator ihre jeweiligen Start-
masken. Die individuelle Sitzungsarbeit wird von den Personen erbracht, die die
Rolle 'Teilnehmer' innehaben. Der Moderator steuert von seinem Arbeitsplatz
aus die Bildschirme dieses Personenkreises.

Im folgenden soll als ein Beispiel TeamCards kurz vorgestellt werden.

'TeamCards' ist ein geschlossenes Konzept, um aus Ideen effizient Projektpläne
zu erstellen und zu überwachen. Im Gegensatz zu anderen Sitzungsunterstüt-
zungssystemen, die einen Werkzeugkasten anbieten, aus dem die einzelnen
Werkzeuge ausgewählt, konfiguriert und gestartet werden müssen, führt
TeamCards eine Gruppe mit geringem Steuerungsaufwand durch die einzelnen
Sitzungsphasen. Das System legt einen bestimmten Sitzungsablauf nahe, der
Moderator behält aber weiterhin die Kontrolle über die einzelnen Funktions-
phasen und kann je nach Gegebenheit Phasen überspringen oder wiederholen.
Er und die Teilnehmer sind dabei vollständig von administrativen Aufgaben wie
Laden und Speichern von Daten befreit. Im Laufe einer Sitzung können auch
Aufgabenverteilungen stattfinden, wenn sich beispielsweise Teilnehmer dazu-
melden wollen oder ein anderer Moderator erforderlich ist.

TeamCards besteht aus den Phasen Ideensammlung, Clusterung, Bewertung,
Empfehlungserstellung und Tätigkeitenplanung. Am Ende der ersten drei
Phasen hat die Gruppe die relevanten Problemlösungsbereiche erarbeitet und
kann nun dazu übergehen, aus diesen noch neutralen Ideenblöcken Handlungs-
anweisungen zu generieren, diese auf die Teilnehmer zu verteilen sowie weitere
Ressourcen zuzuordnen und mit zeitlichen Restriktionen zu versehen. Das
Ergebnis einer TeamCards-Sitzung ist ein Projektplan, der angibt, welche
Tätigkeiten von wem bis wann unter Zuhilfenahme welcher Hilfsmittel auszuführen sind. Die Termine werden in einen Gruppenkalender eingetragen und
damit allen Teilnehmern zur Verfügung gestellt.

4   Literatur

Barent, V.; Krcmar, H.: TeamWare für CATeam. Arbeitspapier, Universität
Hohenheim, Lehrstuhl für Wirtschaftsinformatik. Hohenheim 1994.

H.-J. Müller (Hrsg.): Verteilte Künstliche Intelligenz - Methoden und Anwendungen. Mannheim, Wien und Zürich 1993.

Lewe, H.; Krcmar, H.: GroupSystems: Aufbau und Auswirkungen. In: Information Management 8 (1992) 1, S. 31-41.

Lewe, H.; Krcmar, H.: Computer Aided Team mit GroupSystems: Erfahrungen aus dem praktischen Einsatz. In: Wirtschaftsinformatik 35 (1993) 2, S. 111-119.

Lewe, H.; Krcmar, H.: Computerunterstützung für die Gruppenarbeit: Zum Stand der Computer Supported Cooperative Work Forschung. In: Wirtschaftsinformatik 34 (1992) 4, S. 425-437.

Peter Gorny

Design software-ergonomischer Benutzungs-oberflächen

Tutorial

1   Vorbemerkung

Ein Tutorial zum Design von Benutzungsoberflächen[1] nach dem Stand der Software-Ergonomie ist heute immer noch ein gewagtes Unterfangen: es gibt noch keine durchgehenden gesicherten Methoden, es gibt kaum Werkzeuge und doch überholen die Normen-Gestalter die Forschung und Entwicklung. Es gibt inzwischen DIN-Normen (DIN 66234) und ISO-Normen (ISO 9241) zu dem Thema und sogar eine rechtskräftige Europäische Richtlinie (90/270), in denen Kriterien für die Oberflächen-Gestaltung festgelegt werden, obwohl es erst teilweise Meßmethoden gibt, mit denen man (fertige) Oberflächen bewerten kann, und nur rudimentäre Erkenntnisse, wie man die Kriterien bei der Konstruktion von

(neuen) Oberflächen berücksichtigen kann. Die Anwendung software-ergonomischer Methoden auf Systeme zur Unterstützung kooperativer Arbeit macht
die Designentscheidungen noch anspruchsvoller, weil für die Werkzeugunter-
stützung von Kooperation kaum Forschungsergebnisse vorliegen: die Charakteristika der Aufgaben und die erforderlichen Kenntnisse und Fähigkeiten der
Benutzer werden von den Arbeitswissenschaften erst gerade kategorisiert.

Die Software-Ergonomie will die Aufmerksamkeit der Designer auf die
Benutzbarkeit[2] von Software-Systemen lenken. Es ist offenbar, daß man
Benutzbarkeit nur messen (oder erzeugen) kann, wenn man den Kontext
betrachtet, in dem ein Programm als Werkzeug benutzt werden soll. Konkret
bedeutet das die Berücksichtigung der Aufgabenstellungen, der Eigenschaften
der Benutzer und gewisse Merkmale der Werkzeugbenutzung. Vor einer
Gestaltung oder Bewertung einer Benutzungsoberfläche nach den Gütekriterien
der Software-Ergonomie muß man also eine Arbeitsorganisations- und
Aufgabenanalyse vorgenommen und die Benutzereigenschaften festgestellt
haben.

2   Gütekriterien der Software-Ergonomie und des Software-Engineering

2.1 Brauchbarkeit

Die Europäische Richtlinie 90/270 über die Mindestvorschriften bezüglich der
Sicherheit und des Gesundheitsschutzes bei der Arbeit an Bildschirmgeräten ist
zwar rechtlich bindend, jedoch nur für den deutschen Gesetzgeber. Ein entspre-
chendes deutsches Arbeitsschutzgesetz und die darauf bauenden Richtlinien der
Berufsgenossenschaften sind noch in Arbeit. Deshalb nimmt das Tutorial nur
Bezug auf die ISO-Norm 9241 "Ergonomic requirements for office work with
visual displays" (Tabelle 1). Diese ISO-Norm hat die DIN 66234 zum Vorbild.
Von den für die Softwaregestaltung wesentlichen Teilen sind erst zwei relativ
weit entwickelt: Teil 2 "Guidance on task requirements" ist verabschiedet und
Teil 10 "Dialogue principles" steht kurz davor. Die Entwürfe für die übrigen
Teile mit Software-Ergonomie-Bezug dürften noch einigen Änderungen in den
internationalen Standardisierungsgremien unterworfen werden.

Part 1	General introduction
Part 2	**Guidance on task requirements** *(First edition 1992-06-01)*
Part 3	Visual display requirements
Part 4	Keyboard requirements
Part 5	Workstation layout and postural requirements
Part 6	Environmental requirements
Part 7	Display requirements with reflections
Part 8	Requirements for displayed colours
Part 9	Requirements for non-keyboad input devices
Part 10	**Dialogue principles** *(Draft voting terminates 1994-03-16)*
Part 11	**Guidance on specifying and measuring usability** *(Working paper v 8.8, 7 May 93)*
Part 12	Presentation of information
Part 13	User guidance
Part 14	Menu dialogues
Part 15	Command dialogues
Part 16	Direct manipulation dialogues
Part17	Form filling dialogues

Abb. 1: ISO 9241 "Ergonomic requirements for office work with visual displays (VDTs)"

In den Teilen 2 und 11 wird der Zusammenhang hergestellt zwischen der Brauchbarkeit (usability) des Gesamtsystems und den Benutzern, den Zielen der Aufgaben einschließlich der Aufgabencharakteristika, den zur Verfügung stehenden Werkzeugen und der Arbeitsumgebung. Außerdem wird der Begriff "usability" aufgebrochen in die Teilkriterien "effectiveness", "efficiency" und "satisfaction".

Teil 10 detailliert die Kriterien für die Beurteilung von Dialogen:

- Suitability for the task (Aufgabenangemessenheit)
- Selfdescriptiveness (Selbstbeschreibungsfähigkeit)
- Controllability (Steuerbarkeit)
- Conformity with user expectations (Erwartungskonformität)
- Error tolerance (Fehlertoleranz)
- Suitability for individualization (Individualierbarkeit)
- Suitability for learning (Erlernbarkeit)

Im Tutorial sollen diese Kriterien nicht nur für die Bewertung fertiger Benutzungsoberflächen, sondern für das Design neuer Systeme und ihrer Oberflächen genutzt werden. Dabei müssen sich die Designer bewußt sein, daß mit der Beachtung der Kriterien nicht gewährleistet ist, daß die Oberflächen ästhetisch ansprechend ("schön") oder originell sind. Hier bleibt Intuition und Kreativität gefordert.

2.2 Regeln für die Gestaltung von Benutzungsoberflächen

Neben diesen sehr allgemeinen Kriterien zur Beurteilung der Brauchbarkeit gibt es eine Vielzahl von einzelnen Regeln, die aufgrund von qualitativen oder quantitativen Untersuchungen von Kognitions- oder Arbeitspsychologen aufgestellt wurden. Die größte Sammlung dazu ist von SMITH und MOSIER [18] aufgestellt worden, die inzwischen auch als HyperCard Stack (HyperSAM [11]) zur Verfügung stehen. Die Verknüpfung der Regeln mit bestimmten Benutzer-, Aufgaben- oder Werkzeugbenutzungsmerkmalen wird von den Autoren allerdings nicht vorgenommen.

2.3 Style Guides

Viele Softwarehäuser oder Hersteller haben ihren Mitarbeitern Richtlinien für die Gestaltung von Benutzungsoberflächen an die Hand gegeben. Die bekanntesten sind der IBM-CUA und die Style Guides von Apple (für den Macintosh), Microsoft (für Windows und NT) und von der OSF (für Motif). In Deutschland haben die umfangreichsten Style Guides die Firmen SNI und SAP entwickelt.

Die Style Guides sollen ein spezifisches "look and feel" für einen Benutzungsoberflächen-Typ oder für die Software-Produkte eines Unternehmens (corporate image) sicherstellen. Damit wird das ISO-Kriterium "Erwartungskonformität" wenigstens teilweise berücksichtigt. Aus dieser Zielsetzung heraus ist es erklärlich, daß andere ergonomische Aspekte wie die Merkmale der Benutzer, der Aufgaben oder der Werkzeugbenutzung kaum eine Rolle spielen. Ebenso geben Style Guides keine Hinweise zu ästhetischen Eigenschaften der Oberfläche, auch wenn sie einige "Gesetze" der Gestaltpsychologie aufnehmen.

3 Systematisches Vorgehen beim Design von Benutzungsoberflächen

3.1 Einordnung des Oberflächen-Designs in den Software-Entwicklungsprozeß

Wir gehen davon aus, daß die Gestaltung der Benutzungsoberfläche eines Software-Systems von so grundlegender Bedeutung ist, daß sie prinzipiell in eine der frühen Entwicklungsphasen gehört, bei denen die Anforderungen an das Gesamtsystem zusammengestellt werden. Der hier verwendete Begriff der Phase soll nicht implizieren, daß wir das klassische Phasenmodell des Software-Engineering bevorzugen. Im Gegenteil will ich betonen, daß die hier hilfreichsten Vorgehensmodelle den Benutzer frühzeitig beteiligen und das Prototyping erfordern, z.b. die evolutionären Vorgehensmodelle. Ein *Rapid* Prototyping von Oberflächen eignet sich dazu nicht, weil hierbei die Gefahr besteht, daß bloß schnell einige Masken herunterprogrammiert und die Ergebnisse sorgfältiger Analysen des Anwendungskontexts nicht berücksichtigt werden. Stattdessen ist ein *Slow and Principled* Prototyping zu fordern [9]. Die Zuordnung des Oberflächendesigns zur Phase der Anforderungsdefinition würde bedeuten, daß damit der Prototyp der Oberfläche Bestandteil dieser Definition würde.

Damit wird nicht ausgeschlossen, daß auch in späteren Phasen oder Iterationen der Software-Entwicklung noch Entscheidungen zur Oberfläche getroffen werden können und müssen; es wird jedoch klargestellt, daß diese Entscheidungen an den Kriterien der ISO gemessen - also konkret auf die Merkmale der Benutzer, der Aufgaben und der Werkzeugbenutzung bezogen werden müssen.

3.2 MUSE – Eine Methode zum Entwurf von Benutzungsoberflächen

Um das systematische Design von Benutzungsoberflächen zu ermöglichen, wurde in Oldenburg ein Vorgehensmodell entwickelt, das im folgenden skizziert werden soll. Wie immer ist damit beabsichtigt, die Entscheidungskomplexität zu reduzieren und Einzelkriterien zu geeigneten Augenblicken während des Designprozesses bewußt zu machen. Als Gütemaß werden dabei die ISO-Dialogprinzipien herangezogen, allerdings jetzt als Maß für den Aufwand, der bei der Entwicklung der Software zu ihrer Erfüllung betrieben werden muß. Man kann dieses Vorgehen auch als "inkrementelle Evaluation" bezeichnen.

Wenn z.B. ein "fachlich kompetenter" Benutzer eine Software-Funktion "häufig" benutzt, so muß ein relativ hoher Aufwand betrieben werden, um das Kriterium "Erwartungskonformität" zu erfüllen, während für die "Erlernbarkeit" ein geringerer Aufwand erforderlich ist. Dagegen müßte an Arbeitsplätzen mit häufig wechselndem "ungeschultem" Personal die "Erlernbarkeit" sehr viel höher gewichtet werden.

MUSE (Method for User Interface Engineering [9]) gliedert die Design-Entscheidungen in vier Sichten, die beliebig oft eingenommen werden können.

Konzeptuelle Sicht

Bei der Konzeptuellen Sicht kommt es darauf an, daß die Analyseergebnisse des Arbeitssystems umgesetzt werden in Designentscheidungen über die erforder-lichen Werkzeugfunktionen, die dabei in vier Kategorien (Anwendungs-, Steuer-, Adaptier- und Metafunktionen) geordnet werden. Die Entscheidungen werden sich dabei einerseits auf die Erfahrungen mit ähnlichen Systemen (application domain knowledge) stützen und andererseits die Auswahl der Funktionen abhängig machen von den konkreten Merkmalen der zu erledi-genden Aufgaben, der Benutzer (von ihren Individualeigenschaften in "Rollen" abstrahiert) und der Werkzeugbenutzung. Dieses Tripel {Aufgabe, Rolle, Werk-zeugbenutzung} bestimmt somit die software-ergonomischen Anforderungen an die Oberfläche.

Es hat sich hier als hilfreich erwiesen, für die Analyse des Arbeitssystems das Verfahren der Objektorientierten Analyse (OOA) ([4]; [5]; [16]) zu verwenden. Dabei stehen Arbeitsgegenstände ("objects") im Zentrum der Aufmerksamkeit, denen jeweils Bearbeitungsverfahren ("methods") zugeordnet werden (Beispiel: Arbeitsgegenstand "Fahrauftragsformular", Bearbeitungsverfahren: "Formular ausfüllen"). Wenn nun das "Formular" im Rechnersystem als Maske realisiert wird, so benötigt man statt Bleistift und Radiergummi eine Reihe von "Werkzeugfunktionen" im Rechner.

Gerade bei einer kooperativen Organisationsform bietet dieser Zugang Vorteile gegenüber der im Software Engineering häufig verwendeten funktionalen Beschreibungsmethode. Wenn zum Beispiel in einem "virtuellen Unternehmen" die Just-in-Time-Logistik kooperativ zwischen den Disponenten der verschie-denen realen Unternehmen betrieben wird, so fällt es leicht, den Zugriff auf die gemeinsamen Objekte "Touren-Plan" und "Fahrauftrag" zu entwerfen. Wegen der in diesem Beispiel angenommenen Kooperation wird die Erfüllung der Kriterien "Steuerbarkeit", "Aufgabenangemessenheit" und "Erwartungs-

konformität" besondere Bedeutung haben. Da möglicherweise die Benutzerana-
lyse ergeben hat, daß die Rolle des Disponenten von selten wechselnden, fachlich erfahrenen Benutzern ausgeübt wird, ist "Erlernbarkeit" und "Selbstbeschreibungsfähigkeit" von geringerem Gewicht.

Als Ergebnis der konzeptuellen Sicht liegt eine Liste von Werkzeugfunktionen
vor, die bei dem genannten Beispiel für die Bearbeitung eines "Fahrauftrags"
erforderlich sind.

Strukturelle Sicht

In der zweiten Sicht werden Entscheidungen über Dialogformen und die
Dialogstruktur (mit ihren temporalen Bedingungen) getroffen. Als Dialogformen stehen die Grundformen Dateneingabedialog, Kommandodialog, Auswahldialog und Direkte Manipulation sowie Kombinationsformen wie z.b.
Maskendialog zur Verfügung. Man könnte die Werkzeugfunktionen zum
Eintragen von Text in ein bestimmtes Feld statt über einen Kommandodialog
durch einen Auswahldialog aktivieren. Es könnte jetzt zum Beispiel auch festgelegt werden, daß sie bei simultaner Arbeitsweise jeweils nur einem der
aktiven Benutzer zur Verfügung stehen, das heißt bei den anderen Benutzern
dann inaktiv geschaltet werden.

Die oben genannten temporalen Bedingungen in der Dialogstruktur erlauben
Entscheidungen über die erlaubten Reihenfolgen von Arbeitsschritten während
der Aufgabenerledigung, der Anwendung von Bearbeitungsverfahren und des
Aufrufs von Werkzeugfunktionen. (Es ist z.B. unsinnig, einen Text in einem
noch nicht gefüllten Textfeld markieren zu wollen, um ihn anschließend zu
kopieren: durch eine sichtbar gemachte Deaktivierung der Werkzeugfunktionen
"cut" and "copy" würde ein Benutzer einen entsprechenden Hinweis erhalten
können.)

Ergebnis der Strukturellen Sicht sind Dialogformen für die Werkzeugfunktionen und jeweils die Vorbedingungen für ihre Anwendbarkeit auf ein Objekt
bzw. auf einen Teil eines Objekts.

Konkretisierungssicht

Ziel dieser Sicht ist die Festlegung konkreter Erscheinungsformen für die Dialogformen. So stehen zum Beispiel für die Dialogform "Auswahldialog" die In-
teraktionsarten (und Widgets) "Menü", "Listboxes", "Radio-Buttons", "Check-
boxes" und Funktionstasten zur Verfügung, zum Teil noch in unterschiedlichen
Ausprägungen (z.B. Piktogramm-Menü oder Text-Menü, pop-up, pull-down

oder statisch). Um hier für das Oberflächendesign ergonomische Grundlagen zu finden, sind etwa arbeits- oder kognitionspsychologische Forschungsergebnisse wie in den Regeln von SMITH und MOSIER heranzuziehen. (Beispiel: Ein Menü sollte nicht mehr als 10 Items haben. Stattdessen könnte man eine hierarchisch gestufte Menüfolge oder eine Liste verwenden oder - falls jeweils nur einige wenige Items in einem Arbeitskontext ausgewählt werden - die häufig verwendeten Items zusätzlich an den Kopf des Menüs kopieren.)

Für den oben erwähnten kooperativen, u.U. simultanen Arbeitsprozeß der Tourendisposition tritt die Frage auf, wie man den Benutzern verdeutlicht, daß eine von ihnen gerade bestimmte Werkzeugfunktion oder ein Objekt "blokkiert". Um dieses auf der Oberfläche zu präsentieren, könnten die Funktionen entweder nicht mehr im Auswahlangebot erscheinen oder "graugeschaltet" sein. Das software-ergonomische Wissen muß dazu ausgewertet werden, um festzustellen, welche der beiden Präsentationsformen für die gegebenen Benutzer und Aufgaben geeigneter ist. Die gleiche Präsentationsform könnte auch für die wegen anderer temporaler Bedingungen nicht aktivierbaren Werkzeugfunktionen verwendet werden, falls nicht auch der Grund der Nichtaktivierbarkeit durch die Präsentationsform signalisiert werden soll.

Ergebnis der dritten Sicht ist somit die Festlegung konkreter Erscheinungsformen für die in der zweiten Sicht festgelegten Dialogformen.

Realisierungssicht

In der vierten Sicht soll ein Prototyp der Benutzungsoberfläche erstellt werden. Dazu müssen die bisher ausgewählten Elemente der Benutzungsschnittstelle vollständig beschrieben und positioniert werden. Ein User Interface Prototyping Tool oder ein User Interface Management System ist dazu gut geeignet.

Eine Anbindung der Schnittstelle an das Anwendungssystem kann in einer frühen Phase des Entwicklungsprozesses natürlich nicht erfolgen, stattdessen müssen die Zugriffe auf die Daten und Funktionen der Applikation als "Mockup" implementiert werden. Dieser Prototyp wird anschließend mit Anwendern und Benutzern evaluiert, um Grundlage für eine neue Version zu schaffen.

Während der Realisierungssicht müssen zum Beispiel die Größe, Form, Farbe und Plazierung von Fenstern, Listboxes, Dialogboxes usw. ebenso festgelegt werden, wie die Wortwahl für deren Beschriftungen und Menüs. Dazu gibt es eine Vielzahl von Regeln, die aus der Gestaltpsychologie qualitativ abgeleitet oder aufgrund von Experimenten entwickelt wurden und sich sowohl bei SMITH und MOSIER wie auch in den verschiedenen Style Guides wiederfinden. Allgemeine Kriterien werden auch im Teil 12 der ISO9241 aufgeführt werden. Die Gestaltung der Piktogramme macht besondere Schwierigkeiten, weil sie sowohl leicht erkennbar wie einen Bezug zu der realen Arbeitsumgebung der jeweiligen Benutzer haben sollen, um den Benutzern einen längeren Schulungsprozeß ersparen zu können.

3.3 Verallgemeinerung der unter MUSE entstehenden Oberflächen

Theoretisch müßte bei einem Vorgehen nach MUSE für ein Anwendungssystem bei jedem Tripel {Rolle, Aufgabe, Werkzeugnutzung} wegen der Unterschiede in den Merkmalen eine spezielle Benutzungsoberfläche entstehen. Das ist weder ökonomisch zu vertreten noch in einem Unternehmen im praktischen Einsatz der Software durchzuführen. Aus diesem Grunde wird der Designer schon früh im Designprozeß ähnliche Anforderungen zusammenfassen und so die Anzahl unterschiedlicher Oberflächen reduzieren. Die Vereinigungsmenge der Merkmalsmengen mehrerer Tripel führt zu Wertebereichen für jedes einzelne Merkmal: wenn zum Beispiel für mehrere Benutzer die Werkzeugnutzung *häufig bis selten* auftreten kann, so ist entsprechend die gemeinsame Oberfläche so zu entwerfen, daß beide Benutzungshäufigkeiten entsprechend unterstützt werden (etwa wie üblich, für die häufige Nutzung sogenannte Shortcuts durch Kommandokürzel, für die seltene eine Menüführung). Der Extremfall "eine Benutzungsoberfläche für alle Benutzer und Aufgaben" führt dann zur Standardsoftware. Es sei jedoch angemerkt, daß dieser Extremfall eigentlich nie eintritt, denn auch die Entwickler von Standardsoftware machen sich - oft unbewußt - ein Bild von den Benutzern ihres Programms und den Aufgaben, die damit bearbeitet werden sollen.

Bei Software, die in verschiedenen Ländern eingesetzt werden soll, tritt ein weiteres Problem auf - auch bei Software mit sehr spezifischen Anwendungsbereichen: die Internationalisierung der Benutzungsoberfläche. Es ist längst bekannt, daß es eine Abstufung von Maßnahmen der Übertragung eines Programmes in eine andere Sprachwelt geben muß, beginnend mit einer reinen Übersetzung der Texte und Bezeichnungen auf der Oberfläche über eine Anpassung an andere Maßsysteme, alphabetische oder ikonische Schriften, Schreibarten (links-rechts/rechts-links), andere Zähl- und Bezeichnungsweisen bis hin zu in anderen Kulturen üblichen Metaphern und Piktogrammen, gar nicht zu reden von anderen rechtlichen oder technischen Vorschriften im Anwendungsbereich, die sogar eine Änderung der Anwendungsfunktionen erfordern.

Bei einer Analyse des Kontextes, in dem die Software eingesetzt werden soll,
müssen also auch die kulturellen Unterschiede berücksichtigt werden, um
daraus Gestaltungsmaßnahmen ableiten zu können.

4 Grenzen von MUSE und Ausblick

Die im Tutorial vorgestellte Methode MUSE soll die Entscheidungskomplexität
beim Oberflächendesign reduzieren und die Einflußfaktoren auf die Benutzbarkeit eines Anwendungssystems bewußt machen. Bei dem Vorgehen nach
MUSE wird vorausgesetzt, daß die an der Gestaltung der Benutzungsoberfläche
Beteiligten auch die Kriterien kennen und die Zusammenhänge zwischen den
Merkmalswerten und den Designentscheidungen nachvollziehen können.
Dieses breite Wissen über die Arbeitswissenschaften, die Arbeits-, Kognitions-
und Gestaltpsychologie sowie über das Software-Engineering kann weder beim
Anwender noch bei den Software-Entwicklern vorausgesetzt werden. Daher ist
die Methode praktisch nicht einsatzfähig, es sei denn, die Software-Entwicklung erfolgt in multidisziplinären Teams.

Um dem Problem abzuhelfen, werden in einigen Forschungsgruppen Werkzeuge entwickelt, die eine wissensbasierte Unterstützung des Designprozesses
bieten sollen. Die Projekte TASK [3]/TOOLS [12] in Stuttgart, IDA [15] in
Birlinghofen, DIADES II [6] in Darmstadt und JANUS [2] in Bochum bauen
dabei auf jeweils spezielle Vorgehensmodelle und decken vorwiegend die
Bereiche ab, die den zwei letzten Sichten nach MUSE entsprechen, während das
Projekt EXPOSE ([10]; [8]) in Oldenburg und Rostock genau das Vorgehensmodell von MUSE durch alle vier Sichten unterstützt.

Es ist zu erwarten, daß aus diesen Forschungsprojekten in einigen Jahren auch
praktische Werkzeuge auf den Markt kommen. Bis dahin sind die Designer
gefordert, die software-ergonomische Literatur (siehe [1]; [7]; [13]; [14]; [17])
allein zu erarbeiten.

5 Anmerkungen

1   Ich lege Wert auf den Begriff "Benutzungsoberfläche". Damit ist die
    Gesamtheit der *Wirkungen* gemeint, die ein bestimmter Teil des Software-
    Systems, die "Benutzungsschnittstelle" hervorruft. Das Programmstück

Benutzungsschnittstelle stellt dem Benutzer die Funktionalität des Systems zur Verfügung. (Schlicht falsch ist die Eindeutschung von "user interface" als "Benutzeroberfläche". Die besteht normalerweise aus Haut und Haaren, und ihre Gestalter gehören zu den Zünften der Schneider, Friseure und Kosmetiker - oder zu den Schönheitschirurgen.).

2   Der englische Begriff "usability" kann im Deutschen sowohl "Brauchbarkeit" (des ganzen Programms) wie "Benutzbarkeit" (der Benutzungsoberfläche) bedeuten.

6   Literatur

[1]   Balzert; Hoppe et al.: Einführung in die Software Ergonomie. Reihe: MCK-Grundwissen. Berlin und New York 1988.

[2]   Balzert, H.: Das JANUS-System: Automatisierte wissensbasierte Generierung von Mensch-Computer-Schnittstellen. In: Informatik - Forschung und Entwicklung. Heidelberg 1994.

[3]   Beck, A.: Methoden und Werkzeuge für die frühen Phasen der Software-Entwicklung. In: Ackermann, D. et al.: Software-Ergonomie '91: Benutzerorientierte Software-Entwicklung. Stuttgart 1991.

[4]   Budde, R.; Züllighoven, H.: Programmierwerkzeuge in einer Programmierwerkstatt. München 1990.

[5]   Coad, P.; Yourdon, E.: Object-Oriented Analysis. Yourdon Press, Englewood Cliffs 1991.

[6]   Dilli, L.; Vogt, G.; Hoffmann, H.-J.: Diades II: Ein objektorientiertes Entwurfswerkzeug für interaktive Benutzungsschnittstellen. Ergonomie & Informatik. In: Mitteilungen des GI-Fachauschusses 2.3, (1993) 19, S. 14-21.

[7]   Dix; Finlay; Abowd; Beale: Human-Computer Interaction. Prentice Hall, New York u.a. 1993.

[8]   Forbrig, P.; Gorny, P.; Viereck, A.: Unterstützung des Software-Design-Prozesses durch EXPOSE. In: Coy, W.; Gorny, P.; Kopp, I.; Skarpelis, C. (Hrsg.): Menschengerechte Software als Wettbewerbsfaktor. Forschungsansätze und Anwenderergebnisse aus dem Programm: Arbeit und Technik. Stuttgart 1993, S. 463-479.

[9]   Gorny, P.; Viereck, A.; Qin, L.; Daldrup, U.: Slow and Principled Prototyping of Usage Surfaces: a Method for User Interface Engineering. In: Züllighoven, H. et al. (Hrsg.): Proceedings RE'93 - Prototyping. Bonn und Stuttgart 1993, S. 125-133.

[10] Gorny, P.; Viereck, A.: Ein Software-Ergonomie-Expertensystem. In: Ackermann, D; Ulich, E. (Hrsg.): Software-Ergonomie '91. Stuttgart 1991, S. 152-161.

[11] Iannella, R.: HyperSAM 2.0 - A hypertext interface to Smith and Mosier.
      HyperCard Stack. Bond University. Gold Coast QLD, Australia 1993.

[12] Janssen, C.; Weisbecker, A.; Ziegler, J.: Generierung graphischer Benut-
      zungsschnittstellen aus Datenmodellen und Dialognetz-Spezifikationen.
      In: Züllighoven, H.; Altmann, A.; Doberkat, E. (Hrsg.): Requirements
      Engineering '93: Prototyping. German Chapter of the ACM Band 41.
      Stuttgart 1993, S. 335-347.

[13] Koch; Reiterer; Tjoa: Software-Ergonomie. Wien und New York 1991.

[14] Preece et al.: Human Computer Interaction. Addison-Wesley, 1994.

[15] Reiterer, H.: A Human Factors Based User Interface Design. In:
      Grechenig, T.; Tschelegi, M. (Hrsg.): Human Computer Interaction.
      Proceedings of the Vienna Conference VCHCI'93. Lecture Notes in
      Computer Science. Springer, Wien 1993, S. 291-302.

[16] Rumbaugh, J. et al.: Object-Oriented Modelling and Design. Prentice
      Hall, Englewood Cliffs 1991.

[17] Shneiderman: Designing the User Interface: Strategies for Effective Hu-
      man-Computer Interaction. 2nd Edition. Addison Wesley, Reading u.a.
      1993.

[18] Smith, S.; Mosier, J.: Guidelines for designing user Interface software.
      The Mitre Corp., Bedford, MA 1986.

[19] Viereck, A.; Gorny, P.: Software-Ergonomische Beratung bei der Benut-
      zungsschnittstellen-Entwicklung. In: Frese, M. et al. (Hrsg.): Software für
      die Arbeit von morgen. Berlin u.a. 1991, S. 309-408.

Greg O'Hare

Agency a Unifying Concept within Distributed Artificial Intelligence and CSCW

Tutorial

1   Introduction

This paper seeks to explore the relationship between CSCW and Distributed Artificial Intelligence (DAI). In recent years a convergence of research effort has been witnessed in these two fields of research. The former concerns itself with the development of methods and tools that facilitate the collaborative work of groups of people, who may typically be distributed through, not merely a geographic plane, but also a temporal plane. The latter however, is concerned primarily with the development of a new generation of intelligent systems, which seek to encompass a multi-agent philosophy where smaller grained intelligent units or "agents" interact in a mutually beneficial manner in the solution of community goals. For a more detailed introduction to DAI the reader is referred elsewhere ([2]; [5];[10]).

Clearly each of these disciplines address the key area of distribution and the support of effective communication and collaboration within this distributed context. In the case of CSCW systems the interactions tend to be between humans whilst in the case of DAI these interactions are invariably between computational agents. Research on participative systems has sought to address the federation of both categories of agent [3].

This paper seeks to investigate the similarities and the differences between the two subject areas. It will focus upon some of the opportunities that exist for the synthesis of research concepts that would result in a mutually beneficial bidirectional exchange of ideas.

The paper draws upon experiences accrued by the author in the context of two research projects those of the Cooperative Requirements Capture (CRC) project and the ICSA (Information Cooperative for Sharing and Analysing earth observation data) project funded by the European Commission. Section 2 considers the convergence between these two disciplines whilst Sections 3 and 4 consider the CRC and ICSA projects respectively. Section 5 offers some conclusions and suggestions for further work.

2   A Convergence of Disciplines

Both DAI and CSCW contribute to a new and emerging discipline that of "Coordination Science". Within this section we will focus our attention on some key issues and consider their relevance to each discipline.

2.1 Distribution, Interoperability and Heterogeneity

Within both CSCW and DAI much attention has been paid to the distribution of data, expertise and control. Each of these bring their own particular problems. If we consider in detail the issue of distribution in the context of each discipline then interesting similarities and distinctions occur. To what extent can seamless distribution be achieved? Indeed ought it to be sought? It is often argued that the individual operating within such a computer mediated environment ought not to be made aware of its inherent distributed nature. Of course distribution can be viewed at different levels, the physical level where communication takes place across LANs and WANs and the cognitive level where expertise is distributed across intelligent artifacts.

Within the context of collaborative design systems it seems obligatory that each member of the design team be aware of the different design inputs from colleagues. The collaborative activity ought not to be polluted by such issues as Interoperability and Heterogeneity. However this nonetheless necessitates that the design of such systems ought to accommodate diversity in terms of software and hardware. Numerous authors characterise CSCW systems as "seamless systems" [6], however it is clear that such seamlessness ought not to obscure the underlying structure of the agent community. Clearly such structure needs to be abstracted away from in certain situations, whilst in others, it needs to be fully exposed.

2.2 Communication, Cooperation and Collaboration

Intrinsically important to all coordination technologies is the fundamental mechanisms which support communication. Without effective communication the higher level layers of coordination, cooperation, collaboration cannot be achieved. The relationship between communication, cooperation and collaboration is something which necessitates detailed examination. Communication has attracted the most research attention. Within DAI many multi-agent systems normalise inter-agent communication into a canonical form based upon Speech Act Theory. The genealogy of this approach can be traced back to the early work of AUSTIN and WITTGENSTEIN whose work paradoxically and felicitously, was taken as a motivation for the belief that a theory of language constitutes a theory of action. The popularisation of this dictum was largely due to the work of SEARLE who categorised illocutionary acts and associated situations, whereby they can reasonably be issued. This formalisation resulted in what is essentially a grammar for action and as SUCHMAN [12] states can be thought of as a canonical framework for the representation of communicative practices. The use of such a language action perspective within groupware has been criticised of late [12]. Many researchers believe that such approaches to reducing conversations to highly stylised aggregations of base components is fundamentally flawed and that alternative techniques such as Conversational Analysis are much more appropriate [1].

DAI and CSCW each tend to view communication from differing viewpoints. In the case of the former they are concerned with controlling the richness of the communication medium, whilst the latter is concerned with affording a full and expressive medium, often involving multi-media interfaces. DAI adopts are ductionist approach to communication because it views communication as both influencing, and being influenced by, agent intentions.

2.3 Consensus Management

Teams of individuals with differing capabilities and objectives inevitably exhibit conflicts of opinion. Much research has addressed techniques for the resolution of such conflicts. Latterly some authors find the nomenclature of "conflict" rather negative and prefer to talk about consensus management rather than conflict resolution. The effective management of consensus is something that can guard against situations whereby opposing factions adopt entrenched positions. Such scenarios can be difficult and costly to resolve. Consensus management tends to involve the recognition of deteriorating social situations and the proactive invocation of actions that will regain social cohesion. In the case of DAI automated detection of conflicts can frequently be achieved more easily than is the case within CSCW, due primarily to the stylised mode of interaction. The manual recognition is however is much more obvious within CSCW.

Both disciplines are concerned with the maintenance of social cohesion and each draws upon such techniques as negotiation, game theory and utility theory.

2.4 System Development

The development of both classes of coordination system place many of the same demands upon the development medium. Both CSCW and DAI systems need to be developed in a modular manner. They both demand mechanisms for abstraction and information hiding. Object-oriented techniques have found considerable favour within both communities as has the associated methodology. More recently the fusion of functional and object-oriented techniques, as exemplified by CLOS (Common Lisp Object System) [4] has gained widespread acceptance.

Developments within DAI have resulted in the advocation of a new metaphor for system development, that of Agent-Oriented Programming (AOP) [11]. Agent0 is one language that embraces this philosophy [11], other languages of this genre exist whilst others are under development. McCarthy [8] for example, is developing Elephant2000 a language based upon speech act theory.

It remains to be seen as to what extent these languages can support the development of groupware systems.

3   The Cooperative Requirements Capture Project

The Cooperative Requirements Capture (CRC) Project ([7];[9]) sought to harness some of the work on "Agency". The CRC Project was concerned with the development of a system which provides effective computer support for the Cooperative Requirements Capture process. This process involves a multi-disciplinary team, who actively collaborate in the capture of system requirements, specifically in the context of this project computer systems. This team after an initial formulative meeting, thereafter return to their respective corporate positions and are as such, distributed both geographically and temporally. This contrasts with the traditional scenario in which design teams meet together frequently and discuss in a face to face setting system requirements and identify these through the use of a particular methodology.

Each team member, or "stakeholder", has a particular portfolio of skills and experiences which are of relevance to the system under design. Consequently each stakeholder has a particular objective, or set of objectives, which they are trying to preserve with a view to ensuring their adequate representation in the final agreed design.

Like all other organisations the social dynamics of the design team are highly complex and very important. Stakeholders often disagree, their objectives, of course, often conflict, individuals attempt, and sometimes succeed, in gaining dominance, others feel alienated resulting in a lack of participation, mutually beneficial allegiances are formed, and so forth. The "attitudes" of team members evolve and are revised as a result of the social interactions. These various social syndromes may be characterised through patterns of message exchanging behaviour. These can then dynamically be recognised, by analysing the evolving patterns of message exchanged and comparing these with those associated with the syndromes.

This social process must be managed effectively. In the traditional medium in which this activity takes place this is achieved by a facilitator. Whilst a facilitator will still oversee the activities of the design team within the CRC project, they will however be performing their tasks in a computer mediated environment. This medium is less "rich" and as such considerable computer support is necessitated.

Within the CRC project a software environment that of the "Cooperative Working Platform" has been developed which assists in both the management of the social process and the management of the task. A particular component of an object-oriented methodology is supported and it is within this that the team express their contributions.

The design of this platform has been greatly influenced by work within Distributed Artificial Intelligence (DAI). The concept of "Agency" was used to view the interactions of the stakeholders and their negotiations and furthermore has been used as a metaphor for the design of the underlying software platform itself. Component tools within the platform have certain skills and deductive capabilities and interact with each other in given circumstances, and consequently are perceived as agents which collectively constitute an "Active Environment".

4   ICSA

This project is concerned with the design of a coordination facility that provides access to the ever growing repository of earth observation data, with a view to supporting elaboration of, and deductions based upon, this data. Numerous discrete user communities have a need to access this data examples include, agriculture, forestry, sea and ice, climate, urban development and coastlines. Typically collaborations will emerge both amongst users within a given user community and between different user communities. It is clear that all of these user communities are intimately related. Decisions relating to European Union agricultural policy, may affect forestry and climate, which may in turn affect the sea and coastline.

The ICSA project is concerned with the analysis of the user community needs specifically with a view to gaining an understanding of the typical functions they would like supported. Thereafter an "Information Cooperative" will be designed and an illustrative component implemented. This project draws upon various areas of coordination science including DAI, CSCW and in particular workflow techniques.

Numerous workflow tools exist which seek to model the flow of activity within organisations. The ICSA project seeks to employ Action Workflow Management System licensed and marketed by Action Technologies, in order to capture inter and intra user community activity. Interestingly, Action Workflow management system adopts and incorporates Speech Act theory as the underlying model for capturing the flow of activity.

5 Conclusions

Within this brief paper we have sought to consider the similarities between the disciplines of CSCW and DAI and to identify opportunities for synergy. We have considered but a few critical facets of coordination and pondered as to their role within each discipline.

We have in turn exemplified how a more holistic view of coordination systems can prove appropriate and beneficial. Within the context of the CRC project we have described our work toward the development of an Active Cooperative Working Platform. It is "active" in the sense that it takes cognizance of the social dynamics of the cooperative requirements capture team and provides support for the facilitator and the individual team members on this basis.

This work has incorporated Distributed Artificial Intelligence principles at two levels. Firstly the design of the platform is based on a multi-agent paradigm, with various interactions and collaborations taking place within the software agents. These software agents are collectively working toward supporting the participants in the cooperative requirements process. Secondly at the team level various techniques utilised in achieving agent coherence and resolving agent conflict are being applied to the design team.

Within the context of the ICSA project we have illustrated how novel application domains are placing demands for generations of systems that truly integrate agents, both computational and human.

It is clear that future coordination systems must harness effectively the contributions that have, and are being made, within both CSCW and DAI.

6 Acknowledgements

The Cooperative Requirements Capture Project (CRC) was funded under the IED/DTI Advanced Technology Programme (Project No. 1130) and was a collaborative project involving the participation of the Department of Computation UMIST, ICL, Brameur and Human Technology Ltd.

The ICSA (Information Cooperative for Sharing and Analysing Earth Observation Data) Project is funded by the European Commission Joint Research Centre (JRC) and is a collaboration involving the participation of the UMIST, Siemens AG, University of Siena, IP-CNR, Rome and Queen Mary and Westfield College, University of London.

7   References

[1]   Bowers, J.; Churcher, J.: Local and Global Structuring of Computer-Me-
       diated Communication. In: Proceedings of the ACM Conference in Com-
       puter-Supported Cooperative Work. Portland, OR 1988, pp. 125-139.

[2]   Chaib-draa, B.; Moulin, B.; Mandiau, R.; Millot, R. P.: Trends in Distrib-
       uted Artificial Intelligence. In: Artificial Intelligence Review (1992) 6,
       pp. 35-66.

[3]   Chang, E.: Participant Systems for Cooperative Work. In: Huhns, M.
       (ed): Distributed Artificial Intelligence. Morgan Kaufmann Publishers,
       San Mateo, CA 1987, pp. 311-340.

[4]   Gabriel, R. P.; White, J. L.; Bobrow, D. G.: CLOS: Integrating Object-
       Oriented and Functional Programming. In: Communications of the ACM
       34 (1991) 9, pp. 28-38.

[5]   Hern, L. E. C.: On Distributed Artificial Intelligence. The Knowledge
       Engineering Review. Cambridge University Press 1988.

[6]   Kling, R.: Cooperation, Coordination and Control in Computer supported
       Work. In: Communications of the ACM 34 (1991) 12.

[7]   Macaulay, L. M.; O'Hare, G.M.P.; Dongha, P.; Viller, S.: Cooperative
       Requirements Capture: Prototype Evaluation. In: Spurr, K.; Layzell, P.
       (eds): Proceedings of CASE '94. Cambridge University Press 1994.

[8]   McCarthy, J.: Elephant 2000: A Programming Language based on
       Speech Acts. Unpublished Manuscript 1990.

[9]   O'Hare, G.M.P.; Dongha, P.; Macauley, L.; Viller, S.: Agency within
       CSCW: Towards the Development of Active Co-operative Working En-
       vironments. In: Proceedings of the AI, Autonomous Agents and CSCW
       Workshop. London 1992 (eds Connolly & Edmonson). Springer 1994.

[10]   O'Hare, G.M.P.; Jennings, N. (eds): Foundations of Distributed Artificial
       Intelligence. Sixth Generation Computer Technology Series. Wiley Inter-
       Science 1995 (Forthcoming).

[11]   Shoman, Y.: Agent-Oriented Programming. In: Artificial intelligence
       (1993) 60, pp. 51-92.

[12]   Suchman, L.: Do Categories have Politics? The Language/Action Per-
       spective Reconsidered. In: Michelis, G. de; Simone, C.; Schmidt, K.
       (eds): Proceedings of the Third European Conference on CSCW
       (ECSCW '93). Kluwer 1993, pp. 1-24.

[13]   Winnograd, T.: Categories, Disciplines and Social Coordination. Com-
       puter Supported Cooperative Work (CSCW) Vol .2 (1994), pp. 191-197.

Elmar J. Sinz

Geschäftsprozeßmodellierung als Grundlage für den Einsatz von Workflow-Management-Systemen

Tutorial

1   Geschäftsprozesse und Workflow Management

Bei der Analyse und Gestaltung betrieblicher Systeme vollzieht sich derzeit ein Wandel von eher statischen, strukturorientierten Ansätzen hin zu dynamischen, verhaltensorientierten Ansätzen. Dieser Wandel zeigt u.a. folgende Auswirkungen:

* Die Bedeutung der Aufbauorganisation geht zurück.

* Betriebliche Prozesse bzw. Geschäftsprozesse werden mehr und mehr zum Ansatzpunkt für die Analyse und Gestaltung betrieblicher Systeme.

* Das betriebliche Informationssystem wird zunehmend als das "Nervensystem der Unternehmung" verstanden, welches der Lenkung betrieblicher Prozesse dient.

* Integrierte und gleichzeitig verteilte Anwendungssysteme als automatisierte Teilsysteme des Informationssystems werden zur *enabling technology* für die Lenkung betrieblicher Prozesse und damit für die Beherrschung komplexer betrieblicher Systeme.

Workflow Management beschäftigt sich mit dem Ablauf von Geschäftsprozessen und der arbeitsteiligen, teilautomatisierten Duchführung der in diesen Geschäftsprozessen auftretenden Aufgaben. Voraussetzung für Workflow Management ist somit eine detaillierte Analyse und zielgerichtete Gestaltung sowie eine präzise Dokumentation der zu unterstützenden betrieblichen Prozesse. Das methodische Hilfsmittel hierfür ist ein geeigneter Ansatz zur Geschäftsprozeßmodellierung. Die resultierenden Geschäftsprozeßmodelle bilden den Ausgangspunkt für den effektiven Einsatz von Workflow-Management-Systemen.

Das von FERSTL und SINZ entwickelte Semantische Objektmodell (SOM) (siehe Kap. 7, "Literatur zum SOM-Ansatz") ist ein durchgängiger und praxiserprobter Ansatz zur Modellierung betrieblicher Systeme und zur Spezifikation betrieblicher Anwendungssysteme. Im Mittelpunkt dieses Ansatzes stehen die Geschäftsprozesse der Unternehmung und ihre Modellierung. Die Geschäftsprozeßmodellierung eröffnet einen neuen Weg zur verhaltensorientierten Analyse und Gestaltung betrieblicher Systeme.

2 Geschäftsprozesse und Unternehmensarchitektur

Geschäftsprozesse sind im SOM-Ansatz in ein Modell der Unternehmensarchitektur eingebettet, welches drei Ebenen eines betrieblichen Systems unterscheidet:

- Im Unternehmensplan erfolgt die Abgrenzung des zu untersuchenden betrieblichen Systems in Form einer Diskurswelt und einer zugehörigen relevanten Umgebung. Komplementär dazu erfolgt die Identifikation von Sach- und Formalzielen, Erfolgsfaktoren und der Wertschöpfungskette.

- Geschäftsprozesse beschreiben die Koordination betrieblicher Objekte bei der Erstellung und Übergabe betrieblicher Leistungen. Die Leistungen stellen den Beitrag des Geschäftsprozesses zur Sachzielerfüllung des betrieblichen Systems entlang der Wertschöpfungskette und unter Berücksichtigung von Formalzielen und Erfolgsfaktoren dar.

- Anwendungssysteme dienen der (Teil-) Automatisierung von Geschäftsprozessen. Die Architektur von Anwendungssystemen wird dabei aus dem Geschäftsprozeßmodell heraus entwickelt.

Anhand des Modells der Unternehmensarchitektur wird deutlich, daß Geschäftsprozesse die zentrale Ebene für die Analyse und Gestaltung betrieblicher Systeme darstellen.

3   Merkmale von Geschäftsprozessen

Aus verhaltensorientierter Sicht stellt eine Unternehmung ein komplexes System interagierender Geschäftsprozesse dar. Dabei wird im SOM-Ansatz unter einem Geschäftsprozeß mehr als nur der ereignisgesteuerte Ablauf betrieblicher Aufgaben in Form von Vorgängen verstanden. Dies wird anhand der verschiedenen Sichten auf Geschäftsprozesse deutlich:

- Leistungssicht: Ein Geschäftsprozeß erstellt eine oder mehrere betriebliche Leistungen und übergibt diese an die ihn beauftragenden Geschäftsprozesse. Geschäftsprozesse stellen autonome betriebliche Einheiten dar. Die Beziehung zwischen Geschäftsprozessen folgt dabei dem Client-Server-Prinzip. Jeder Geschäftsprozeß trägt zur Sachzielerfüllung der Unternehmung entlang der Wertschöpfungskette sowie unter Beachtung von Formalzielen und Erfolgsfaktoren bei.

- Lenkungssicht: Ein Geschäftsprozeß beschreibt die Koordination zielgerichteter betrieblicher Objekte im Rahmen der Erstellung und Übergabe von Leistungen. Die Koordination von Objekten erfolgt in betrieblichen Transaktionen. Es werden die Koordinationsformen Verhandlungsprinzip (flache Koordination) und Regelungsprinzip (hierarchische Koordination) unterschieden.

- Ablaufsicht: Ein Geschäftsprozeß beschreibt schließlich den ereignisgesteuerten Ablauf der den betrieblichen Objekten zugeordneten Aufgaben im Rahmen der Durchführung von Transaktionen.

4   Modellierung von Geschäftsprozessen im SOM-Ansatz

Bausteine von Geschäftsprozessen sind im SOM-Ansatz

- betriebliche Objekte,
- betriebliche Transaktionen,
- Aufgaben und
- Ereignisse.

Die Beziehungen zwischen diesen Bausteinen werden in einem integrierten Meta-Modell beschrieben. Dieses Meta-Modell bildet die Klammer für die unterschiedlichen Sichten auf Geschäftsprozesse und definiert die hierarchische Verfeinerung von Geschäftsprozessen:

- Die strukturorientierten Sichten (Leistungs- und Lenkungssicht) umfassen betriebliche Objekte und betriebliche Transaktionen.
- Die verhaltensorientierte Sicht (Ablaufsicht) umfaßt Aufgaben und Ereignisse.

Die Darstellung der einzelnen Sichten erfolgt semi-formal unter Verwendung von Diagrammen. In jeder Sicht steht ein Geschäftsprozeß auf unterschiedlichen Detaillierungsstufen zur Verfügung.

Aus formaler Sicht erfolgt die Modellierung von Geschäftsprozessen durchgängig objektorientiert und unter Verwendung kybernetischer Koordinationsformen (Verhandlungsprinzip und Regelungsprinzip).

5   Beispiele zur Geschäftsprozeßmodellierung im SOM-Ansatz

Die Modellierung von Geschäftsprozessen wird ausführlich anhand von Beispielen erläutert. Hierzu gehören eine kleine Fallstudie sowie die Vorstellung von Ergebnissen aus Praxisprojekten. Über Anwendungserfahrungen wird berichtet.

Ebenfalls ausführlich wird auf das Vorgehen bei der Modellierung eingegangen. Die Modellierung der Beispiele wird anhand des SOM-Modellierungswerkzeugs demonstriert.

6   Nutzenpotentiale von Geschäftsprozeßmodellen

Geschäftsprozeßmodelle liefern die Grundlage für den Einsatz von Workflow-Management-Systemen. Darüber hinaus besitzen sie aber eine Vielzahl weiterer Nutzenpotentiale. Deren Kenntnis ist notwendig, um den Aufwand für die Erstellung von Geschäftsprozeßmodellen zu rechtfertigen. Ein Geschäftsprozeßmodell

- verdeutlicht die Sachzielerfüllung des betrieblichen Systems entlang der Wertschöpfungskette sowie unter Berücksichtigung von Formalzielen und Erfolgsfaktoren,

- verdeutlicht die komplexen Leistungsbeziehungen in einem betrieblichen System (Client-Server-Prinzip) und unterstützt dabei u.a. Outsourcing-Entscheidungen,

- unterstützt die Komplexitätsbewältigung durch komplementäre Sichten auf ein betriebliches System (Leistungs-, Lenkungs- und Ablaufsicht) auf unterschiedlichen Detaillierungsstufen,

- dokumentiert die betriebliche Ablauforganisation und bildet die Grundlage für die betriebliche Aufbauorganisation,

- unterstützt das Controlling des betrieblichen Systems (Transaktionskostenansatz, Prozeßkostenrechnung) und

- bildet die Grundlage für die Spezifikation (verteilter) Anwendungssysteme.

7 Literatur zum SOM-Ansatz

Amberg, M.: Konzeption eines Software-Architekturmodells für die objektorientierte Entwicklung betrieblicher Anwendungssysteme. Dissertation. Bamberg 1993.

Ferstl, O.K.; Hagemann, U.: Die Visualisierung der SOM-Diskurswelt in einem Mulitview-Ansatz. In: Fachberichte Informatik der Universität Koblenz-Landau (1992) 7. Koblenz 1992.

Ferstl, O.K.; Sinz, E.J.; Amberg, M.; Hagemann, U.; Malischewski, C.: **Tool-Based Business Process Modeling Using the SOM Approach.** In: Bamberger Beiträge zur Wirtschaftsinformatik (1994) 19. Angenommen für: IFIP World Computer Congress, Hamburg 1994.

Ferstl, O.K.; Sinz, E.J.: **Der Modellierungsansatz des Semantischen Objektmodells (SOM).** In: Bamberger Beiträge zur Wirtschaftsinformatik (1993) 18.

Ferstl, O.K.; Sinz, E.J.: Ein Vorgehensmodell zur Objektmodellierung betrieblicher Informationssysteme im Semantischen Objektmodell (SOM). In: Wirtschaftsinformatik (1991) 6.

Ferstl, O.K.; Sinz, E.J.: **From Business Process Modeling to the Specification of Distributed Business Application Systems. An Object-Oriented Approach.** In: Bamberger Beiträge zur Wirtschaftsinformatik (1994) 20.

Ferstl, O.K.; Sinz, E.J.: **Geschäftsprozeßmodellierung.** In: Wirtschaftsinformatik (1993) 6.

Ferstl, O.K.; Sinz, E.J.: Glossar zum Begriffsystem des Semantischen Objektmodells (SOM). In: Bamberger Beiträge zur Wirtschaftsinformatik (1992) 11.

Ferstl, O.K.; Sinz, E.J.: Grundlagen der Wirtschaftsinformatik. 2. Aufl. München 1994.

Ferstl, O.K.; Sinz, E.J.: Konzeptuelle Objektmodellierung + Vorgangsmodellierung = ganzheitliche Modellierung betrieblicher Informationssysteme. In: Heinrich, L.J.; Pomberger, G. (Hrsg.): Die Informationswirtschaft im Unternehmen. Linz 1991.

Ferstl, O.K.; Sinz, E.J.: Objektmodellierung betrieblicher Informationssysteme im Semantischen Objektmodell (SOM). In: Wirtschaftsinformatik (1990) 6.

Ferstl, O.K.: Sinz, E.J.: Objektorientierte fachliche Analyse betrieblicher Informationssysteme. In: Output (1992) 1.

Ferstl, O.K.: Integrationskonzepte betrieblicher Anwendungssysteme. In: Fachberichte Informatik der Universität Koblenz-Landau (1992) 1. Koblenz 1992.

Popp, K.M.: Spezifikation der fachlichen Klassen-Beziehungs-Struktur objektorientierter Anwendungssysteme auf der Grundlage von Modellen der betrieblichen Diskurswelt. Dissertation. Bamberg 1994.

Sinz, E.J.; Amberg, M.: Objektorientierte Datenbanksysteme aus der Sicht der Wirtschaftsinformatik. In: Wirtschaftsinformatik (1992) 4.

Sinz, E.J.; Amberg, M.: **Spezifikation des Ausnahmeverhaltens verteilter betrieblicher Systeme.** In: Bamberger Beiträge zur Wirtschaftsinformatik (1994) 21.

Sinz, E.J.; Popp, K.M.: Zur Ableitung der Grobstruktur des konzeptuellen Schemas aus dem Modell der betrieblichen Diskurswelt. In: Kurbel, K. (Hrsg.): Wirtschaftsinformatik - Innovative Anwendungen, Technologie, Integration. Heidelberg 1993, S. 108-121.

Sinz, E.J.: Objektorientierte Analyse. In: Wirtschaftsinformatik (1991) 5.

Beiträge mit **fett** gedrucktem Titel sind über WWW verfügbar:
http://www.seda.sowi.uni-bamberg.de/lehrstuhl/publikationen/

Norbert A. Streitz

Zur Zukunft computerunterstützter Gruppensitzungen

Zusammenfassung

In diesem Diskussionsforum werden Möglichkeiten und Probleme des Einsatzes von Informationstechnologie zur Unterstützung von Gruppensitzungen aus unterschiedlichen Perspektiven diskutiert. Nach einer Einführung in die Themenstellung werden existierende Systeme vorgestellt und über Erfahrungen bei der Verwendung dieser Systeme berichtet. Auf dieser Basis werden dann unterschiedliche Szenarien (z.B. lokale vs. verteilte Sitzungen) gegenübergestellt und Einsatzmöglichkeiten von Informationstechnologie in "traditionellen" Sitzungsräumen und bei "telekooperativen" Gruppensitzungen diskutiert. Diese Beschreibung erfolgte *vor* der Durchführung des Diskussionsforums auf der Tagung und kann deshalb noch keine Thesen und Ergebnisse aus der Diskussion wiedergeben. Sie dient vielmehr der Bereitstellung von Hintergrundinformationen und Skizzierung der Fragestellungen.

Teilnehmer am Diskussionsforum:

Dr. Dr. Norbert A. Streitz, GMD-IPSI, Darmstadt (Organisation und Leitung)
Dr. Wolfgang Doster, Daimler-Benz AG, Forschungszentrum Ulm
Prof. Dr. Jürgen Friedrich, Fachbereich Informatik, Universität Bremen
Prof. Dr. Helmut Krcmar, Fachgebiet Wirtschaftsinformatik, Universität Hohenheim

1 Einleitung

Eine Betrachtung von aktuellen, aber vor allem von zukünftigen Entwicklungen im Bereich computerunterstützten kooperativen Arbeitens (Computer-Supported Cooperative Work) erfordert die Berücksichtigung des globalen Umfeldes. Dieses ist gekennzeichnet durch eine zunehmende Integration und gegenseitige Nutzung von Computer-, Netzwerk- und Telekommunikationstechnologien; eine Entwicklung, die sich z.b. gegenüber dem Stand der letzten deutschsprachigen CSCW-Tagung [6] erheblich beschleunigt hat. Dabei zeichnet sich ab, daß diese Entwicklungen nicht auf den beruflichen und damit den Arbeitskontext ("virtual distributed organizations") beschränkt bleiben, sondern in zunehmenden Maße auch die Informationsbedürfnisse im privaten Kontext einbeziehen und bezüglich der Verfügbarkeit der Infrastruktur die Grenzen zwischen diesen beiden Bereichen zunehmend verschwinden. In dieses globale Umfeld gehören auch Entwicklungen wie die inzwischen auch in Deutschland und Europa diskutierten "information super highways"/"Datenautobahnen". Der zentrale Punkt dieser Randbedingungen für das Thema dieses Diskussionsforums ist darin zu sehen, daß eine technologische Infrastruktur bereitgestellt wird oder teilweise schon vorhanden ist, die dem Bedürfnis und der Notwendigkeit im Team zu arbeiten oder allgemeiner mit anderen Personen zu kommunizieren und zu kooperieren, Rechnung trägt, bzw. dieses Bedürfnis in größerem Umfang als bisher oder sogar zusätzlich schafft.

In diesem Diskussionsforum soll nun u.a. den folgenden Fragen nachgegangen werden:

- In welcher Weise wird Informationstechnologie bereits eingesetzt, um die Zusammenarbeit von Personen in Gruppensitzungen zu unterstützen?

- Welche Auswirkungen auf die Qualität der Gruppenarbeit sind damit verbunden?

- Welche Wechselwirkung gibt es zwischen dem Typ der Gruppensitzung und der Technologie?

- Welche neuen Entwicklungen zeichnen sich in der aktuellen Forschung ab?

- Welche Konsequenzen können aus den Erfahrungen in der Praxis und aus Prototyp-Entwicklungen für zukünftige Entwicklungen und Szenarien gezogen werden?

Da die Beantwortung dieser Fragen nicht pauschal erfolgen kann, unterscheiden wir zunächst einmal die vier inzwischen klassischen Situationen [2], in die Gruppenarbeit eingeteilt werden kann (siehe Abbildung 1a). Beispiele für diese Situationen, bei denen zunächst bewußt auf solche mit Computereinsatz verzichtet wurde, sind:

1. Gruppensitzung in einem Sitzungszimmer

2. Telefongespräch oder Videokonferenz zwischen zwei oder mehr Personen an unterschiedlichen Orten

3. Hinterlassen von Nachrichten / Materialien in einem Raum, der von zwei oder mehr Personen zu unterschiedlichen Zeiten benutzt wird (Schichtarbeit/ job sharing)

4. Austausch von Dokumenten, z.B. mit interner Vorgangsmappe, externer Post oder Telefax, (wobei die Zeitdifferenzen zwischen Senden, Empfangen, Bearbeiten und Anworten/Weiterleiten unterschiedlich groß sein können)

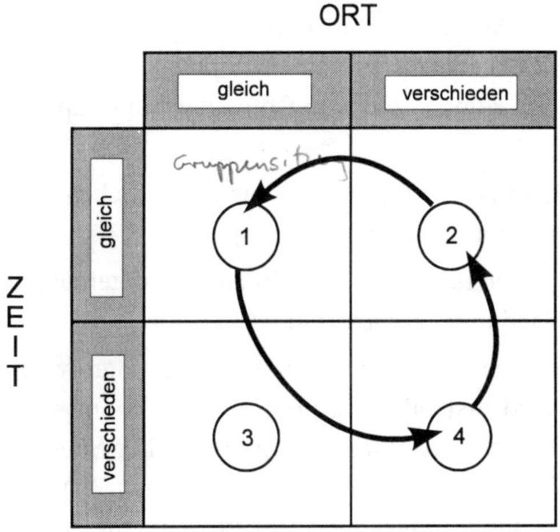

Abb. 1: a) Klassifikation von Situationen b) Übergänge zwischen diesen (Pfeile) (Die als b gekenn-
zeichnete Variante der Abb. 1 mit den Pfeilen wird in Abschnitt 5 näher erläutert. Sie wurde aus
Platzgründen hier bereits mit der Klassifikation in a kombiniert.)

Mit Bezug zum Namen des Diskussionsforums könnte man nun annehmen, daß nur die Situation 1 im Vordergrund steht. Wir werden aber zeigen, daß diese eingeschränkte Sichtweise erweitert werden muß. Einerseits sind zusätzliche Situationen - vor allem die Situationen 2 und 4 - zu berücksichtigen. Andererseits ist die getrennte Behandlung der einzelnen Situationen aufzugeben zugunsten einer integrierten Betrachtungsweise aller Situationen und insbesondere der Wechselwirkung zwischen den Situationen. In den folgenden Abschnitten werden die einzelnen Situationen kurz charakterisiert und jeweils Ansatzpunkte und Konsequenzen für computerbasierte Unterstützung aufgezeigt.

2   Lokale Gruppensitzungen in einem Sitzungsraum

Traditionellerweise versteht man unter einer "Gruppensitzung" eine "face-to-face" Situation, in der alle Teilnehmer gleichzeitig an demselben Ort präsent sind (Situation 1). Dieser Typ einer lokalen Gruppensitzung wird in der bisherigen Praxis nicht oder kaum von Informationstechnologie unterstützt. So werden zwar Wandtafeln, Overhead- und Diaprojektoren sowie Videogeräte verwendet, aber selten computerbasierte Hilfsmittel. Diese Beobachtung betrifft die Sitzung insgesamt. Andererseits gibt es einen Trend, daß Teilnehmer einen tragbaren Computer oder auch PDA (Personal Digital Assistent) in die Sitzung mitbringen. Dabei handelt es sich aber um isolierte, nur von dem einzelnen Teilnehmer persönlich genutzte private Computer. Damit lassen sich zwei Verwendungsszenarien zum Einsatz von Computern in Gruppensitzungen identifizieren:

- interaktive, elektronische Wandtafel zur öffentlichen Präsentation und Manipulation von Informationen

- persönliche Computer für jeden Teilnehmer, die untereinander und mit der elektronischen Wandtafel vernetzt sind.

Allerdings stellt dies zunächst nur die notwendige Hardware-Basis dar. Ein sinnvoller Einsatz wird erst durch die entsprechende Software gewährleistet. Dabei ist zwischen der Bereitstellung von individueller Standardsoftware (z.B. Textverarbeitung, Kalender, Tabellenkalkulation, Organizer) und dedizierter der Gruppensituation Rechnung tragender Software (z.B. für Sitzungsorganisation, Präsentation, Brainstorming, Diskussions-/Entscheidungsunterstützung) zu unterscheiden. Weiterhin ist zu klären, in welcher Weise traditionelle Verfahren und Methoden zur Organisation und Durchführung von Sitzungen übertragen werden können und wie neue Formen der Kooperation durch die Einführung des Computers möglich oder notwendig werden.

2.1 Computerbasierte Präsentation und interaktive Wandtafeln

Eine naheliegende Möglichkeit ist die für alle Teilnehmer sichtbare Präsentation von Materialien durch die Projektion von Computerbildschirmen (Video-Beamer, LCD-Display). Diese beinhaltet aber keine spezielle Software zur Unterstützung der Gruppenarbeit. Einen Schritt weiter gehen Anordnungen, bei der eine Person direkt vor einer "elektronischen Wandtafel" steht und dort interaktiv Informationen erzeugen kann. Ein Beispiel dafür ist das Smart 2000 System, bei dem vornehmlich Standardsoftware benutzt wird. Darüber hinaus gehen nun Systemkombinationen, die die Analogie zur Wandtafel betonen und gleichzeitig neue Möglichkeiten eröffnen, wie z.b. das Xerox LiveBoard [3]

Es kombiniert eine große Präsentationsfläche mit der Möglichkeit, auf dieser Oberfläche mit einem drahtlosen, elektronischen Stift interaktiv zu arbeiten. Das bei Xerox PARC entwickelte Tivoli [18] nutzt diese Hardwareplattform und bietet Unterstützung für informelle Gruppensitzungen. Es erlaubt, mit dem Stift wie auf einer traditionellen Wandtafel freihändig zu schreiben und zu zeichnen, Striche und Worte zu verschieben, zu löschen, zuvor erzeugte Dokumente zu zeigen und zu manipulieren. Ein Teil der Interaktion erfolgt über Gesten, die von Tivoli erkannt und in Operationen umgesetzt werden.

Eine andere Software, die das LiveBoard verwendet, ist das am GMD-IPSI entwickelte DOLPHIN [23]. Es erlaubt wie Tivoli auch das Schreiben und Freihandzeichnen mit dem Stift und die Interaktion über Gestenerkennung, geht aber in der Art und Anzahl möglicher Objekttypen und Gesten darüber hinaus. Ein wichtiger Unterschied ist die Möglichkeit, handgeschriebene Notizen ("scribbles"), aber auch alle anderen Objekte, durch eine Geste in einen Hypermediaknoten zu transformieren und durch eine andere Geste diese Knoten dann im Sinne eines Hypermedia-Links miteinander zu verknüpfen. Damit werden neben Handschrift, Zeichnungen und Annotationen auch verbundene Strukturen (Knoten, Links) und im direkten Austausch (Export/Import) mit einem Hypermediasystem wie SEPIA [24] auch formale Strukturen im Sinne von getypten Knoten und Links durch DOLPHIN unterstützt. Sie können nebeneinander auf derselben Zeichenfläche (ko)existieren und in einander transformiert werden [7], sowie in einer gemeinsamen Hyperdokumentdatenbasis abgelegt werden. Andere Erweiterungen betreffen die Situationen 2 und 4, also die Unterstützung des verteilten synchronen und asynchronen Arbeitens mehrerer Personen.

2.2 Vernetzte persönliche Computer für alle Teilnehmer im Sitzungsraum

Die zweite Variante von Situation 1 betrifft die Ausstattung der Teilnehmer im Gruppensitzungsraum mit Rechnern, die untereinander vernetzt sind und auf denen spezielle Software läuft. Bespiele dafür sind das CoLab bei Xerox PARC [21], das Nick-Projekt am MCC [19] und ShrEdit an der University of Michigan [17]. Ein auch kommerziell verfügbares System ist das an der University of Arizona entwickelte GroupSystems [15], das Aktivitäten wie Sitzungsplanung, Ideenfindung, Abstimmung, Fragebogen unterstützt. In Deutschland wird GroupSystems im speziell ausgestatteten CATeam Raum an der Universität Hohenheim eingesetzt [11] und evaluiert [12].

2.3 Vernetzte persönliche Computer gekoppelt mit öffentlicher Präsentationsfläche

Einige dieser Szenarien ermöglichen zusätzlich zu den vernetzten Computern auch die Projektion von Bildschirminhalten auf einer öffentlichen Präsentationsfläche (u.a. bei CoLab, Nick, GroupSystems/CATeam). Ein Teil oder der gesamte Bildschirm eines Teilnehmers oder des Moderators wird für alle sichtbar angezeigt. Allerdings handelt es sich dabei meistens um "passive" Präsentationen, d.h. es besteht für eine daneben stehende Person keine Möglichkeit, wie auf einer elektronischen Wandtafel (siehe 2.1), direkt mit den Inhalten, z.B. mit einem Stift, zu interagieren.

In der kooperativen Version von DOLPHIN [23] wird diesem Bedürfnis Rechnung getragen. DOLPHIN unterstützt die unter 2.1 beschriebene Funktionalität auf jedem im Raum vorhandenen und auch mit dem LiveBoard vernetzten Computer (Szenario 2.2 und 2.3). Die Kopplung ermöglicht es, daß einerseits alle von einer Person z.b. mit dem Stift auf dem LiveBoard erzeugten Objekte auf allen Bildschirmen der Teilnehmer unmittelbar sichtbar sind und andererseits jeder Teilnehmer von seinem Rechner aus (ohne aufzustehen) die Informationen auf dem LiveBoard direkt ergänzen und modifizieren kann. Das hier auch "aktiv" realisierte WYSIWIS-Prinzip gilt für den sog. "public space", der immer auf dem LiveBoard sichtbar ist. Daneben verfügt jeder Teilnehmer über einen sog. "private space", in dem er sich z.B. persönliche Notizen machen kann. Durch Kopieren in den "public space" können Objekte aus dem privaten Bereich den anderen Teilnehmern gezeigt werden. Andere Systeme (Texteditor,

Kalkulation, E-mail, SEPIA) können parallel benutzt werden. Insbesondere können SEPIA- und DOLPHIN-Objekte beliebig kombiniert und die resultierenden Strukturen wechselseitig verwendet werden.

3   Gruppensitzungen mit räumlich verteilten Teilnehmern

Da es aus unterschiedlichen Gründen (Zeitprobleme, Kosten) oft nicht möglich oder aus ökologischer Sicht (Umweltbelastung durch Reisen) teilweise auch nicht wünschenswert ist, erscheint die Durchführung von Gruppensitzungen an einem gemeinsamen Ort oft als problematisch oder unmöglich. Eine Lösung besteht in der Bereitstellung von Technologie, die Kommunikation und Kooperation zur gleichen Zeit trotz räumlicher Entfernung der Teilnehmer ermöglicht (Situation 2). Eine Realisierung besteht in der Bereitstellung von Video-Audiokonferenzverbindungen, die auch das gemeinsame Anschauen von Vorlagen über eine zusätzliche Dokumentenkamera ermöglichen. Die auf dieser Technologie basierenden Videokonferenzstudios hatten aber viele Akzeptanzprobleme und konnten sich nicht in dem geplanten Umfang etablieren. Ein Grund dafür ist sicher auch die Einschränkung, daß Arbeitsmaterialien dabei nur präsentiert, aber nicht gemeinsam bearbeitet werden können wie es nun mit computerbasierten Lösungen möglich ist.

3.1 Tele-Kooperation zwischen persönlichen Arbeitsplätzen

Eine Alternative zur traditionellen Videokonferenzstudio-Lösung mit zwei verteilten Teilgruppen entwickelte sich durch das "desktop video conferencing". Dabei kann jedes Gruppenmitglied von seinem Schreibtisch aus - ohne seinen Arbeitsplatz zu verlassen - mit anderen Gruppenmitgliedern Kontakt aufnehmen. Beispiele für diese "media spaces"[1] sind CaveCat an der University of Toronto [14] und Cruiser bei Bellcore [5]. Bei diesen computerbasierten Lösungen können die Videobilder nicht nur auf einem externen Monitor sondern auch in einem Fenster auf dem Computerbildschirm angezeigt werden. Es lag daher nahe, die Videokommunikation mit Software zur gemeinsamen Bearbeitung von Materialien zu kombinieren. Die Anwendungen reichen von "shared drawing" wie z.B. CaveDraw [13], WSCRAWL [8], TeamWorkstation/ ClearBoard [10] über Textverarbeitung wie GROVE [2] zu kooperativen Hypertextsystemen wie rIBIS [19] und SEPIA [24]. Eine Erweiterung dieses "desktop-based collaboration" Szenarios besteht darin, daß die Teilnehmer nicht mehr an ihren Schreibtisch/Arbeitsplatz gebunden sind, sondern sich im Auto, in der Bahn, im Flugzeug oder im Park befinden können. Dies erfordert aber weitere Fortschritte im Bereich des "mobile computing".

3.2 Tele-Kooperation zwischen verteilten Sitzungsräumen

Eine andere Weiterentwicklung von traditionellen Videokonferenzstudios erfolgte mit Systemen wie VideoWindow bei Bellcore [4] oder dem ursprünglichen "media space" bei Xerox PARC [16]. Dabei sollte die informelle und zufällige Begegnung von Personen in Gemeinschaftsräumen ("commons") oder auf dem Flur ("electronic hallways") nachgestellt werden. Diese teilweise 24 Stunden am Tag geschalteten Verbindungen dienten primär der Unterstützung des informellen Austausches von Informationen und von spontanen Diskussionen.

Neuere Entwicklungen stellen hier das Szenario von fokussierten Arbeitsgruppen in den Vordergrund und integrieren deshalb auch kooperative Software. Dazu ist es notwendig, die Gruppensitzungsräume über die Audio- und Videoverbindungen hinaus auch mit einer integrierten Verbindung der Rechner zu versehen. Diese auch als "Tele-Meeting" zu bezeichnende Konfiguration erfordert je nach gewünschter Qualität und Art der Anwendung entsprechend leistungsfähige Netze (z.b. FDDI und ATM) und entsprechend modifizierte Software, wie sie unter 2.2 und 2.3 beschrieben wurde. Am GMD-IPSI wird zur Zeit eine entsprechende Infrastruktur mit zwei LiveBoards und zusätzlichen persönlichen Rechnern in zwei Sitzungsräumen, die über ATM verbunden werden, eingerichtet.

3.3 Tele-Kooperation zwischen Sitzungsräumen und verteilten persönlichen Arbeitsplätzen

Eine naheliegende und oft notwendige Erweiterung der unter 2.2, 2.3 und 3.2 beschriebenen Szenarien besteht in der Berücksichtigung von Personen (z.B. externe Experten), die nicht anwesend sein können, aber von ihrem Schreibtisch aus über ihren Arbeitsplatzrechner an der Gruppensitzung teilnehmen sollen. Dies erfordert die Kombination der Technologie aus 2.2, 2.3, 3.1 und 3.2. und kann als "Virtual Meeting Room Environment" bezeichnet werden.

In allen skizzierten Fällen ist es notwendig, daß die zum Einsatz kommende Kooperations-Software den unterschiedlichen Verwendungssituationen Rechnung trägt und entweder anpaßbar ist oder sich selbst anpaßt. Dies schlägt sich als Forderung nach "situation aware" CSCW-Systemen [22] nieder. Dies betrifft auch unterschiedliche Interaktionsformen und physikalische Randbedingungen (Arbeitsplatzrechner mit Maus und Tastatur vs. LiveBoard mit drahtlosen Stift und Gestenerkennung). Unterschiedliche Situationen erfordern aber auch unterschiedliche Objekttypen und Strukturen. Dies schlägt sich in der Forderung nach "flexiblen" Informationssystemen [22] nieder.

4 Asynchrone Zusammenarbeit von verteilten Gruppenmitgliedern

Während die bisherigen Situationen die zeitgleiche Zusammenarbeit in den Vordergrund stellen, sind realistische Anwendungsszenarien dadurch gekennzeichnet, daß sie auch Anteile asynchroner Zusammenarbeit von räumlich verteilten Personen aufweisen (Situation 4). In vielen Fällen kann die zuvor beschriebene Software auch in der individuellen, bzw. asynchronen Situation verwendet werden. Andererseits ist es wichtig festzuhalten, daß die Situation 4 zusätzlich andere Aktivitäten beinhaltet und damit andere Formen der Softwareunterstützung erfordert: E-mail, Vorgangsbearbeitung, Archivverwaltung, Koordinationsunterstützung, Einbettung in "workflow management". (Die Situation 3 betrachten wir in diesem Kontext als Variante der Situation 4)

5 Übergänge zwischen den Situationen

Es ist festzustellen, daß die in Abbildung 1a vorgenommene Klassifikation von Kooperationssituationen eine oft künstliche Trennung von im realen Umfeld zusammengehörenden und ineinander übergehenden Arbeitssituationen darstellt. Das Schema ist nützlich, aber es greift in vielen Fällen zu kurz. Denkt man an so komplexe Anwendungen wie z.B. die Zusammenarbeit von Ministerien, Regierung und Parlament in einer über Bonn und Berlin verteilten Hauptstadt [9], dann wird diese Beschränkung unmittelbar deutlich.

Eine Konsequenz dieser Überlegungen ist die These, daß das Design zukünftiger CSCW-Systeme einerseits eine größere Bandbreite von Situationen und andererseits die möglichen und notwendigen Übergänge zwischen diesen Situationen berücksichtigten muß. In Abbildung 1b kennzeichnen die drei Pfeile eine Beispielmöglichkeit wie in einem realistischen Szenario Wechsel zwischen den Situationen 1, 4, 2, 1 auftreten können.

Dazu ein illustrierendes Beispiel (verkürzt): In einer lokalen Gruppensitzung (Situation 1) wird diskutiert, ob in einer Firma ein neues Produkt entwickelt werden soll. In der Brainstorming-Phase werden Ideen auf der interaktiven Wandtafel generiert. Am Tisch sitzende Teilnehmer ergänzen diese von ihren persönlichen Rechnern aus. Einer greift auf sein persönliches Archiv zu und präsentiert für alle sichtbar eine Grafik aus einer Marketingstudie auf der öffentlichen Wandtafel. Zur Beantwortung von Detailfragen nimmt er Verbindung mit einer Mitarbeiterin in einer Filiale in einer anderen Stadt auf. Per Telekooperationsverbindung beantwortet die Mitarbeiterin die Fragen und korrigiert auch noch die vorliegende Grafik auf der öffentlichen Präsentationsfläche durch aktuelle Ergebnisse der Studie (Situation 1 und 2). Die Teilnehmer übernehmen diese in ihr Archiv. Zum Ende der Sitzung werden Aufgaben zur weiteren Bearbeitung an die Teilnehmer übertragen. Nach der Sitzung arbeiten diese in ihren Zimmern individuell an diesen Aufgaben (Situation 4). Dabei bemerken z.b. zwei Personen, daß sie zur gleichen Zeit an demselben Dokument arbeiten. Einer nimmt spontan mit dem anderen per Telekooperation Kontakt auf, wobei beide in ihren Zimmern bleiben können (Situation 2), und edieren das Dokument gemeinsam. Am nächsten Tag treffen sich alle wieder in dem Sitzungsraum (Situation 1) und diskutieren die in der Zwischenzeit erarbeiteten Ergebnisse.

Natürlich können auch andere Abfolgen und Kombinationen der Situationen auftreten. Die die Gruppenarbeit unterstützende Software sollte aber in der Lage sein, die verschiedenen Phasen und Aktivitäten (in welcher Reihenfolge auch immer) in aufgabenadäquater und über die Situationen hinweg integrativer Weise zu unterstützen.

6 Literaturverzeichnis

[1]   Bly, S.; Harrison, S.; Irvin, S.: Media Spaces: Bringing people together in a video, audio and computing environment. In: Communications of the ACM 36 (1993) 1, S. 28-47.

[2]   Ellis, C.A.; Gibbs, S.J.; Rein, G.L.: Groupware - some issues and experiences. In: Communications of the ACM 34 (1991) 1, S. 38-58.

[3]   Elrod, S. et al.: Liveboard: A large interactive display supporting group meetings, presentations and remote collaboration. In: Proceedings of the CHI'92 Conference. Monterey, CA 1992, S. 599-607.

[4]   Fish, R.; Kraut, R.; Chalfonte, B.: The VideoWindow System in informal communication. In: Proceedings of the ACM Conference on Com-

puter–Supported Cooperative Work (CSCW '90). Los Angeles 1990, S. 1-11.

[5]   Fish, R.; Kraut, R.; Root, R.; Rice, R.: Video technology as a technology for informal communication. In: Communications of the ACM 36 (1993) 1, S. 48-61.

[6]   Friedrich, J.; Rödiger, K.-H. (Hrsg.): Computergestützte Gruppenarbeit (CSCW). Fachtagung von GI/German Chapter ACM. Bremen und Stuttgart 1991.

[7]   Haake, J.; Neuwirth, C.; Streitz, N.: Coexistence and transformation of informal and formal structures: Requirements for more flexible hypermedia systems. In: Proceedings of the ACM European Conference of Hypermedia Technology (ECHT'94). Edinburgh 1994 (in press). Auch als Arbeitspapiere der GMD, Nr. 837.

[8]   Haake, J.; Wilson, B.: Supporting collaborative writing of hyperdocuments in SEPIA. In: Proceedings of the ACM Conference on Computer–Supported Cooperative Work (CSCW '92). Toronto 1992, S. 138-146.

[9]   Hoschka, P.; Butscher, B.; Streitz, N.: Telecooperation and Telepresence: Technical challenges of a government distributed between Bonn and Berlin. In: Informatization and the Public Sector 4 (1992) 2, S. 269-299.

[10] Ishii, H.; Kobayashi, M.; Grudin, J.: Integration of interpersonal space and shared workspace. In: ACM Transactions on Information Systems (TOIS) (Special issue on CSCW edited by T. Malone and N. Streitz) 11 (1993) 4, S. 349-375.

[11] Lewe, H.; Krcmar, H.: GroupSystems: Aufbau und Auswirkungen. In: Information Management 7 (1992) 1, S. 2-11.

[12] Lewe, H.: Der Einfluß von Teamgröße und Computerunterstützung auf Sitzungen. In diesem Band, Teil V.

[13] Lu, I.; Mantei, M.: Idea management in a shared drawing tool. In: Proceedings of the European Conference on Computer–Supported Cooperative Work (EC-CSCW '91). Amsterdam 1991, S. 97-112.

[14] Mantei, M.; Baecker, R.; Sellen, A.; Buxton, B.: Experiences in the use of a media space. In: Proceedings of the CHI'91 Conference. New Orleans 1991, S. 203-208.

[15] Nunamaker, J.F. et al.: Electronic meeting systems to support group work. In: Communications of the ACM 34 (1991) 7, S. 40-61.

[16] Olson, M.; Bly, S.: The Portland Experience: A report on a distributed research group. In: International Journal of Man–Machine Studies 34 (1991), S. 211-228.

[17] Olson, J.; Olson, G.; Storrosten,M.; Carter, M.: Groupwork close up: A comparison of the group design process with and without a simple group editor. In: ACM Transactions on Information Systems (TOIS) (Special

issue on CSCW edited by T. Malone and N. Streitz) 11 (1993) 4,
S. 321-348.

[18] Pedersen, E.; McCall, K.; Moran, T.; Halasz, F.: Tivoli: An electronic
      whiteboard for informal workgroup meetings. In: Proceedings of the
      InterCHI'93 Conference. Amsterdam 1993, S. 391-398.

[19] Rein, G.L.; Ellis, C.A.: The Nick experiment reinterpreted: implications
      for developers and evaluators of groupware. In: Office: Technology and
      People 5 (1989) 1, S. 47-75.

[20] Rein, G. L.; Ellis, C. A.: rIBIS: A real–time group hypertext system. In:
      International Journal of Man–Machine Studies 34 (1991) 3, S. 349-368.

[21] Stefik, M. et al.: Beyond the chalkboard: computer support for collabo-
      ration and problem solving in meetings. In: Communications of the ACM
      30 (1987) 1, S. 32-47.

[22] Streitz, N.: Putting objects to work: Hypermedia as the subject matter and
      the medium for computer-supported cooperative work. Invited Talk at the
      8. European Conference on Object-Oriented Programming (ECOOP'94),
      Bologna 1994. In: Tokoro, M.; Pareschi, R. (eds): Object-Oriented
      Programming. Lecture Notes in Computer Science. Berlin, S. 183-193.

[23] Streitz, N.; Geißler, J.; Haake, J.; Hol, J.: DOLPHIN: Integrated meeting
      support across LiveBoards, local and remote desktop environments. In:
      Proceedings of the ACM Conference on Computer–Supported Coopera-
      tive Work (CSCW '94) Chapel Hill, N.C. 1994 (in press). Auch als
      Arbeitspapiere der GMD, Nr. 828.

[24] Streitz, N.; Haake, J.; Hannemann, J.; Lemke, A.; Schuler, W.; Schütt,
      W.; Thüring, M.: SEPIA: A cooperative hypermedia authoring environ-
      ment. In: Proceedings of the 4th ACM European Conference on Hyper-
      text (ECHT 92). Milan 1992, S. 11-22.

Jürgen Friedrich

Computergestützte Gruppenarbeit in der Produktion (Fragen und Hypothesen für ein Diskussionsforum)

1   Einleitung

Computergestützte Gruppenarbeit wird bisher fast ausschließlich für den Bürobereich diskutiert. E-mail-Systeme, Computer-Konferenz-Systeme, Meeting-Support-Systeme oder Workflow-Management-Systeme stellen Groupwarenanwendungen dar, die bisher vor allem zur Unterstützung administrativer Aufgaben geeignet zu sein scheinen. Angesichts der Tatsache, daß sich die analytisch orientierte Arbeitsorganisation in der Produktion mit ihrem hohen Anteil indirekt produktiver Beschäftigter nicht nur unter Humanisierungsaspekten, sondern auch aus ökonomischen Gründen immer heftigerer Kritik ausgesetzt sieht, gewinnt die Einführung von Gruppenarbeitsprozessen in der Produktion zunehmend an Attraktivität (vgl. als Überblick z. B. [14]). Damit muß zugleich auch ein Wandel in der Form der informationstechnischen Unterstützung der Arbeitsprozesse in der Produktion einhergehen. Klassische Einzelplatzsysteme in der Tradition von CNC-Maschinen oder Personal Computern müssen in eine informationstechnische Infrastruktur eingebunden werden, die nicht nur Produktivität, sondern auch „Kooperativität" unterstützt. Während in der Vergangenheit (mit nur begrenztem Erfolg) versucht wurde, den Produktivitätsrückstand des Bürobereichs durch die Übertragung von Fabrikkonzepten in die Sachbearbeitung zu lösen, stellt sich möglicherweise heute die umgekehrte

Frage, ob und gegebenenfalls wie Groupwarekonzepte des Büros für die Gruppenarbeit in der Produktion nutzbar gemacht werden können.

Im folgenden sollen einige Fragen formuliert und Hypothesen entwickelt werden, die einen Einstieg in die Diskussion um den CSCW-Einsatz in der Produktion bieten und letztlich eine praktische Erprobung innovativer Groupwarekonzepte im betrieblichen Umfeld anregen sollen. Die folgenden Abschnitte orientieren sich dabei in exemplarischer Absicht an einzelnen „kooperationsträchtigen" Schnittstellen inner- und zwischenbetrieblicher Produktionsabläufe, wobei weder eine systematische noch gar eine vollständige Darstellung beabsichtigt ist.

2 Kooperatives Engineering

Die Notwendigkeit zur Verkürzung der Durchlaufzeiten bei der Entwicklung neuer Produkte erfordert die Restrukturierung des gesamten Engineeringbereichs. Die hochgradig arbeitsteilige, sequentielle Entwicklung auf der Basis funktional spezialisierter Rollen, die nicht nur durch Ineffektivität, sondern auch durch Unzufriedenheit bei den beteiligten Beschäftigten gekennzeichnet ist, wird abgelöst durch parallele Entwicklungsarbeit von interdisziplinär organisierten Teams (Concurrent Engineering, Simultaneous Engineering). In diesen Teams arbeiten die Verantwortlichen aller Phasen des Produktlebenszyklus zusammen. Welche Anforderungen an eine effiziente Unterstützung derartiger neuer Engineeringkonzepte können formuliert werden und wie können diese neuen Formen eines gruppenorientierten Engineeringprozesses in den verschiedenen Stadien der Entwicklungsarbeit durch Groupwarefunktionen unterstützt werden? Welche Anforderungen an CSCW-Systeme ergeben sich aus den verschiedenen im Produktentwicklungsteam vertretenen Perspektiven (Vertriebsanforderungen aus Kundensicht, Fertigungsaspekte der Werkstatt, Qualitätsmanagement, Servicefreundlichkeit usw.), um konfligierende Anforderungen möglichst frühzeitig erkennen und über entsprechende Kooperationsprozesse eliminieren zu können?

Ziele des Einsatzes von Groupware im Concurrent Engineering-Prozeß können sein (vgl. [9], S. 125):

• Entwicklung einer gemeinsamen Zielsetzung des Entwurfs

• Entwicklung einer gemeinsamen Sprache der beteiligten Spezialisten

- Verstärkte Einbeziehung und Verbesserung der Artikulationsfähigkeit der Mitglieder des Entwicklungsteams
- Höherer Konsens durch erhöhte Transparenz des Entscheidungsprozesses

Welche Groupwarefunktionalität ist für die Erreichung dieser Ziele erforderlich und wie verhält sie sich zu den organisatorischen Rahmenbedingungen der Gruppenarbeit?

Eine der klassischen „Bruchstellen" in Fertigungsbetrieben besteht zwischen Entwicklung (Konstruktion) und Produktion. Die ingenieurmäßige, systemische Sicht der Konstrukteure auf das zu fertigende Produkt muß mit der erfahrungsgeleiteten, handlungsorientierten Sicht der Werker an den Fertigungseinrichtungen in Übereinstimmung gebracht werden. Zeichnung oder CNC-Programm als einzige „Kommunikationsmittel" zwischen Konstruktion und Fertigung reichen immer weniger aus, insbesondere wenn die Auftragsvielfalt mit zunehmender Kundenorientierung steigt. Es gibt erste Studien, die den Einsatz breitbandiger multimedialer CSCW-Systeme für die Kommunikation zwischen Entwicklung und Werkstatt vorsehen (vgl. [10]). Reichen deratige „rein technische" Lösungen aus oder müssen sie um organisatorische Konzepte ergänzt werden und wie könnten diese aussehen?

3 Kooperation in der Konstruktion

Bezüglich der Ausgangsfrage, inwieweit CSCW-Konzepte aus dem Büro in den Produktionsbereich übertragen werden können, stellt die Konstruktion einen Grenzfall dar. Sie ist selbst Büroarbeit, hat aber vielfältige Beziehungen zur Produktion. Konkretisiert man die oben für das kooperative Engineering getroffenen Feststellungen auf der Ebene der unmittelbaren Konstruktionsarbeit, so lassen sich zunächst verschiedene Formen der Zusammenarbeit unterscheiden: Zum einen arbeiten Konstrukteure, technische Zeichner, Arbeitsplaner, NC-Programmierer usw. auf verschiedenen Stufen der Realisierung eines Bauteilplans zusammen (heterogene Konstruktionsgruppen). Die Arbeit derartiger Konstruktionsgruppen soll durch den oben erwähnten Ansatz des „Simultaneous Engineering" gelöst werden. Zum anderen erfordert die parallele Entwicklung von aufeinander bezogenen Teilen einer Baugruppe die Abstimmung der beteiligten Konstrukteure untereinander (homogene Konstruktionsgruppen). Welche Eigenschaften sollten Groupwaresysteme für derartige Konstruktionsgruppen aufweisen? DRISIS [4] gibt interessante Hinweise zur

Beantwortung dieser Frage, die die weitere Diskussion befruchten können,
z. B.:

- Möglichkeit für den Konstrukteur, die Zeichnung eines kooperierenden
  Konstrukteurs in einem Fenster des eigenen Bildschirms anzeigen zu lassen,

- Abgleich gemeinsam benötigter Datenbestände und aufeinander bezogener
  Teilkonstruktionen hinsichtlich Konsistenz,

- Unterstützung der Kommunikation über lokale Änderungen einer Konstruktion, die Auswirkungen auf andere Konstruktionen hat.

4   Kooperationunterstützung in Fertigungsinseln

Klassische verrichtungsorientierte Arbeitsstrukturen weisen hohe Koordinie-
rungskosten auf (Bestandsbindungs-, Logistik-, Prüfkosten usw.). Der Übergang zu produktorientierten Arbeitsstrukturen führt insbesondere bei Kleinse-
rien- oder kundenorientierter Auftragsfertigung zur Steigerung der Flexibilität
und Termintreue (vgl. z.B. [8]). Die in diesem Zusammenhang zunehmend
diskutierte Einführung von (autonomen) Fertigungsinseln reduziert den
externen Koordinierungsaufwand der Arbeitsvorbereitung durch insel-interne
Kooperationsprozesse. Die Arbeitsorganisation in Fertigungsinseln hat die
eigenverantwortliche Komplettbearbeitung bestimmter Teile zum Ziel und
leistet zugleich einen Beitrag zur Humanisierung der Arbeit in der Fertigung.
Der durch die Verlagerung der Kommunikations- und Planungsprozesse in die
Fertigungsinsel entstehende erhöhte Kooperations- und Abstimmungsbedarf
legt die Frage nahe, ob und inwieweit diese Kooperation informationstechnisch
unterstützt werden kann. Die klassischen, weitgehend zentralistischen Produk-
tionsplanungs- und Steuerungssysteme (PPS-Systeme) lösen diese Aufgabe
jedenfalls nicht. Welche Eigenschaften müßten dezentrale „Groupware-PPS-Sy-
steme" aufweisen, um produktive und zugleich humane dezentrale Fertigungs-
konzepte unterstützen zu können? (vgl. z.B. [11])

5   Fernwartung als Kooperationsprozeß zwischen Hersteller
        und Anwender

Insbesondere bei hochspezialisierten Anlagen, die nicht im Anwenderbetrieb
selbst gewartet werden (können), fallen durch die Herstellerwartung - sei es
aufgrund der Einrichtung von Kundendienstnetzen, sei es durch den Reiseauf-

wand von Spezialisten - hohe Kosten an. Die heute praktizierten Methoden der Fernwartung werden z.b. im EDV-Bereich durch Aufschalten auf den Kundenrechner von einem entfernten Terminal aus realisiert. Diese Methode ist für die Anlagenwartung im Produktionsbereich nur eingeschränkt anwendbar, weil der Anlagenzustand nicht in der gleichen Weise als Satz strukturierter Daten abbildbar ist, wie dies bei rein informationellen Systemen der Fall ist. Die erfahrungsorientierte, verbale Beschreibung des Störungszustandes durch den Anlagenführer trägt erheblich zur schnellen Störungsbeseitigung bei. Die Hypothese lautet: Der Einsatz eines CSCW-Systems zur Kooperation zwischen Wartungstechniker, Anlagenführer, Ersatzteillieferant u.a. kann die Störungsbeseitigung effizient unterstützen. Zwei Beispiele können zur Untermauerung der Hypothese dienen: Im Rahmen des RACE II-Projekts MOEBIUS wird die Störungsbeseitigung an den Maschinenanlagen auf Seeschiffen durch den Einsatz eines multimedialen satellitengestützten CSCW-Systems von Land aus unterstützt (vgl. [5]). In den Boeing-Flugzeugwerken werden Probleme, die beim Einbau von Ersatzteilen auftreten, zwischen Werkstattpersonal, Entwicklern und Lieferfirmen über ein Desktop-Conferencing-System abgewickelt [1].

6 Kooperative Fabrikplanung

War bisher von der Unterstützung einzelner Schnittstellen im Produktionsbetrieb die Rede, so stellt sich abschließend die Frage, ob nicht auch auf der übergeordneten Planungsebene der Fabrik CSCW-Systeme mit Erfolg eingesetzt werden könnten. Aus der Vielzahl der Kooperationsprozesse bei der Fabrikplanung soll hier lediglich ein Beispiel als Anregung für die Diskussion genannt werden, nämlich der Einsatz „kooperativer Simulationsmodelle". Gedacht ist an die Kooperation zwischen Planern und Werkern hinsichtlich der Auswirkungen bestimmter Fabrik-Layouts und Fertigungsabläufe auf Taktzeiten, Dispositionsspielräume, Gruppenstrukturen oder auch Qualifikationschancen der betroffenen Beschäftigten. Der Einsatz eines CSCW-Systems mit ausgeprägter Simulationskomponente zum Durchrechnen alternativer Annahmen hinsichtlich arbeitsorientierter Kriterien eröffnet neue Chancen für die Realisierung von Konzepten zur Arbeitnehmerbeteiligung ([3]; [12]). BØDKER und GRØNBÆK [2] gehen methodisch noch einen Schritt weiter, wenn sie neben der Analyse auch ein „kooperatives Prototyping" als Teil eines umfassenden kooperativen Design-Prozesses zwischen Entwicklern und Benutzern vorschlagen, mit dem die Simulationsergebnisse versuchsweise implementiert und erprobt werden können (vgl. auch [7]).

7 Literatur

[1]   Boeing: Enhanced factory communications (Video). In: ACM SIG-GRAPH Video Review Issue 87. Itasca, Illinois 1992.

[2]   Bødker, S.; Grønbæk, K.: Cooperative Prototyping: Users and designers in mutual activity. In: Greenberg, S. (ed.): Computer-supported cooperative work and groupware. London 1991, S. 331-356.

[3]   Bruns, W.; Busekros, L.; Heimbucher, A.: Simulation Containerbrücke und Transtainerlager für die Bremer Lagerhausgesellschaft. (Universität Bremen, artec). Bremen 1992.

[4]   Drisis, L.: CAD in der Gruppenarbeit und seine Benutzeroberfläche. In: Konradt, U.; Drisis, L. (Hrsg.): Software-Ergonomie in der Gruppenarbeit. Opladen 1993, S. 121-133.

[5]   Evren, B. E.: Immer im Bilde. Mobile Multimediakommunikation. In: Gateway. Magazin für Daten- und Telekommunikation (1994) 5.

[6]   Glicksman, J.; Kumar, V.: A SHAREd collaborative environment for mechanical engineers. In: Coleman, D. D. (ed.): Groupware '93 Proceedings. San Mateo, Cal. 1993, S. 335-347.

[7]   Grønbæk, K.; Kyng, M.; Mogensen, P.: CSCW challenges in large-scale technical projects - a case study. In: Turner, J.; Kraut, R. (eds.): CSCW '92. Sharing perspectives (Proceedings of the Conference on Computer-Supported Cooperative Work, Toronto 1992). New York 1992, S. 338-345.

[8]   Hallwachs, U.: Dezentrale Verantwortungsbereiche in der Produktion. In: wt Produktion und Management 82 (1992) 5, S. 44-48.

[9]   Mill, H.; Ion, W. J.: Development tools as a catalyst for teamworking. In: Kidd, P.T.; Karwowski, W. (eds.): Advances in agile manufacturing. 1994, S. 122-125.

[10]   Powrie, S. E.; Siemieniuch, C. E.: IBC and cooperative working in the automotive industry. In: Gibbs, S.; Verrijn-Stuart, A. A. (eds.): Multi-user interfaces and applications. Amsterdam u. a. 1990, S. 311-322.

[11]   Rödiger, K.-H. et al.: Planning support for decentralized order processing in production islands. In: Brödner, P.; Karwowski, W. (eds.): Ergonomics of hybrid automated systems III. Amsterdam u. a. 1992, S. 183-188.

[12]   Seliger, G.; Feige, M.; Wang, Y.: Simulationsunterstützte Planung von Gruppenarbeit in der Montage In: Zeitschrift für wirtschaftliche Fertigung und Automatisierung 88 (1993) 1, S. 14-16.

[13]   Subrahmanian, E. et al.: Computer based support for cooperative work in engineering design and manufacturing. In: Kidd, P.T.; Karwowski, W. (eds.): Advances in agile manufacturing. 1994, S. 109-112.

[14]   Ulich, E.: Gruppenarbeit - arbeitspsychologische Konzepte und Beispiele. In: Friedrich, J.; Rödiger, K.-H. (Hrsg.): Computergestützte Gruppenarbeit (CSCW). Stuttgart 1991, S. 57-77.

Personenverzeichnis

SHAHEENA ABBAS
University of Manchester Institute of Science and Technology
Manchester Department of Computation
P.O. Box 88, GB-Manchester M601QD
E-mail: abbas@sna.co.umist.ac.uk

DIPL.-INFORM. VOLKER BARENT
Universität Hohenheim, Institut für Betriebswirtschaftslehre
Lehrstuhl für Wirtschaftsinformatik (510 H), 70599 Stuttgart
E-mail: barent@winfo.bwl.uni-hohenheim.de

DR. WOLFGANG FINKE
Lotus Consulting Services GmbH
Technologiepark 13, 33100 Paderborn

PROF. DR. JÜRGEN FRIEDRICH
Universität Bremen, FB Mathematik und Informatik
Bibliothekstr. 15, 28359 Bremen
E-mail: friedrich@informatik.uni-bremen.de

DIPL.-INFORM. LUDWIN FUCHS
GMD – Gesellschaft für Mathematik und Datenverarbeitung
Institut für Angewandte Informationstechnik FIT-CSCW
Schloß Birlinghoven, 53731 Sankt Augustin
E-mail: ludwin.fuchs@gmd.de

PROF. DR.-ING. PETER GORNY
Carl v. Ossietzky Universität Oldenburg, FB Informatik
Abt. Computer Graphics & Software-Ergonomie, 26111 Oldenburg
E-mail: gorny@informatik.uni-oldenburg.de

GREG O'HARE
University of Manchester Institute of Science and Technology
Manchester Department of Computation
P.O. Box 88, GB-Manchester M601QD
E-mail: g_ohare@mac.co.umist.ac.uk

PROF. DR. ULRICH HASENKAMP
Philipps-Universität Marburg, FB Wirtschaftswissenschaften
Abt. Wirtschaftsinformatik, Universitätsstr. 24, 35032 Marburg
E-mail: hasenkamp@wiwi.uni-marburg.de

PROF. DR. HEIDI HEILMANN
Universität Stuttgart, Abt. Wirtschaftsinformatik
Silberburgstr. 90, 70176 Stuttgart
E-mail: office@wi.bwi.uni-stuttgart.de

PROF. DR. LUTZ J. HEINRICH
Johannes-Kepler-Universität Linz
Institut für Wirtschaftsinformatik
Altenberger Str. 69, A-4040 Linz-Auhof
E-mail: heinrich@winie.uni-linz.ac.at

PROF. DR.-ING. THOMAS HERRMANN
Universität Dortmund, FB Informatik
44221 Dortmund
E-mail: herrmann@iug.informatik.uni-dortmund.de

DIPL.-INFORM. STEPHAN JACOBS
RWTH Aachen, Lehrstuhl für Informatik
Ahornstr. 55, 52074 Aachen
E-mail: jacobs@informatik.rwth-aachen.de

BIRGIT JORDAN
Siemens Nixdorf Informationssysteme AG
33094 Paderborn
E-mail: jordan.pad@sni.de

DIPL.-INFORM. KATHARINA JUST
Universität Dortmund, FB Informatik
44221 Dortmund
E-mail: just@iugsun.informatik.uni-dortmund.de

DR. STEFAN KIRN
Westfälische Wilhelms-Universität Münster
Institut für Wirschaftsinformatik
Grevener Str. 91, 48159 Münster
E-mail: kirns@uni-muenster.de

DIPL.-ING. ULRICH KLOTZ
Vorstand der IG Metall, Abt. Automation
Technologie / Humanisierung der Arbeit
60519 Frankfurt am Main

PROF. DR. WOLFGANG KÖNIG
Johann Wolfgang Goethe-Universität Frankfurt
Abt. Wirtschaftsinformatik
Mertonstr. 17, 60054 Frankfurt
E-mail: koenig@wiwi.uni-frankfurt.de

PROF. DR. HELMUT KRCMAR
Universität Hohenheim, Institut für Betriebswirtschaftslehre
Lehrstuhl für Wirtschaftsinformatik (510 H), 70593 Stuttgart
E-mail: krcmar@ruhaix1.uni-hohenheim.de

REINHARD KREFT
Deutsche Bank AG
65755 Eschborn

DR. THOMAS KREIFELTS
GMD – Gesellschaft für Mathematik und Datenverarbeitung
Institut für Angewandte Informationstechnik FIT-CSCW
Schloß Birlinghoven, 53731 Sankt Augustin
E-mail: thomas.kreifelts@gmdzi.gmd.de

DIPL.-WIRTSCH.-ING. HENRIK LEWE, M.S.
Universität Hohenheim, Institut für Betriebswirtschaftslehre
Lehrstuhl für Wirtschaftsinformatik (510 H), 70593 Stuttgart
E-mail: lewe@ruhaix1.rz.uni-hohenheim.de

DIPL.-OEC. BÖRRIES LUDWIG
Universität Hohenheim, Institut für Betriebswirtschaftslehre
Lehrstuhl für Wirtschaftsinformatik (510 H), 70599 Stuttgart
E-mail: ludwig@noc.uni-hohenheim.de

DR. MICHAEL MÜLLER-WÜNSCH
Technische Universität Berlin, FB Informatik
Institut für Quantitative Methoden
Franklinstr. 28-29, 10587 Berlin
E-mail: muewue@sysana.cs.tu-berlin.de

PROF. DR. LUDWIG NASTANSKY
Universität Gesamthochschule Paderborn
FB Wirtschaftsinformatik
Warburger Str. 100, 33098 Paderborn
E-mail: ln%notes@mhs.uni-paderborn.de

JULIAN NEWMAN, BA, DIP ED
Caledonian University, Department of Computing
GB-Glasgow G4 0BA
E-mail: j.newman@gcal.ac.uk

RHONA NEWMAN, MSC, PHD
University of Ulster at Jordanstown
Department of Sociology
GB-Newtownabbey BT37 0QB

PROF. DR. HORST OBERQUELLE
Universität Hamburg, FB Informatik
Vogt-Koelln-Str. 30, 22527 Hamburg
E-mail: oberquelle@informatik.uni-hamburg.de

DR. ANDREAS OBERWEIS
Universität Karlsruhe (TH), Institut für Angewandte Informatik
und Formale Beschreibungsverfahren, 76128 Karlsruhe
E-mail: oberweis@aifb.uni-karlsruhe.de

DIPL.-INFORM. UTA PANKOKE-BABATZ
GMD – Gesellschaft für Mathematik und Datenverarbeitung
Institut für Angewandte Informationstechnik FIT-CSCW
Schloß Birlinghoven, 53731 Sankt Augustin
E-mail: uta.pankoke@gmd.de

DIPL.-INFORM. WOLFGANG PRINZ
GMD – Gesellschaft für Mathematik und Datenverarbeitung
Institut für Angewandte Informationstechnik FIT-CSCW
Schloß Birlinghoven, 53731 Sankt Augustin
E-mail: wolfgang.prinz@gmd.de

DIPL.-MATH. WALTER RUPIETTA
Siemens Nixdorf Informationssysteme AG
33094 Paderborn
E-mail: rupietta.pad@sni.de

PROF. DR. ELMAR J. SINZ
Otto-Friedrich Universität Bamberg
Lehrstuhl für Wirtschaftsinformatik
insbesondere Systementwicklung und Datenverarbeitung
96045 Bamberg
E-mail: sinz@sowi.uni-bamberg.d400.de

DR. DR. NORBERT A. STREITZ
Gesellschaft für Mathematik und Datenverarbeitung mbH
Institut für integrierte Publikations- und Informationssysteme
Dolivostr. 15, 64293 Darmstadt
E-mail: streitz@darmstadt.gmd.de

DIPL.-INFORM. REINER STRÖHLE
Landeszentralbank im Freistaat Bayern
80281 München

DR. LEENA SUHL
Technische Universität Berlin, FB Informatik
Institut für Angewandte Informatik
Franklinstr. 28-29, 10587 Berlin
E-mail: suhl@tubvm.cs.tu-berlin.de

PROF. DR. RAINER UNLAND
Westfälische Wilhelms-Universität Münster
Institut für Wirschaftsinformatik
Grevener Str. 91, 48159 Münster
E-mail: unlandr@uni-muenster.de

DIPL.-INFORM. ULRICH WANKA
Westfälische Wilhelms-Universität Münster
Institut für Wirschaftsinformatik
Grevener Str. 91, 48159 Münster
E-mail: wanka@uni-muenster.de

DIPL.-WIRTSCH.-ING. THOMAS WENDEL
Universität Karlsruhe (TH), Institut für Angewandte
Informatik und Formale Beschreibungsverfahren
76128 Karlsruhe
E-mail: twe@aifb.uni-karlsruhe.de

Stichwortverzeichnis

Management
von Softwareprojekten

Eine Einführung für Studenten und Praktiker

von Peter F. Elzer

1994. XII, 253 Seiten. Gebunden.
ISBN 3-528-05400-X

Das Buch gibt Studenten und Praktikern eine Einführung mit weit gespanntem Horizont, wobei alle Aspekte des Projektmanagements von Softwareprojekten berücksichtigt werden. Dabei geht der Autor von dem Faktum aus, daß die Projektierung, Entwicklung und Änderung von Softwaresystemen sehr komplexe Prozesse darstellen. Kennzeichnend für das erfolgreiche Management dieser Prozesse ist es daher, daß eine große Anzahl multidimensionaler Aspekte integrativ zu berücksichtigen sind – Aspekte, die sich in der Art eines Netzwerkes gegenseitig beeinflussen. Das Buch vermittelt die Ergebnisse der integrierten multidimensionalen Betrachtungsweise des Projektmanagements, die für den nachhaltigen Erfolg eines Softwareprojektes entscheidend ist. Der Leser wird nach der Arbeit mit dem Buch auftretende Probleme des SW-Projektmanagements richtig einordnen und notwendige Abhilfemaßnahmen aus einem umfassenden Fundus der verschiedensten Lösungsansätze zweckgerecht auswählen können.

Verlag Vieweg · Postfach 58 29 · 65048 Wiesbaden

Die Strategie der integrierten Produktentwicklung

Softwaretechnik und Organisationsmethoden
zur Optimierung der Produktentwicklung im Unternehmen

von Oliver Steinmetz

1993. XIV, 283 Seiten. Gebunden.
ISBN 3-528-05328-3

Aus dem Inhalt: Integrierte Produktentwicklung: Eine Erweiterung des CIM-Gedankens – Nachteile der sequentiellen Produktentwicklung: CIM, x-gerechte Konstruktion, Präventive Qualitätssicherung – Modellierungshilfen (OOP, Wissensbasierte Systeme, DBMS, Hypermedia – Know-how-basiert: Die Informationsverarbeitungsarchitektur für die IPE – Der Übergang von der sequentiellen zur integrierten Produktentwicklung.

Wie kann ein Unternehmen sich in den immer schnelleren, globaleren und anspruchsvolleren Märkten behaupten? Indem es schneller bessere Produkte entwickelt als seine Konkurrenten. Dieses Buch zeigt Wege auf, die zu einer Integration der Produktentwicklung führen. Die Vorteile: Ein Unternehmen, das seine Organisation und seine DV-Ressourcen auf Know-how-Integration ausrichtet, wird in kurzer Zeit kostengünstigere Produkte mit höherer Qualität entwickeln.

Verlag Vieweg · Postfach 58 29 · 65048 Wiesbaden